U0134888

麥 田 人 文

王德威／主編

國家圖書館出版品預行編目資料

心的變異：現代性的精神形式 = Perverted Heart: The
Psychic Forms of Modernity／劉紀蕙著 . -- 初版 . --
臺北市：麥田出版：城邦文化發行, 2004 [民93]
　面；　公分 . -- （麥田人文；89）
參考書目：面
ISBN 986-7413-05-9（平裝）

1. 史學 – 哲學，原理　2. 精神分析論

601.4　　　　　　　　　　　　　　　93011623

麥田人文89

心的變異：現代性的精神形式

Perverted Heart: The Psychic Forms of Modernity

作　　　　者　劉紀蕙（Joyce C.H. Liu）
主　編　者　國立編譯館
著作財產權人　國立編譯館
主　　　編　王德威（David D. W. Wang）
責 任 編 輯　胡金倫、吳秀珍
發 　行 　人　涂玉雲
出　　　版　麥田出版
　　　　　　　100台北市中正區信義路二段213號11樓
　　　　　　　電話：(02)2351-7776　傳真：(02)2351-9179
發　　　行　英屬蓋曼群島商家庭傳媒股份有限公司城邦分公司
　　　　　　　104台北市民生東路二段141號2樓
　　　　　　　電話：(02)2500-0888　傳真：(02)2500-1938
　　　　　　　網址：www.cite.com.tw　E-mail：cs@cite.com.tw
　　　　　　　郵撥帳號：19833503
　　　　　　　英屬蓋曼群島商家庭傳媒股份有限公司城邦分公司
香 港 發 行 所　城邦（香港）出版集團有限公司
　　　　　　　香港北角英皇道310號雲華大廈4字樓504室
　　　　　　　電話：25086231　傳真：25789337
馬 新 發 行 所　城邦（馬新）出版集團有限公司
　　　　　　　Cite(M) Sdn. Bhd. (458372 U)
　　　　　　　11, Jalan 30D/146, Desa Tasik, Sungai Besi,
　　　　　　　57000 Kuala Lumpur, Malaysia
　　　　　　　電話：603-9056 3833　傳真：603-9056 2833
　　　　　　　E-mail: citekl@cite.com.tw.
初 版 一 刷　2004年9月

售價／380元

ISBN：986-7413-05-9

心的變異

現代性的精神形式

Perverted
Heart

The Psychic Forms
of Modernity

劉紀蕙・著

目　次

第一部分

方法論與當代

第一章
心的變異

心的變異

　　我在近幾年的研究中，持續提出的問題是：中國與台灣二十世紀初期現代化過程中，「心」為何脫離生生不息、流變萬端的活潑狀態，發生變異，並且僵化固著於某一特定對象，例如國家？「心」如何被層層繁複的語言所構築模塑，導引組織其慾望路徑，甚至因而激動、昂揚、悲壯，或因國家之痼癖而承受「心之創傷」，或是嫌惡他者而義憤填膺、亟欲除之而後快？

　　從中國二〇年代的前衛精神與革命換血的訴求，到三、四〇年代的革命心法、廓清內心淫邪污穢，或是台灣皇民化論述中滅私奉公、洗滌自身夷狄之心，是什麼樣的「心」的路徑？胥貝堡（Hans-Jürgen Syberberg）說：「德國第三帝國是變態西方的整體藝術作品」，這種論點牽涉了以國家為藝術作品，以民族內在精神作為國家形式的問題，於是當德國第三帝國朝向偏執妄想的民族精神固著時，便展現了特屬於西方的法西斯極

權形式。[1]他的觀點讓我反省到了中國／台灣在二十世紀前半期的現代化過程中所引發的「心」之變異路徑的一種模式。雖然中國與台灣並沒有發展出法西斯政權，但是，在文化論述尋求現代化的過程中，我注意到了某種迫切朝向國家固著而進行整體組織集結的法西斯式時代動力。

　　在中國與台灣，以國家的整體形式為現代性的慾望對象，正是為了彌補線性史觀之下所產生的落後感與創傷匱乏。子安宣邦曾經指出，亞洲概念是在黑格爾（G. W. F. Hegel）的歷史線性發展中出現的，亞洲是世界史之外的異質他者，由於封建而無法成為現代國家。而此落後的亞洲成為了福澤諭吉「脫亞入歐」論述的起點，也是亞洲現代性所要奮力掙脫的混沌狀態（〈黑格爾的「東洋」概念咒語〉 132-35）。[2]這種論點相當有效地說明了線性史觀之下的落後亞洲正是亞洲民族創傷匱乏感之原因，也是朝向進步與現代國家的動力基礎，我們甚至可以說現代國家成為了遮蔽創傷的戀物式替代對象。

　　國家成為戀物對象，「心」脫離了流變萬端的活潑狀態而黏著於國家，正是我所說的「心的變異」。從精神分析的角度而言，「變異」（perversion）並不是「正常」的反面，也不是病態，而是指被組織化的所謂「正常」性快感模式之外獲得快

1　"The Third Reich as total artwork of a perverted West," 引自 *Lacoue-Labarthe* (62)。

2　子安宣邦指出，黑格爾在《歷史哲學》（*Philosophie der weltgeschichte*）中以西洋內部性來評斷東洋專制、落後、野蠻的觀點，構成了後來西洋對於東洋，以及中國的理解，也構成了亞洲國家反身自我理解的標準。

感的所有行為。³ 當我們面對文化行為與語言構築，觀察到其中所攜帶的各種快感結構，這些快感的觸發並不是意識行為所能夠完全解釋的。我在本書中的討論涉及變異的概念，因為我們在中國與台灣現代化過程的各種文化現象與文化論述中，清楚地發現不同的迫切驅力與快感模式，例如被高度集結如同宗教熱情一般的國族狂熱認同，或是文化行為中的戀物、歇斯底里、妄想或是恐懼防衛系統等。⁴ 佛洛依德（Sigmund Freud）曾經反覆說過：我們所能夠直接觀察到的心理過程，就是其意識性。但是，不是從其「指向性」切入，而需要從含有無意識

---

³ 可以參考拉普朗虛與彭大歷斯（J. Laplanche & J-B. Pontalis）的《精神分析辭彙》（*Vocabulaire de la Psychanalyse* 331）。對佛洛依德而言，「性」包含生殖活動以外的廣義的性，因此他指出性對象並不重要，性目的才重要，並且會透過各種性對象逸離常軌，例如性倒錯（inverts，同性情慾），以及性泛轉（perverts），原本都存在於幼兒的性生活的發展過程中。雖然原初階段被續發階段取代，卻並沒有完全解消，而如同潮汐一般漲落，同時發生，彼此重疊。

⁴ 集體文化中鑲嵌的變異精神能量是佛洛依德晚期書寫持續探索的核心問題，包括《圖騰與禁忌》（*Totem and Taboo*, 1912-13）、〈目前對於戰爭與死亡的看法〉（"Thoughts for the times on war and death," 1915）、〈為什麼要有戰爭〉（"Why war?" 1933）、《一個妄想症病例的報告》（*A Case of Paranoia*, 1915）、《超越快樂原則》（*Fenseits des Lustprinzips*, 1920）、《群體心理學與自我的分析》（*Group Psychology and the Analysis of the Ego*, 1921）、《抑制、症狀與焦慮》（*Inhibitions, Symptoms and Anxiety*, 1926）、《文明及其不滿》（*Civilization and its Discontents*, 1930）等。其實，佛洛依德所探討的伊底帕斯情結與認同機制，基本上便是個集體文化的問題，無意識的結構，也是個集體的問題。在文化現象的背後，都有極為強烈而根本的無意識力比多，或是精神能動力的支撐。佛洛依德在《精神分析新論》（*New Introductory Lectures on Psycho-analysis*, 1933）中指出，可以放棄原本有「性」之暗示的力比多（libido）一詞，而改以「精神能量」（psychic energy）與「動力」（dynamic）來說明人類行為的動因。

衍生物之處入手。這種說法對我是很具有啟發的。因為,意識行為與語言構築是我們研究文化現象唯一的切入點,不過,當我們觀察意識行為,我們面對的其實卻時常是此意識行為背後的非理性動機,或是此意識語言無法命名而已經消音之處。要如何面對經過轉折投注而替代形成的文化行為與文字構築,探知其中以結構的方式持續起作用的動力模式,以及其中的斷裂與矛盾,便是精神分析文化研究的重要工作。

　　當我提出要進行文化現象的精神分析時,我所面對的對象是文化中的意識活動,以及文字構築所透露的精神現象。中國二〇年代接觸「精神分析」的時刻將 "psycho-analysis" 翻譯為「析心學」(湯澄波),我認為「心」的分析這個概念側面地解釋了我在本書中所要處理的問題。「精神」就是文化所模塑的「心」。「精神」,是 "spirit"?或是 "mind"?是思想的?感受性的?情感的?佛洛依德之所以用代表靈魂的希臘字 "psyche",因為軀體的心靈活動(psychic process)無法區分為思想、情感、感受等範疇,而包含所有的層面。中文的「心」很適切地呼應了這個綜合心靈活動的面向,甚至更因為被不同時代的語言結構賦予了不同的意義,而更為複雜。我刻意選擇「心」作為人之所以有感受而被激動的主體位置,以便檢查此激動的「心」如何被時代語言與論述所構築,如何構成「心之法則」而誘發了文化模式的形成,如何以細節呈現了特定的視覺圖式,如何以文藝政策鞏固此「心」的領域,如何規範了正義與倫常的倫理秩序,甚至,此「心」如何被有機論的論述範疇介入,而強化了政治的操作。我們所討論的,其實是「心的政治」之問題。

　　於是，這個可以被語言構築，以及被技術操作的「心」，便如同藝術品一般可以被模塑賦形、體制化與實體化。就本書所關切的問題而言，中國與台灣現代化過程中，出現了以「心」作為代表民族國家的「內在精神」或是「本質」的論述，而成為召喚此現代國家共同體形式之修辭。本書所要進行的工作便是探討此現代化過程中被語言所構築的「心」之狀態與精神結構，此「心」所依循的法則如何呈顯於各種文本與論述之內，以及此「心」所造就的主體如何朝向以國家與群體為依歸的絕對命令而推進。

　　為了進行這項工作，我們必須回到關鍵性的歷史節點，選取歷史碎片，以瞭解當時文化動力的主觀位置。

歷史碎片的主觀位置

　　回到歷史節點，潛入複雜的歷史脈絡與糾纏心靈，是個緩慢的過程，就如同奧菲爾（Orpheus）試圖攜帶著尤莉蒂絲（Euridice）的軀體離開被遺忘的死域。尤莉蒂絲正如歷史真實，曖昧無形，難以捕捉。在離開陰闇漆黑的歷史思考之域，面對陽光之前一剎那，尤莉蒂絲卻早已杳然無蹤。

　　「她」其實必須離開，這個歷史「真實」必須隱退，書寫者才能夠開始追溯。正如同所有的書寫，所有的創作，都必須棄絕這個原初的時刻，才能夠開始在文字中尋找「她」的身體感覺，使其在文字中復出。我所探觸的歷史碎片，無論是二〇年代創造社嚮往革命流血的開刀論述，郭沫若昂揚激越的時代憧憬，葉靈鳳插畫中黑白對比分明、精密準確的嚴峻線條，或

是三〇年代左翼與右翼電影共同浮現的對於群性與國家的熱切擁抱，對於新秩序的渴求，對於革命心法的追隨，或是四〇年代台灣青年對於殘缺匱乏與淨化完整的身體想像，以及對於精神醇化與躍升的熱情，都透露出了一些特別的身體經驗與主體位置。

我不試圖藉由這些碎片拼湊出完整的歷史原貌，因為這種拼湊是不可能的。奧菲爾的吟詠，總是第二度的活動。歷史的發生，對於這些碎片的作者而言，已經是立即逝去而無蹤的尤莉蒂絲。對於我而言，這些歷史碎片也不是歷史真實本身。透過這些歷史碎片，我追尋此碎片所承受的撞擊與壓力，觸摸當時牽扯纏繞的心的形式，以試圖理解這些片段敘事的主觀情感狀態。這些碎片所呈現的片段敘事，是經歷目睹現場，承受歷史危機，而以各種不同的主體位置所呈現的敘事，正如克莉斯蒂娃（Julia Kristeva）在《歐洲主體的危機》（*Crisis of the European Subject*, 2000）中所提出的，它們各自以症狀的方式回應此歷史轉折，因而透露出特殊的主觀位置（88）。

這些主觀位置或許是以激烈而振振有詞的方式朝向熟悉的「家」靠攏，或許是以驚惶猥瑣或義憤填膺的方式迴避處處可見的自身之陌生性。我們看到系統性的吸納組織與排拒推離以不同的模式反覆出現。體系的運作是無意識的。探索歷史時期的動力，其實便是探究構成此動力的象徵體系，也就是歷史巨大的同質化美學工程，以及此工程所同時進行的排除機制。

我之所以要回到歷史時刻，撿拾這些主體碎片，探究這些歷史動力之下的主觀位置，原因是我在當下的台灣屢屢看到這些主觀位置以不同的身分認同之形貌復出。這些各自不同的主

觀位置展現了立場衝突與認知差異的關鍵，因此，思考當下的主觀情感如何在歷史過程中以結構的方式被模塑與誘發，便是促使我面對歷史的動機。

歷史情感高峰與同質化過程

我在本書中所探討的，環繞著有關中國與台灣的現代性、歷史創傷、崇高主體與國家神話的問題，也就是二十世紀前半期歷史轉折的文化狀態。我並不企圖處理整體歷史敘事，而要在此歷史轉折而主體處於情感高峰狀態之時代的紛雜事件中，挑選幾個具有症狀性的文本，尋找可以照亮此轉折關鍵的參考軸。這些文本牽涉了國家主權受到威脅、政治秩序混亂、文化價值系統中斷、主體處於苦悶與焦慮，而亟欲尋求噴發口的時刻。

二十世紀初期中國知識分子在現代國家的建立過程中所提出的世界大同的烏托邦論述，[5]正是在當時知識分子普遍感受到的斷裂感與苦悶焦慮之中所產生。魯迅在他的《狂人日記》中說那是他「憂憤深廣」的產物，他的雜文是為了抒發「憤懣」（〈華蓋集續編・小引〉 183-84）。郭沫若說，「我們受現實的苦痛太深巨了。現實的一切我們不惟不能全盤肯定，我們要准依我們最高的理想去否定牠，再造牠」（〈未來派的詩約及其批

---

[5] 張灝（Chang Hao）曾在《危機中的中國知識分子：秩序與意義的追尋1890-1911》（*Chinese Intellectuals in Crisis: Search for Order and Meaning [1890-1911],* 1987）一書中討論此文化危機與轉型期知識分子的烏托邦主義之興起。書中主要論點可參考中譯（張灝 1-41）。

評〉6）。在那個苦悶焦慮的時代，烏托邦傾向真正執行的再造工程，便是透過整體化過程而進行的新秩序的追求，以及尋求「同」的運動。郭沫若激越的頌讚集體性的「們」便可以充分顯示此特徵：「我要永遠和你結合著，融化著，不讓我這個我可有單獨的一天」（〈們〉3）。然而，這種「同」的運動，不僅僅是朝向「們」結合的運動，更包含了強化整體統治與激烈排除異質物的雙向運動。此整體化也就是國家主體形式化的過程。

國家主體形式化的時刻，各種文化論述急速朝向同質化發展，依循巨大的歷史吸納系統開始組織屬於「我」的同質物，也因而壓抑「非我」的異質物。吸納，如同口腔的吞噬，以及身體的吸收消化。⁶根據「我」與「非我」的兩軸擴展延伸，或是「家」與「非家」的對立，便是社會與國家形成整體組織的同質化過程。此同質化過程也使得各種社會他者、文化他者、異鄉人，以及各種變態異常的文學作品與思考模式無法被容忍。⁷

從「我」到「群」的跳躍銜接使用了「家」的修辭，其實是將一個不具有「家」之性質的社會群體賦予「家」的形式。

---

6 巴岱伊（Georges Bataille）在《被詛咒的共享》（*The Accursed Share*, 1993）三卷書中對於系統性的吸納與排除有過深刻的分析討論。我在第八章會繼續討論這個問題。

7 本書的討論側面回應了中國現代文學中現代主義文學為何如曇花一現，在五四新文學運動之後迅速被寫實主義遮蓋壓抑的問題。現代主義文學的被壓抑，除了我們所了解的「文以載道」傳統，或是夏志清所提過的「感時憂國精神」，或是李歐梵所討論的「現代性」之外，本書所提出的是國家主體形式化所導致的歷史同質化問題。

這種附加形式是虛構的，因為這些社會群體並不具有任何真實的親屬血緣關係。但是，當這個社會群體需要以虛構形式強化此群體的內在關聯，以便確認其「同」的性質，便需要以此「家」的形式與以「父」為軸心的修辭。建立此種以「父」為軸心的修辭時，同時解消了個人的家庭組織，而將集體的「父」無限擴大。於是，此類社會整體化的修辭便穩固地建立於作為此群聚體之「父」的精神領袖，以及此「父」所體現的精神屬性。

這個以「父」為名的精神領袖往往被賦予神聖屬性，而「家／社會／國家」亦開始具有烏托邦的神聖性質。當「家」的磁場中心以各種神聖修辭與技術操作匯聚權力，便出現了中國二、三〇年代的集體論述、日本的天皇制、台灣的皇民化論述等同質化磁場。這些論述與義大利和德國的法西斯政權有策略的類同，也與1949年以後在中國與台灣分別發展出的高度國家主義與極權政體有內在延續之特性。對於此吸納與排拒的巨大歷史同質化過程，我們時常可以觀察到，這種集中意志與集中權力的論述總是強調文藝的正常與健康模式，並以此作為清除異己、排除病態的基準。中國的文革時期，以及台灣的戒嚴，[8] 或是更為典型而具體執行的納粹法西斯文藝政策，都是

---

8 中共文藝政策中清除毒草、圍剿清算的整風運動以及以文藝為戰鬥機器的論述模式反覆出現。國民黨的文藝政策亦同樣以文藝為消除黑暗、反共抗俄的戰鬥工作手段。1956年國民黨第七屆中央常務委員會通過台灣戒嚴時期的〈反共文藝戰鬥工作實施方案〉，其目標為「發揮文藝戰鬥精神」，鼓勵「宣揚三民主義，闡揚反共抗俄國策」、「揭發奸匪與俄寇勾結賣國之各種陰謀暴行」、「發揚中華民族傳統文化」、「褒揚軍民英勇事跡」、「表揚忠貞

如此。[9]這種類同，是我們需要注意的問題。[10]

　　無論是二、三〇年代的中國，或是三、四〇年代的台灣，本書所挑選的片段敘事中所呈現的「公」的想像、「群」的渴望、鋼鐵意志與陽剛美感的追求、生產報國的優先性、國家神聖的凸顯，或是區分正邪與清洗污穢混亂的迫切、打擊軟弱與病態的合理化等，都有類似的絕對修辭。我要提出的問題是：為什麼中國與台灣現代化過程中，統治權會被放置於一個具有神聖性的論述位置？為什麼這些神聖論述又與一個巨大的歷史

　　等內容（《文藝政策彙編》1-2）。1967年第九屆五中全會通過〈當前文藝政策〉，明確指出「重視文藝創作的社會性，建立清新、雄健、溫厚、明朗的風格、表現光明、消除黑暗、以喚起社會廣大的同情，促進社會向上的發展」之創作路線（23）。

9　三〇年代納粹政權的第三帝國文藝政策與文化清潔運動，推出的「第三帝國藝術展」與「退化藝術展」是個清楚的例子。有關納粹政權這種文化清潔運動與其法西斯性格，可以參考彼得・亞當（Peter Adam）在《第三帝國藝術》（*Art of the Third Reich*, 1992）的討論，白隆（Stephanie Barron）編的《退化藝術：德國納粹政權下前衛藝術的命運》（*"Degenerate Art": The Fate of the Avant-Garde in Nazi Germany*, 1991），以及趙鑫珊的《希特勒與藝術》（1996）。此問題下文將仔細討論。

10　我曾經在《孤兒・女神・負面書寫：文化符號的徵狀式閱讀》一書中（〈變異之惡的必要——楊熾昌的「異常為」書寫〉190-223）討論過，在中國與台灣極權政體展開之前，三〇年代的文化論述場域中具有極權性格的國家主義與本土論述，如何在各種文化文本中以物質與肉體的症狀展現。該文主要關切的問題是：三〇年代的中國與台灣的文化場域凸顯國家主義與本土意識之刻，文化論述中的組織性格十分明顯，而中國與台灣當時不被組織起來的作家在哪裡？也就是說，相對於組織化而集中統一的「正常」模式，中國與台灣二十世紀早期的「變態意識」在哪裡？為何在那裡？文化場域內不被組織化，以及不被「正常性對象」吸引的精神能量，如何以多形態泛轉與精力投注展現自身？

同質化過程並進，而隨之與相應而生的排斥清除機制相連？為什麼這種神聖論述必然架構於烏托邦式的絕對修辭？為什麼此浪漫而絕對的統治主權可以完全掌握人民的熱情，以至於其子民要以近乎報恩的感激犧牲心態效命？中國二、三○年代與台灣在三、四○年代所出現的烏托邦思維與法西斯心態，與歐洲的納粹法西斯主義，為何有所關聯，卻又有其內在各自發展的必然？這種統治主權的絕對與神聖性格，以及伴隨發生的排除賤斥系統，是否形成了一種心理地層，以某種方式微妙地掌握了人民的主體位置與身分認同，而在不同歷史時期透過不同形態不斷復活？

從當代開始觀看歷史的現在進行式

　　《心的變異——現代性的精神形式》分三部分，第一部分「方法論與當代」建立我的方法論討論基礎，第二部分「歷史的碎片」選取了幾個歷史時期的文本作為探討的對象，第三部分「精神的形式」則進行後設的理論收攏。

　　第一部分「方法論與當代」從第一章對於「心」與「精神形式」的定義，到第二章對於歷史的精神分析詮釋開始，呈現我對於歷史時刻主觀位置的詮釋策略。我刻意要將我的討論從台灣的當代開始展開，因此，第三章〈陳界仁的歷史肢解與死亡鈍感〉中，我以台灣當代前衛藝術家陳界仁的作品切入，透過藝術家對於「台灣／中國」現代化的視覺詮釋，展開我對於現代性創傷、歷史他者、認知斷裂等問題的思考。陳界仁的作品以一種十分具有症狀性的方式，揭露了台灣的歷史困境。他

在作品中挑選了幾個充分顯露現代化進程中體制性暴力的創傷性時間節點。體制性的暴力展現於建立清潔與病態的區分，以及清除異己的工程，例如清黨、內戰。這些暴力運作造成了政治結構的轉變，以及歷史詮釋累積的斷裂，這也是台灣的「當代」在地文化狀況所承受的歷史效應。陳界仁的影像提供了我處理歷史主觀位置詮釋策略的暗喻模式。

溝口雄三曾經指出，他們那一世代的人在中學時代有「世界顛倒過一次」的經驗，「教科書被塗抹了墨跡」；當時他們認為是正確的，後來發現都是謊言（〈關於「知識共同體」〉7）。這種世界顛倒，認知翻轉，教科書所塑造的歷史圖像三十年一小改，五十年一大改，似乎是亞洲幾個國家在現代化過程中都經歷過的模式。台灣便是如此。這些翻轉，塑造了不同的歷史記憶與情感立場，也使得過去的歷史經驗以現在進行式的方式透過不同的面貌再次出現。

第四章〈症狀—賤斥—恐懼——另外一種觀看的方式〉中，我試圖提出一種觀看歷史的方法論：我們要如何突破符徵的素樸寫實追索，而透過精神分析的探問模式，進入另外一種觀看的方式與方法論？我以「症狀」之表演與夢象徵的特質，說明符徵表面的視覺化形式不見得能夠讓我們「看到」符號背後的「意義」或是「所指」，但是卻可以讓我們進入符號製作者主觀位置的「痛」的經驗。就像是佛洛依德所說，「症狀」以一種表面不相關但卻是遙遠相連的方式，壓抑內在慾望，卻同時也滿足慾望展演自身的衝動。在症狀中，符號選取投注的主觀位置中，我們可以「聽」到主體內在的動力「大聲吶喊」，或者，我們應該說，是主體意識之外的他者狀態的吶

喊。本章的討論將具體說明詮釋者如何以症狀閱讀的方式來經驗「他者」的主觀情感狀態。

　　本書第二部分「歷史碎片」呈現了參與歷史同質化過程的幾個情感高峰關鍵時刻。當國家主體受到威脅之際，急切追求新秩序與新生活的烏托邦想像，便成為中國二、三〇年代文化論述的主軸；此種烏托邦想像，實際上是朝向著國家「形式化」的機制縫合。朝向國家形式化的渴求，在二〇年代中後期已經十分明顯，並且開始透過各種革命論述急速構成。第五章〈心的翻譯——自我擴張與自身陌生性的推離〉討論中國與台灣早期現代化過程中所經驗到的「社會體」的創傷與苦悶，是如何透過翻譯廚川白村的概念與詞彙而尋得表達途徑。當時的青年所迫切尋求的民族形式與要求釋放的生命衝動，牽涉了對於現代性線性發展與進步的追求，以及對於「公」的想像；同時，相對於此線性進步，也產生了落後創傷與苦悶沉鬱，與企圖彌補追趕落後而生的慾望，或是生命衝激力。生命衝激力在線性想像中，是針對單一體系的優勢位置而產生的相對動力，而這種線性邁進與生命衝激力的釋放訴求，被架構於時代的苦悶與「心傷」的論述之中，並且透過熟悉廚川白村式的柏格森創化論的知識分子，如魯迅、郭沫若、胡風、張我軍、葉榮鐘等人，在文藝論述中反覆闡釋發揮而擴散。同時，在此生理主義與進步論述發生的同時，對於自身陌生性的推離也激烈展開。

　　第六章〈開刀、刺戮與煙囪掃除——二〇年代中國的前衛精神〉，便以創造社在此匯聚革命動力的時期所扮演的關鍵性角色作為探討對象。創造社不僅密集推出革命文學的論述，展開全面批判的戰鬥立場，並且積極引介左翼文藝理論與作品，

郭沫若是其中的重要角色。蘇聯勞工農民普羅精神的圖像成為
當時刊物封面與插圖的主導視覺模式。然而，創造社所主持的
幾份左傾刊物，卻同時呈現與普羅勞農文藝扞格不入的頹廢唯
美與未來主義這幾種不同經驗模式的視覺圖像。當時這些視覺
文本中不同經驗模式並置所產生的視覺矛盾與斷裂，以及其中
隱藏的論述模式，讓我們清楚看到中國現代化進程所依循的
「現代形式」，與其中法西斯式的組織衝動。第七章〈群的結合
──三○年代的烏托邦想像〉中，我進一步從1934年上海聯
華影業公司出產的《國風》與《大路》，以及郭沫若的詩作，
討論這幾個文本中近法西斯式的組織集結動力與集體妄想症
狀，並討論中國三○年代整體文化場域與此妄想症狀相互鑲嵌
的內在法西斯衝動，包括當時左右翼陣營的文藝政策、力行
社，以及新生活運動。

　　探討中國三○年代的極權與法西斯衝動，使我不得不回轉
過頭，回顧台灣四○年代所浮現的類似心態。第八章〈從「不
同」到「同一」──台灣皇民主體之「心」的改造〉所討論
的，便是此問題。當時的皇民論述可以說是使本島人從殘缺成
為完整，從不純淨到「醇化」，從「不是」到「是」，從「不同」
到「同一」的論證過程。此論證過程要解決的核心問題是：本
島人與內地人血緣不同，本島人如何可能同樣成為「日本人」
或是「皇民」？這一系列的論證展現出台灣人當時試圖「安心
立命」的思辨過程，這也正是海德格（Martin Heidegger）所說
的躍升於「座架」的努力，或是佛洛依德所說的「認同」。而
此處的「信仰」、「精神系圖」與「心」的工作所造就的，是
一種「新的國家」與「新的神話」。在此國家神話的架構下，

天皇信仰所要求的是朝向天皇的奉獻犧牲，對於加入志願兵的台灣人而言，這是獲得「拯救之道」的機會。陳火泉的〈道〉還提出了身體不屬於自己，而屬於君王的概念：日本精神就是尊王攘夷的精神。這不只是清除非我族類，更是清除我自身之內的「夷狄之心」。

因此，台灣在日據時期所經歷的殖民經驗與現代性思維模式，牽涉了「國民意識」與「現代主體」的模塑機制。我們面對的問題是：在歷史中，在殖民政府的現代化工程之下，「本島我」與「皇民我」的矛盾如何解決？是什麼樣的強大力量使得主體積極朝向一個理念高點躍升？主體與殖民政府的銜接，為何要透過「精神」的過程？為何神道與儒教有其契合之處？為何都會凸顯「心」的工程？此種「心」的精神改造在台灣、中國與日本的近現代思想脈絡是如何發展承接的？為何法西斯心態是個國家主義必然迴轉的烏托邦手段？

這些章節的討論帶領我朝向兩個問題：一個是絕對統治的問題，一個則是政治美學化的問題。我在本書第三部分「精神的形式」中，便試圖提出理論性的收攏。第九章〈吸納與排除──法西斯現代性的精神形式〉，我以德國納粹政權的文藝清潔運動為例，以及西方文化理論反省此文化現象的理論脈絡，包括佛洛依德、巴岱伊、賴希（Wilhelm Reich）、班雅明（Walter Benjamin）、阿多諾（Theodor Adorno）與當今學者對於這個整體化思維模式的法西斯衝動與歷史同質化的探討。我在第十章〈心的形式──精神的實體化問題〉中，則繼續處理政治的虛構與實體化之間的辯證關係，其中所牽引的精神裝置，以及此現象如何放置於亞洲的脈絡中重新思考。

　　我面對了時代精神能量選取表現形式並藉以「出現」的具體問題。拉庫－拉巴特（P. Lacoue-Labarthe）曾經指出，政治的虛構性在於：政治如同藝術一般，是造形藝術，技術根據物質的內在本質而賦予其外在形式（*Heidegger, Art and Politics* 37）。然而，所謂「共同體」的本質是被語言所建立的，因此是具有虛構性質的。但是，這個透過技術被創造出來的政治制度，卻被想像為實體而固定下來，這也就是以身體的想像組織整體，使群眾依循此整體的形式而行動的合理化過程。

　　主體設法投向集體，建立統合的同一性，以實體制度擴張主權，正如巴岱伊所說的，其實反映出了主體自身的匱乏（"Labyrinth" 173）。巴岱伊說，人之主體構成是以分裂的微粒子組成，社會的構成也是如此。因此，「我」之內必然有無數「他者」，這些「他者」是無數具有異質性的「我」。企圖採取主控位置的絕對命令式的「抽象我」（abstract me），將這些異質成分的「我」拋離驅逐，成為「他者」。正因為存在所處的分裂狀態，所以當任何「主體」要以絕對命令式的整體狀態控制情勢，便會攜帶著具有威脅力的壯麗，以更為暴力的方式投射於此黑暗虛無之中。這種投射的基礎，便是建立於與神聖結合為共同體的慾望，這個神聖是具有命令式而絕對存在的（"Labyrinth" 176）。然而，巴岱伊指出，政治權威的原則往往使得此種以「愛」（Eros, binding）為名義的結合被丟回到實用生活的層次，並且導向具有道德訓令的壓抑狀態，開始形成封閉系統，並且開始執行排除異己的工程（"Sacrifices" 133）。所以，巴岱伊認為，社會共同體所吸引的溝通與聯結，正是建立封閉系統與權力的起點（"College of Sociology" 252）。

　　我在這本書中持續朝向這些歷史情感高峰的時刻提出探問。我試圖探索為何主體會開始否認自身內在的「他性」？為何要開始排除具有異質性的「我」，而激越昂揚地以「愛」的模式與神聖共同體結合，建立同一性？這些激烈賤斥的時刻所恐懼的對象是什麼？為何此同一性會成為固定的聯結，而陷入一個封閉系統？透過這些書寫與思考，我注意到這種「愛」的精神裝置可以具有無限的醞發力量，主體可以為了這個超越抽象的「愛」的對象而將己身獻出，進而排除所有不容於此系統的異質體。

　　這種因「愛」而聯結的系統性吸納與排他工程，以及以「心」為民族文化內在內質之訴求，似乎正是所有倫理問題的起點，而被愛所激動的「心」，則是驅動文化技術的法則，也是所有文化形式的構成邏輯。因此，我們要探討這個「心」的變異模式。

第二章
歷史的精神分析式探問

糾纏的歷史

　　若要討論台灣的歷史情感結構，或是現代化歷史過程中被語言所構築而朝向國家群體依附固著的「心」的狀態，必然牽涉了台灣、中國與日本所共同經歷卻又糾纏不清的近現代歷史過程。[1] 但是，要如何面對這個歷史，則是個複雜的問題。

　　要如同小林善紀在《台灣論》中所提出的計畫：「回溯過去彼此曾經共同走過的歷史」，以便瞭解「自己究竟是什麼人」，捕捉自己在歷史的過程中「佚失了什麼重要的記憶」嗎（70）？這種回溯過去，追尋起源，以便為自己身分定位的企

---

[1] 當代日本、中國與台灣學者也多次提出「共生歷史」的觀點。這正是孫歌、溝口雄三、陳光興與汪暉近年所試圖發展的「知識共同體」所處理的問題。柳書琴也指出，「殖民主與被殖民者擁有不同的歷史，但是不論是順從或反逆，兩者的歷史是共生的。日本如果沒有佔領殖民地，她的現代歷史與文化將有不同面貌；台灣如果沒有被殖民，本土的歷史也將有不同的發展。我們從共生的歷史走來，當從不均衡的歷史中一起學習。」（〈他者之眼或他山之石〉107）

圖，反覆出現在各種新國家論述之中。但是，正如同楊格（Robert Young）所指出的，這種努力其實呈現了一種自戀而懷舊的姿態。[2] 丸川哲史也同樣指出，小林善紀在台灣尋找日本昔日的影像，而台灣卻也以懷舊的心情不斷地讓日本殖民經驗在本土文化中復活。[3] 這種主觀而自戀的懷舊，只會擁抱著過去的歷史經驗，試圖使歷史復活，規範當下，甚而採取防衛攻擊姿態，撻伐異己，並將此過去模式投射於未來。以台灣文學史的書寫為例，無論是所謂「中國視野」的文學史觀或是「台灣視野」的文學史觀，也都會各自被局限於民族主義式的思維框架。[4]

可是，要如何進行歷史的回顧與書寫，才不至於陷入自戀懷舊而主觀投射的無盡循環？

面對歷史，可以如孫歌與溝口雄三近年來所討論的模式，透過合作，圍捕出「知識共同體」，以面對共同走過的歷史

---

[2] 楊格曾經在〈殖民主義與慾望機器〉（"Colonialism and the Desiring Machine", 2001）一文中討論過被殖民者如何以懷舊的心態欲求著殖民者的國度，以及殖民者如何也以懷舊的心態尋找過去殖民的屬地（Young 73-98）。

[3] 丸川哲史在〈與殖民地記憶／亡魂之搏鬥——台灣的後殖民心理地圖〉一文（29-42）以及〈台灣—全球資本主義與帝國的記憶〉座談會中，也更為具體地提出此觀點（84-85）。

[4] 林瑞明在〈兩種台灣文學史——台灣 vs.中國〉一文中，指出中國視野下的台灣新文學史，是以民族主義為基調來「發現」、「發明」台灣文學的，他因而批評「中國視野下的文學史書寫，過度地強調文學之於民族和語言的關聯」。反觀台灣的幾種台灣文學史，其實也都是強調「民族」與「語言」的關聯而顯露出民族主義文學史的傾向。林瑞明區分「中國視野」與「台灣視野」的台灣文學史，似乎也是基於「民族」與「語言」的民族主義立場所做的區隔。

嗎？[5] 孫歌與溝口雄三自從1995年以來，反覆討論「中日兩國怎樣才能跨越巨大的落差，建立知識共同體」（〈「知識共同」的可能性〉 116）。以孫歌的說法，中國、日本、韓國走過「相互交纏」的共同歷史，參與同樣的現代性，卻有不同的感情記憶。面對過去，尤其是第二次世界大戰，亞洲各國學者時時會因為各自處於不同的位置，被不同的情感記憶與歷史創傷經驗所浸染，出現強烈情緒性對立而無法溝通討論的尷尬處境。因此，孫歌認為亞洲的知識分子應該透過合作關係，共同探討過去的歷史問題，以便能夠建立面對那份尷尬的「知識立場」（〈導言〉 9-13）。

　　孫歌所討論的「知識共同體」，呼應了溝口雄三早期「作為『方法』的中國」的研究方法論。溝口雄三長久以來持續批判日本漢學忽視「異文化」的心態。他說，日本對中國的古代與近代的關心，並不是源自於對中國的關心，而是基於「日本境內的理由或情懷」而誕生或是消失的（《作為「方法」的中國》 102）。因此，溝口雄三強烈批判「抹煞中國」的中國

---

5 溝口雄三與孫歌曾經針對「中日知識共同體」持續討論。這是孫歌與溝口雄三的對談中所提出的觀點，刊載於《開放時代》的〈關於「中日知識共同體」〉（2001）。這一系列的文章包括孫歌的〈論壇的形成〉（1997）、〈再生於現在的歷史〉（1997）、〈「知識共同」的可能性〉（1998）、〈實話如何實說〉（2000）、〈在理論思考與現實行動之間〉（2000）、〈直面相互纏繞的歷史〉（2001），以及溝口雄三的〈「知識共同」的可能性〉（1998）、〈戰爭與革命之於日本人〉（2000）、〈俯瞰近代中國〉（2001）。這一系列的文章都刊登在《讀書》上，也引發了不少回應，僅舉幾例，如葉坦的〈關於「亞洲思考」〉（1997）、吳曉東的〈記憶的暗殺者〉（2000）、張汝倫的〈記憶的權力和正當性〉（2001），以及陳光興的〈日本想像的差異〉（2001）等。

學，並且強調要徹底把中國「客觀對象化」(《作為「方法」的中國》105)。他建議「以中國為方法，以世界為目的」，從歷史學、哲學、法學、政治學、經濟學等等不同領域，創立「綜合性的中國學」。溝口雄三所謂的以「中國」作為方法來對抗歐洲的國家原理，並發展亞洲的社會原理，也就是他所持續呼籲的「人與自然調和、人與人連帶一體的民主的大同之原理」(《作為「方法」的中國》248)。溝口雄三提議要建立日本與中國之間真正意義上的共有歷史與總體架構，就是要回到此大同原理。[6]

孫歌與溝口雄三共同推動的亞洲知識共同體在近年來獲得不少迴響。為了要以「亞洲」作為方法，他們堅持要進行與「歐洲近代敘事」不同的另一種敘事。他們的努力促成了《在亞洲思考》的叢書計畫。此叢書的編輯群寫道：「為了那個需要數代人才能完成的日本『回歸亞洲』，恐怕有必要從地域史研究的視點出發，把理念化了的『西洋』還原為地域性的西洋吧。同時，把一向被個別化和地域化的亞洲作為理念性的地域加以討論也是必要的」(〈亞洲意味著什麼？〉84)。

然而，這種具有「大同」原理的「亞洲」理念性建構與亞洲整體的想像，是否有其內在的謬誤？亞洲的共有歷史與總體架構要如何被組織起來？如果孫歌與溝口雄三的計畫不由自主

---

6 此外，溝口雄三以三〇年代《改造》之作者群為例，當時《改造》囊括了日本的片山潛、谷崎潤一郎、橘朴、長谷川如是閑等早期馬克思主義者；中國的胡適、高一涵、魯迅、周作人、郭沫若、孫文、戴天仇、周佛海。冷戰時期，沒有交流，丸山真男、竹內好等人還是可以在國內對於亞洲問題進行「共有」的討論(〈「知識共同」的可能性〉121)。

地朝向了共有與組織化的想像，是否正落入了另一種以「亞洲」為整體的觀念投射？[7] 亞洲與歐洲的敘事如何可以如他們所暗示的毫不互涉？當「亞洲」之整體被勾畫出來，是否又隱藏了某種「同一性」的預設，而呈現了孫歌所謂的「一步之差」的自設框架？[8] 是否正落入了酒井直樹所指出的「西方／亞洲」這種二分法的「排除與分離」框架（〈主體與／或「主体」〉167）？[9]

溝口雄三所謂徹底地客觀化，以「亞洲」作為方法，以「世界」作為目的，其實正呈現了另外一種抽象理念投射的唯心共同體之謬誤。對於從福澤諭吉到岡倉天心的日本近代史而言，「亞洲」概念引發了複雜的曖昧關係，也因此成為日本當代問題的起點。[10] 當「亞洲」不作為軍事擴張的藉口，而作為亞洲知識分子的操作「視角」，發展為「地域的理念性」之「原理」時，這個「視角」或是「原理」其實仍舊會如同加達默爾（Hans-Georg Gadamer）所說的，避開了一種主觀的成

---

[7] 酒井直樹的 "You Asians" 便是對於以後殖民立場回應「東方主義」的「亞洲主義者」不得不然的批判。

[8] 孫歌所討論的竹內好敏銳地指出，日本近代史思想的發展以「一步之差」從「連帶」滑向了「侵略」（〈導言〉17）。

[9] 酒井直樹認為文化差異的發生，正是「本地人與非本地人、亞洲人與非亞洲人、或非西方人與西方人等共時二元對立（synchronic opposition）被徹底質疑（問題化）的所在」（〈主體與／或「主体」〉165）。

[10] 福澤諭吉的「脫亞入歐」，岡倉天心的《東洋的理想》，孫文的「大亞細亞主義」，竹內好的《亞細亞主義》，宮崎市定的《大東亞史概說》，從脫亞到興亞，以至於大東亞共榮圈，有其內在的曖昧轉折。可參見孫歌（〈亞洲意味著什麼？〉23-97）。

見，而陷入了另一種主觀而封閉的成見（《詮釋學 I：真理與方法》 395）。酒井直樹曾經直接批評「亞洲文化本質主義」，他指出試圖凸顯亞洲的「社會與文化形構，甚至於其生理結構之非西方性格」之特質的說法，正好是「心甘情願的內化種族主義加諸他們身上的刻板印象」（〈主體與／或「主体」〉 165）。

　　孫歌與溝口雄三都不得不面對機械式的主客觀二元對立的困境，以及文化本質主義的陷阱。孫歌指出，當她進行清理亞洲各國之間經過歷史轉變而發生的「思想上的力學關係」，追尋彼此與其他民族共同享有的世界史的研究，主要的目的是不要局限於「一國框架之內」，或是封閉僵固的主觀位置之中（〈導言〉 19）。但是，孫歌承認，「一旦進入操作，我才知道它遠不是我那個樸素的表述所能概括的單純目標，這個充滿矛盾的過程本身要比建立一個共同的知識立場這一目標重要的多」（〈關於「知識共同體」〉 6）。溝口也指出，在日本，文化本質主義的確會造成某種均一、同質的日本意象，不合此標準的日本人都會被無意識地加以排斥（〈關於「知識共同體」〉 13）。[11] 溝口雄三更清楚強調，不從自己知識的主體出發來思考問題，而從「共同」出發來選定議題，是不具有主體根基的知識交流，是無法真正「共有」的（〈「知識共同」的可能性〉 121）。這就是為什麼孫歌說，「知識人的批判性思考必須要建立自己的層面」（〈導言〉 13）。因此，知識的主觀位置便是個

---

11 雖然，他仍舊指出因此而迴避探索文化的特殊性，則是另一種僵化單一的立場。孫歌也強調，對於文化本質主義的批判如果並不具有深刻的多元化理解，則也有可能在「思維怠惰合法化的保護傘」之下，形成另一種單一而絕對化的本質主義（〈關於「知識共同體」〉 14）。

根本的起點。客觀研究仍舊必須站在一個主觀位置之上出發，而同時進入一個相互主觀的對象關係。

　　但是，東史郎的戰地日記之訴訟案引發的激烈論爭，揭露了互不相容甚至敵對的主觀位置，使他們意識到了主觀歷史記憶的巨大落差。[12] 誰的歷史？誰的記憶？誰擁有的歷史是正確的歷史？誰有權利宣稱歷史的詮釋權？溝口雄三在〈感情記憶與事實記錄的差異〉[13] 這篇文章中，不得不對相互交纏卻有不同感情記憶的主觀歷史進行較為深刻的討論。他說，以戰爭經驗為例，滲透於日本與中國兩國民眾之間的感情記憶，例如南京事件與廣島事件，其實面向著不同的對象；記憶的差距以及對象的不同，使得這種歷史意識上的記憶以「現在時態」存在，而造成認知的隔閡，甚而不斷被「誘導」而「再次生產」。[14] 溝口雄三強調，由於感情記憶的差距，我們必須讓「歷史本身來敘述」，以便呈現這種歷史材料相互矛盾而具有排

---

12 東史郎將他兩次參加侵華戰爭的經歷記述下來，彙集成《陣中日記》，揭露了南京大屠殺的實情，公布於1987年7月6日。他被日本右翼分子圍剿，送上法庭，先後被日本東京法院，以及日本最高法院判決敗訴。日本右翼分子主張，例如小林善紀可以說中國人對於南京大屠殺所記錄的「三十萬」的意思是「極多」。為支援東史郎，江蘇教育出版社、中國人民抗日戰爭紀念館與世界知識出版社先後出版了這部日記的前半冊與後半冊，引發中國大陸對於討論歷史真話的極大迴響。2000年《讀書》為此議題特闢專輯，便是一例。

13 在小林善紀的《台灣論》引發台灣內部諸多爭議之時，中國與日本之間也因為南京事件的敘事方式而激起一場辯論。日本《世界》雜誌2000年4月號所載孫歌的〈日中戰爭 —— 感情與記憶的構圖〉便觸及了共同與差異之別。當時《世界》連續數期都以東史郎的戰地日記引發之訴訟案為聚焦。

14 溝口雄三與孫歌討論中日歷史認知差距時所提出的觀點。

他性的錯綜複雜狀態。¹⁵ 此外，溝口雄三說，若要面對日中之間的歷史磁場，只澄清歷史是不夠的，「我們恐怕需要踏進感情持有者本身亦未注意到的某種無意識之歷史意識的世界中去」。¹⁶

溝口所說的面對交錯的歷史磁場，進入某種「無意識之歷史意識」，要如何進行呢？溝口說，「如果沒有對於當事人的苦惱的感受力」，就不可能把握當時的實際狀態（〈關於「知識共同體」〉 8）。由於人們被不同的「歷史磁場」，以及「誘導歷史認識的力量」而形塑特定感情記憶，因此日本人與中國人對於南京大屠殺有完全不同的歷史觀點。日本右翼分子可以說「三十萬」的意思是「極多」，而中國則會全面「動用到政治力量來執行反日論述」。溝口雄三甚至指出中國人對於日本不肯認罪的抗議，是基於面對日本近代優越意識而發出的焦慮而返刺回自身的「歸去來器」。溝口雄三在檢討此感情記憶差異時，是面對了焦慮的荒謬，還是虛級化感情記憶的主觀位置？溝口雄三所建議的「日中之間真正意義上的共有歷史」與「近代史的總體架構」能夠解決此差異問題嗎？

孫歌因此提出，歷史客觀性的要求是扼殺感情記憶的內容，感情記憶與歷史敘述的主觀位置必須經歷「必要的轉換」。孫歌所說的「轉換」，對她而言，是「主觀與客觀的交匯

---

15 溝口雄三認為，將此語境中的日本特殊性相對化，並從更高的視角向讀者揭示：日本的語境怎樣與過去及現在時態的「南京」深深聯繫著。

16 上述溝口雄三之論點出自溝口雄三的〈感情記憶與事實記錄的差異〉。網址：http://xueshu.newyouth.beida-online.com/data/data.php3?db=xueshu&id=chuangzaori。

點」，十分複雜，「需要歷史家謹慎的工作」。她說，「轉換之後，新的『事實』才有可能誕生」（〈關於「知識共同體」〉17）。她質疑「事實」便是客觀的說法，並且指出所謂的實證研究，其實已經預設了結論，為此結論收集資料，這種學院式操作，其實是在「普遍化」的幻想之下進行的研究（〈關於「知識共同體」〉18）。

因此，不自限於收集史料的實證工作，而開始進行歷史主觀記憶的轉換，以便獲得「新的事實」，是個重要的問題。孫歌說，她不是歷史學者，沒有能力直接處理這樣的問題，而期待歷史家更為謹慎的工作。孫歌也強調，面對自身內部的矛盾與糾葛，面對差異，讓差異與矛盾「表面化」，可以讓「自我解體」發生，並使我們更清楚我們所面對的問題，以便此系統在面對他者時以對話的方式開放。[17]

但是，什麼樣的學者可以真正處理此轉換呢？歷史學者會更具有優勢位置嗎？其實，重點不在於哪一種學科所賦予的正當性或是合法性，而在於知識與理解的途徑。我們要如何拓展我們的理解，才能夠避免陷入以客觀為名的主觀知識呢？要獲得哪一種「知識」，才能夠解開被僵固遮蔽的認知架構與衝突立場呢？我們要如何處理歷史，才能夠面對歷史材料中所呈現的排他性而相互矛盾的複雜狀態？我們要如何理解無意識的主觀歷史意識，同時處理自身的知識主體問題呢？要如何進行主觀與客觀交會處的「轉換」工作呢？對知識而言，我們能夠獲得什麼樣的「新的事實」呢？

---

[17] 《開放時代》的溝口雄三與孫歌的對談（6-22）。

歷史的詮釋

　　要解決孫歌與溝口雄三晚近所提出的面對歷史的矛盾態度，我們必須進一步思考互為主體的微觀歷史詮釋學的問題。

　　加達默爾曾經說過：我們對於過去的興趣是被當代，以及當代的興趣激發起來的。因此，探究的動機構成了研究的主題和對象。加達默爾討論歷史的詮釋問題時，十分強調研究如何被帶到研究者「生命自身所處的歷史運動裡」（374-75）。加達默爾說，歷史研究的素樸方法論不再能支配這一領域。研究的進展不再以擴大和深入新領域或新材料這種模式加以理解，相反地，歷史研究要求對問題達到某種更高的反思階段（375）。所謂客觀地進入歷史材料，與文本保持一致的理解立場，讓文本自身說話，其實是進入了另一個被局限的主觀位置之循環。因此，對加達默爾而言，詮釋必然處於歷史與當下的「兩者之間」。

　　為何歷史必然是當下的問題呢？加達默爾說，引誘人去理解的東西本身必然已經在「他在」（Anderssein）中發生：「理解藉以開始的最先東西乃是某物能與我們進行攀談」（392）。這個已經發生但是存在於「他在」並且強烈的通過我們自身而呈現出來的「他者」（das Andere），使得歷史永遠不可能是客觀獨自存在的「對象」（394-95）。

　　這個讓我們發生問題，引誘我們攀談，曾經存在而處於他處，在我們自身發生作用而被遮蔽的「他者」，也正是海德格在〈什麼召喚思？〉（"What Is Called Thinking"）一文所說的

「思」的起點：誘引我們持續「思」的，是轉身背離我們而去的「那物」：「應被思的東西從人那裡扭身而去。它避人遠去，卻留滯於自身」（1210）。海德格說，這個抽身而去、不在此處，卻具有當前性的事件，拒斥我們抵達它，卻留滯於自身，成為「事件」，一個比所有現實事物都具有當前性的「事件」（1211）。因此，海德格要我們傾聽，以便清除偏見，解除語言座架（Ge-stell）所構築之遮蔽，面對事情本身令人震驚的陌生（1215）。

　　海德格指出，語言有其歷史性與框限，我們身處語言之中，受到該歷史時代所設置的「座架」之擺置與逼索，朝向「被允許進入的歸屬之處」跳躍，與此座架同一，並以歸屬此座架為存在的依據，進而依此進行「對於一切的規劃與計算」（〈同一律〉（"Identity and Difference"）654-55；〈技術的追問〉（"The Question Concerning Technology"）937-40）。主體在語言中找到了自己安身立命的位置，認同的座標，而此位置與座標是在他所處的時代中已經被設定或是正在形成中的架構。每個時代都在自行完成一個屬於該時代的座架，是個隱蔽而不須檢驗的立場，但是這個架構卻遮蔽了主體存有的整體狀態。這種遮蔽，是歷史的遮蔽，是遺忘。因此，海德格直接指出，面對「這個時代正在自行完成的形而上學的隱蔽立場」，我們需要進行一種本質性的爭辯，以便「把我們自己的歷史性本質從歷史學和世界觀的蒙蔽中解放出來」（〈尼采的話「上帝死了」〉（"The Word of Nietzsche: 'God Is Dead'"）801）。

　　海德格所談論的，並不是形上學式本體論的永恆不變的本質。他在晚年持續對「思」探究，並且提出：只有言語破碎之

處，某「物」才得以出現。只有思想失敗處，我們才切近思之物。海德格晚年澄清有關「存在」與「存有」的問題，是十分令人深思的。他問：在現在這個時代裡，「在強力意志的絕對統治公然來到，並且這種公然的東西及其公開性本身成為這種意志的一個功能的時代裡」，什麼存在？（〈尼采的話「上帝死了」〉810）對海德格而言，人起身而入於「我思」的自我之中，隨著強力意志形而上學的概念導引，這是遮蔽的起點。現代科技座架便是一例。語言有其歷史性的框限，以思考與文字的方式呈現存在的狀態，往往會由於同質化與本質化的傾向而造成遮蔽。因此，在〈語言的本質〉（"The Nature of Language"）中，海德格反覆提出，語言崩解處，此物存在（Ding）。我們要棄絕，此物才會出現。什麼是棄絕呢？是放棄擁有，放棄宣稱。詩人「拋棄了他從前與詞語的關係」，離開與棄絕被給定的存在（ek-sistence），我們的存有狀態才會透過思而湧現。思，是臨近物，以親密的方式，處於事物之下，事物之中，陪伴在它身旁，也就是海德格所說的 "inter-esse"，或是以互為主體的方式進入他者主觀位置之中。思帶領我們靠近物，解開語言之「剖面」，[18] 揭露此裂縫所遮蔽之物（〈語言的本質〉1071）。語言的雙重性——揭露與遮蔽——也是帶領我們朝向解蔽之途。

　　因此，問題的起點，往往是我們遭遇「他者」而自覺內在被遮蔽的「他性」：遭遇陌生的他性，而開始探問。思考的工

---

[18] 此「剖面」（Aufriss）既是切面（cutting）也是裂縫，有多種意義，包括：design, outline, auf-on, in , at; riss-crack, tear, fissure, cleft, rupture, rift。造成分合之處，同時隱藏與揭露。

作，是要「去蔽」。

　　然而，這個遭遇發生在何處？在孫歌的「日本」嗎？在溝口雄三的「中國」嗎？在圍捕出的「亞洲」知識整體嗎？對我來說，客觀的「日本」、客觀的「中國」，甚至客觀的「台灣」，都不是我所關切的重點。

　　我所思考的，是「台灣」的主觀歷史，以及台灣內在被遮蔽之「他性」如何發生？為何發生？這牽涉了台灣、中國與日本歷史的交互過程，或者應該說，台灣內部發生的「共有歷史」，無論是所謂的「本省人與外省人」之間，或是台灣人與日本人之間。這個「共有歷史」之回溯工作不是要建立「總體架構」，不是宣導更為健康或是本質的歷史，而是反覆回到共同經歷感情創傷的時刻，回到情感的高峰狀態，回到歷史轉向而知識岔開或是斷裂的起點，以便理解此同質化磁場轉向的發生，以及世代覆疊之運作邏輯。

　　正如儂曦（Jean-Luc Nancy）曾經討論過的「我們的歷史」，以及「共同體」的問題。他指出，所謂的「共同體」（community），不是具有共同的本質或是共有的抽象關係，更不是共同的存有，而是彼此共處（togetherness），保持溝通的狀態（communication）。歷史是有限的，不是已經結束的總結歷史，而是發生中的他者共處，是發生中的「我們」的「二者之間」。儂曦並以海德格的存有概念說明，存有（ex-ist），是不存在於此立即之處，因此也必然是與他者共處。此共處，是與他者交會處，「他性」只有在共處時才發生，因此「共同體」便是「他者之共處」（Nancy, "Finite History" 155）。所以，溝口雄三所說的，歷史材料中所呈現的相互矛盾而複雜的排他性狀

態，以及主觀的無意識歷史意識，其實就存在於與「他者」衝突的分裂狀態之中，而不在任何客觀對象之中。

溝口雄三在討論對於南京與廣島的不同戰爭記憶時，曾經辯駁：「一個國家的歷史全過程就成了對其他國家的罪孽，這難道是可能成立的事嗎？」可是，就是這個國家的歷史過程是我們必須回頭檢討的問題。國家的歷史過程如同機械之自動化運作，進行同質化的吸納與排除。此過程並不僅只是對於其他國家造成罪孽，更會對自己內部共處的「他者」造成罪孽。國家在現代化的歷史過程中，經過組織集結，統合了同質分子，區分與排除了異質分子。此異質的「他者」就在「我們」之中。遭遇「他者」的場景中，「我」必然在場。此遭遇他者可以發生在我們的「當下」，在面對歷史過程而被排拒壓抑，卻以各種衝突與分裂狀態發生的差異。在此差異處，我們撞見了「他者」。隨著差異中透露的「他者」，我們離開此時此刻，回到「它」所源出而被壓抑排斥的「他在」位置，觀看那個追逐排斥「它」的系統與歷史碎片，理解這個系統與其所排除的「它」的歷史時空與社會脈絡，以及這個排除與遮蔽的歷史過程。當我們的視域與「他在」的視域對話，當我們進入「他在」的主觀位置與情感狀態，經歷種種片段敘事所承受的歷史壓力與泛轉變異的形式，我們也同時可以面對自身內在的「它」，面對了歷史的斷裂所造成的知識斷裂與遺忘。

這種面對他者的對話，面對被語言構築、被時代逼索的「心」的狀態，進行互為主體的知識探問，其實便是我所謂的精神分析式的歷史探問過程。所謂精神分析式的歷史探問工作，不是以實證的方式建構一套新的敘事，而是進入不同時刻

的不同主體位置，使具有個別差異的主觀經驗得以發聲。以加達默爾的說法，是探索歷史中那個誘引我們攀談的「他處」；以海德格的說法，是自遮蔽中解蔽；而以佛洛依德的說法，便是在語言與意識之中探索扭曲偽裝而執著脈動的變異精神動力。換句話說，以精神分析的方式進行歷史探問，根本的態度在於承認語言的主觀位置，以及語言症狀式的象徵交換功能。我們所獲得的，不再是客觀知識，而是互為主體的情感事實。符徵的客觀事實不足以說明語言主體的主觀狀態。我們所進行的「轉換」，是要進入語言的症狀式的主觀位置，理解其中以象徵對等而交換的，是什麼替代物。

遭遇「他者」的精神分析式歷史探問

回顧這些歷史時期，如何選取文字與圖像的資料，以便探知當時的社會脈動、思想趨勢、審美模式或是政治論述，便是此回溯工作的起點。討論歷史記憶時，一般人會在寫實的文字或是圖像中尋找能指所承載的歷史痕跡。亞克・勒・格夫（Jacques le Goff）也曾經指出，若要探討一個時代的心態史，面對當時人民的思考模式、主體性與認同的複雜狀態，只從文字資料或是主導意識形態來檢查，是不夠的。歷史環境與意識形態無法完全說明當時社會文化所產生的次檔案，或是視覺圖像與藝術所依循的符碼。亞克・勒・格夫建議要進入更為細節的小系統（local systems），以便在大系統之外，尋求不同的解釋方案（Le Goff 174）。不過，海登・懷特（Hayden White）曾說，歷史書寫時常將無意義而雜亂的各種原始資料以某一種特

定形式編撰。[19] 懷特的論點提醒我們，歷史紀錄與書寫往往是依據著不同類型的特定修辭結構與詮釋策略而完成。其實，當我們檢查各種原始資料，例如政策文宣、教科書、文藝美學、電影文本、政治思想，或是文藝刊物的發刊詞、論戰、同仁文章，甚至此刊物的封面設計、刊頭設計及插圖，我們會發現這些原始資料，無論是大系統或是小系統，都已經屬於某種再現與敘事系統，可能已經被某種「形式」寫成，而且依循此種形式邏輯而與其他原始材料呼應串連。

　　對於心態史與歷史敘事的複雜認知，我還要提出進一步的看法：被某一意識形態團體或是某一刊物編輯選擇的原始資料，卻可能會隱含彼此衝突矛盾的意識形態模式，而形成明顯的斷裂與不連續，這些斷裂與不連續是十分具有說明力的。此外，除了歷史時期的主導意識形態與各種小系統會造成表義與詮釋的歧異之外，文字與圖像構成本身所具有的「負面意識」，以及「精神狀態」，更可以提供我們有關主體對於歷史的複雜態度。因此，我們所面對的時代面貌便更為複雜。我們需要檢視：被收納為同一意識形態陣營的紛雜史料背後，是否其實存在著巨大的矛盾？這些矛盾為何會出現？此矛盾隱藏著什

---

19 懷特在《史元：十九世紀歐洲的歷史意象》（*Metahistory: The Historical Imagination in Nineteenth-Century Europe,* 1999）中所謂的詮釋策略類型包括編寫情節的模式，如傳奇、喜劇、悲劇、諷刺文學等類型；配合這四種情節模式，他又加上了四種意識形態模式，亦即是無政府主義、保守主義、基進主義與自由主義。本書的進行不見得要遵循懷特所建議的模式，但是，他對於歷史研究的反省，或是凱斯・詹京斯（Keith Jenkins）的《後現代歷史學》（*On "What is History?": From Carr and Elton to Rorty and White,* 1999）與《歷史的再思考》（*Re-thinking History,* 1996），對我有極大的啟發。

麼訊息？其中是否有某種辯證而相互依存的關係？這種矛盾辯證關係對於我們解釋此時期的心靈狀態會有什麼改變？也就是說，參考了各種邊緣性質的文本，我們真正面對的，可能是充滿斷裂的複雜文化動態，以及其背後所牽引的更為複雜的精神狀態歷史。

　　佛洛依德在〈精神分析中的重建工作〉（"Constructions in Analysis"）中指出，如同個人的歷史，整體人類亦發展出違反現實的欺瞞謊言，而這種謊言無法以邏輯分析來理解（155-270）。拉岡（Jacques Lacan）也提醒我們：歷史的書寫是主觀的，不同的回憶選取不同的歷史痕跡，援用不同的敘事模式，參照已經查禁而既定的現有秩序（*Écrits* 52）。只有透過聆聽語言，聆聽文學作品中的聲音與對話，理解語言中的象徵化作用，才能夠探觸到主體的問題（*Écrits* 45）。因此，要如何揭露被遺忘而轉移扭曲的歷史，便是精神分析與文化研究者的工作。

　　這種揭露工作是困難的，其原因在於被壓抑之物會以扭曲置換的抗拒方式阻止其復生。要揭露被壓抑的歷史事實，直接的陳述無法提供充分的協助。這種揭露工作並不僅只是如同考古學者挖掘被埋藏在地層之下的遺蹟，或是藉由遺蹟的聯結來補充歷史真相。因為，挖掘遺蹟的實證工作只能使研究者看到遺蹟的表面，卻無法測知遺蹟或是歷史碎片是由哪些年代層或是心態結構所形塑，或是有哪些不同心態結構的混同雜處。此外，捕捉這些遺蹟或是歷史碎片，其實無法探知這些碎片之構造是在什麼壓力之下轉向迴避而模塑的，或是在什麼強大的力量之下促成此建構的毀壞瓦解。要揭露人類歷史被遮蔽的過

去，尋求文化現象背後的抗拒與迷戀動力，就需要仔細閱讀文本所提供的各種主觀位置的線索。

歷史斷裂造成了巨大的認知遮蔽，以及因此而形成的偏見。這種偏見在社會與文化中持續發生。尋找被遺忘與排除的多元面貌，或許可以使我們不致局限於遮蔽的狀態，而能夠拓展理解。佛洛依德與拉岡都提醒我們：主體性的多元與豐富隱藏在文本之中。重新理解歷史，理解文學與藝術作品中所透露的不同敘事與不同主體位置，可以使我們理解「他者」之所在，而尊重差異，並且持續保持開放。

然而，面對台灣當代以「現在時態」進行的歷史意識，我們要如何進入已然被他者化而排除的歷史時空的各種主觀位置呢？[20] 被模塑與誘發的主觀位置，不是僅僅如同法律的制訂或是意識形態的建構規訓般，可以清楚辨識、機械自動而井然有序。有別於理性認知主體，象徵秩序中的主觀位置其實時常摻雜著非理性的激情、狂暴、憎惡、恐懼或是自虐。佛洛依德所說的認同機制（identification），以及克莉斯蒂娃所說明的「賤斥」（abject），或許可以解釋這個主觀位置的曖昧狀態與內在精神動力。從佛洛依德所討論的「認同」作用中，我們理解了主體將對象的特質內化而植入自我，改變自我，驅逐自我的一部分，並在自我中設立一個替代性對象（"The Ego and the Id" 29）。這種因認同內化而排除異質的過程，便是克莉斯蒂娃所

---

20 酒井直樹曾經以「認知主體」與「實踐主體」做了類似的區別：「認知主體會在共時性的空間（性）中出現，實踐主體則總是企圖逃離這種空間性，且也絕對無法為其自身所掌握。實踐主體總是帶著出竅的（ecstatic）時間性。」（〈主體與／或「主体」〉163）

探討的「賤斥」作用。但是，克莉斯蒂娃將此過程提早到原初壓抑的狀態。這個主體所推離賤斥的，是其象徵系統所不容之物，主體會以身體嘔吐異質物一般的激烈方式排除。象徵系統與意識形態的結構性認知主體，與伴隨而生的「賤斥」主體，必然是歷史情感結構的內在環節。因此，要探究歷史構成的情感結構與賤斥主體位置，我們除了要掌握象徵系統的論述建構之外，仍需要進行以精神分析之力比多經濟交換原則（libidinal economics）來理解象徵之中的幻想模式。[21]

　　本書探索不同歷史場域的文化動力模式時，援用了佛洛依德所揭示的經濟交換與翻譯原則，也就是說，我所進行的詮釋工作，是討論文化欲力尋求投資形式的工程。對於現代化進程中的中國文化與台灣文化而言，外來模式的借用，無論是國家與國民的概念、公私群己的關係、文字符號與視覺構圖，或是前衛心態、烏托邦想像、心的淨化、神聖與污穢之區分、健康與病態的層級化等等，都是一種翻譯的工作，或是象徵交換之運作。這些西方模式的轉介與接收所牽涉的問題不僅止於語言的轉移，而是文化系統的替換，是文化內部認知結構的變形。

　　所謂文化欲力尋求投資形式的問題，要從佛洛依德的理論開始解釋。佛洛依德從後設心理學的角度來解釋「欲力」的能動力。對於佛洛依德來說，「欲力」[22] 是介於心理與生理之間

---

21 有關認同與賤斥的問題，由於其牽涉了文化恐懼結構與排除系統的問題，值得深入討論。我會在第三章中繼續處理此問題。

22 "trieb"，英文翻譯為 "instinct"，便局限於較為生理本能的理解。中文版《精神分析辭彙》（2001）翻譯成「欲力」，有其道理。佛洛依德很清楚地區分了「欲力」與「本能」的差異。此「欲力」在時間點上更早，邏輯上也更

的邊界概念（frontier-concept）。佛洛依德解釋：「壓抑的過程是防止某些欲力成為意識狀態的意念。壓抑的只是無意識中的一部分，透過翻譯，克服抗拒，才可得知此無意識。」（Freud, "The Unconscious" 166）然而，佛洛依德指出「欲力無法被意識探知，只有代表欲力的意念（idea, vostellung）才能夠進入意識層面。甚至在無意識中，欲力都只能以意念代表」（Freud, "The Unconscious" 177）。[23] 所謂真實之物（the real, the thing）是永遠無法得知、無以名狀的。我們所能夠探知的，只有被壓抑與轉移替代的意念。我們只能夠透過語言如同夢象徵與症狀之表象來進行回溯式的翻譯。

　　這就是為什麼保羅·里克爾（Paul Ricoeur）討論佛洛依德的精神分析之詮釋技術（technique）時，強調需要透過語言翻

先發生。《精神分析辭彙》的中文譯者沈志中與王文基有相當好的解釋：使用「欲力」來翻譯 "trieb" 的理由，是希望藉由同時涉及「精神」與「身體」層面的「推力」，來表示佛洛依德所強調的動力與經濟交換之概念。此外，此「欲」非「慾」，以避免慾望之聯想。譯者指出，「欲」字回溯到更早的時間形式，他們並且引用段玉裁《說文解字》的說法：「從欠者，取慕液之意；從谷者，取虛受之意」。這與拉岡所言「匱乏」（manque）與「空虛」（creux, vide）與「欲力」（pulsion）之關聯，是十分相近的。（拉普朗盧 389）

[23] 同樣的，在〈欲力及其命運〉（"Instinct and their Vicissitudes", 1915）一文中，佛洛依德也清楚指出，欲力是「在心理與生理之邊界的概念，是從器官發出的刺激在進入心靈之際的心理代表（psychical representative）」。在《性學三論》（*Three Essays on Sexuality*, 1905）中，佛洛依德已經用類似的語言討論欲力的問題：「欲力是身體內部（endosomatic）持續流動的刺激的心理代表（psychical representative），界於心理與生理之間的邊界線上的概念。」（168）因此，佛洛依德時常使用 "triebreprasentaz"，意即 "representative of an instinct" 或是 "instinctual representative"，可參考拉普朗盧（440-49）。

譯出被扭曲、偽裝、替代的意義，以對抗抗拒（Ricoeur 184）。里克爾指出，此工作最重要的，是透過「轉移」（transference），而「轉移」則借重「完成工作」（working through）的概念：處理在治療過程中被啟動的不同力量。因此，精神分析是在語言之內的工作，使另一種不被意識到的語言，以及其交換之欲力得以進入意識層面。因此，里克爾強調精神分析是一種解放的工作：使人可以發言，透過尋找逸軌的欲力以了解自身。發言，以便使失落而不能復返之物得以透過缺席而呈現（Ricoeur 190-95）。

的確，精神分析式的歷史探問所進行的，是一種翻譯與「轉換」的工作，而此翻譯所揭露的「新的事實」，屬於一種「精神現實」。歷史的實證史料無法幫助我們理解只有精神分析才能夠解釋的文化現象中群體傾向的無意識動力，例如死亡本能如何被用來服務於「愛」（Eros）的目的？為何以「愛」之名與共同體認同，結合為一體，改變自身，並激昂熱情地進行組織聯結與整體化，但同時卻也透過自我抑制而執行內轉的攻擊性？或者，壓抑過程中的替代性觀念如何以結構的方式在無意識系統被保留，而這個小小封閉空間又如何透過焦慮的釋放而替代轉移，在環境中形成一個外在的恐懼結構？文化中什麼樣的替代性觀念是讓無意識衝動爆發的症狀節點？

這種精神分析式的「翻譯」，對我進行閱讀與詮釋文化場域的文本來說，是十分重要的概念。我認為，文化場域中的精神能量會藉由文化對象物之轉借投資，以及扭曲偽裝的路徑，尋得其意念的代表。我們的工作便是以精神分析的詮釋技術，翻譯文化場域意識行為與語言構築中被扭曲的欲力，將其帶到

語言與意識層面，而不至於因否認而永遠以不同形貌扭曲復出。這個欲力，並不是某種形而上永遠不變的力量，而是隨著存在的狀態改變的各種聯結或是解體的動力。如同海德格所說的，存在的狀態隨時發生，以各種處於其中的操心憂慮或是煩悶焦躁出現，也會受到時代自行完成的座架而被導引躍升。

荷米‧巴巴（Homi Bhabha）在《文化的場所》（*The Location of Culture*, 1994）一書曾經討論過現代化進程中的政治作為與國家機器所執行的壓抑與遺忘的問題。他指出，現代國家追求「國家性」的意志力（will to nationhood）必然包含建立民族歷史的國家機器暴力，以及遺忘民族過去的意志力。這是建立國家統一的「遺忘的文法」（syntax of forgetting）與「遺忘的義務」（Bhabha 160）。[24] 這種說法與我面對的歷史問題十分相近。我所進行的工作，不是僅僅探索歷史時期的文化狀況，而是探索變化多端的文化精神現實，思考如何將被壓抑遺忘的歷史精神現實進行一種「文化翻譯」，解消否認，而將此斷裂的歷史認知帶回到文化意識之中。

在《太初有愛：精神分析與信心》（*In the Beginning Was Love: Psychoanalysis and Faith*, 1987）一書中，克莉斯蒂娃曾經指出，精神分析的對象是轉移與反向轉移（transference and counter-transference）之往復過程中的語言交換。在精神分析式的閱讀中，語彙或是圖像的表面指涉意義並不能解釋全部，歷史事實亦並不佔據決定意義的絕對位置，重要的是要捕捉文字或是圖像的象徵形式中所流動與交換的幻想，以及此符號運作

---

[24] 我在第三章會詳細討論此問題。

底層的文化衝動，或是我在本書中將要討論的「真實」（the real），或是「精神現實」（psychic reality）的問題。

這個「精神現實」，或許會如同尤莉蒂絲一般，曖昧無形，杳然無從追索其蹤跡。但是，每一個探索尤莉蒂絲蹤跡的，都如同奧菲爾，是個經歷死亡之域的主體，就如同克莉斯蒂娃在《歐洲主體的危機》中所說的：「唯一可能反省地獄經驗的，是那些可以敘述集中營經驗的被驚嚇的想像」（88）。尤莉蒂絲雖然曖昧無形，但是她的印記卻會在奧菲爾的片段敘事之中出現。面對文化場域的文本時，我們探討的便是此敘事背後的欲力，或是克莉斯蒂娃所說的，主體性的精神分析能量（psychoanalytic dynamics of subjectivity），以及此敘事中不同位置的說話主體——危機中的主體，邊緣狀態的主體，激昂熱切的主體，要求絕對的主體，受難中的主體，絕望憤怒的主體。我所進行的是試圖捕捉居於不同歷史與文化時刻的主體之幻想，以及其所呈現的症狀。

正如前章所言，我所選取的研究對象，牽涉了現代台灣與中國處於情感高峰狀態的歷史創傷時刻，環繞著有關現代性、崇高主體與國家神話的問題。克莉斯蒂娃曾說，象徵界與內在欲力衝動之撞擊而產生的斷裂，是一種「創傷」經驗。在歷史過程中，這種斷裂造成意識與知識的阻隔，而「精神分析過程」是協助主體尋回語言的過程（*New Maladies of the Soul* 71）。根據克莉斯蒂娃的說法，進行精神分析式的閱讀或是理解，是以理解（understanding）與同感心（empathy），進入情感轉移與反向轉移的關係，讓自己的心理衝突與無意識內容得以被呈現，並且以相似的心理經驗，誘引病人發展類似的心理經驗，

展開可以互通的話語（compatible discourse），而使被分析者採取語言的陽性主控位置（*New Maladies of the Soul* 78）。此種面對歷史的位置，與海德格、里克爾、加達默爾所提出的主客交互的位置，是類似的。精神分析式閱讀歷史之詮釋與對話更為基進的說法，則是批評者／分析者協助對話對象面對歷史創傷或是高峰經驗，以及此經驗所導致的意識斷裂與遺忘，尋求語言，以便使得被壓抑與遺忘的狀態，能夠透過語言的轉移，進入文化、社群，以及自身的意識，以及語言的層次，而得到某種新的知識重組，一種更具有包容性的理解。

這種精神分析式的對話，不是理性溝通或是立場陳述，而是情感式的「互為主體」。在書寫中，我們面對文學藝術與各種敘事的不同主體位置與情感狀態，進行精神分析式的對話，並且透過情感轉移而進入他者的主體位置。在認同、情感轉移，以及透過語言而「說出來」的過程中，我們翻譯了不同的主體位置，經驗多種主體聲音，以及主體轉換的過程，從而帶出我們自己的內在「他者」經驗。藝術家的創作，是一種精神分析的過程；而我們面對文學、藝術與文化的對話和書寫，也是一種精神分析的過程。透過這種與歷史對話的語言，我們自己的「精神現實」也可能同時復甦。

因此，面對台灣的「當代」，面對台灣的在地性（the local），觀察其中所鑲嵌的歷史斷裂與認知體系肢解的時刻，展開精神分析式的探問，便是貫串本書所進行的工作。探觸這些片段敘事所揭露的主觀位置，可以協助我們觀察時代變遷的內在軌跡。這些歷史時刻或許是激情的，醜陋的，或許是令人尷尬的，但是這些時刻卻是導致歷史知識岔開或是斷裂的關

鍵，而我認為正是這些關鍵處才可以協助我們揭開歷史同質化
論述之磁場運作邏輯。

更具體的說，面對二十世紀前半期中國與台灣所經歷的現
代化過程，我真正想問的問題是：時代的同質化精神能量是以
什麼樣的象徵形式出現的？此精神能量，或是文化欲力，選取
了什麼樣的符號或是視覺圖式？主體在此語言的象徵結構中所
交換獲得的，是什麼樣的主觀位置與情感狀態或是權力優勢？
海德格所說的技術世界之「座架」，以及這個時代正在自行完
成的「形而上學的隱蔽立場」，與阿圖塞（Louis Althusser）所
說的意識形態與絕對主體，以及傅柯（Michel Foucault）所說
的倫理主體的形成，都有其對於象徵結構的類似關切。歷史事
實被不同的敘述觀點建構，主體投向不同的座架。然而，對於
這種主體位置，我們會想要進一步試圖瞭解：什麼因素使得阿
圖塞或是傅柯所談論的絕對主體與規訓體制開始內化？為何主
體願意棄絕愉悅、銷毀自我，而主體的棄絕與自我銷毀牽涉了
什麼樣的動力模式？其中含有什麼樣的象徵交換的經濟邏輯？
主體在朝向海德格所說的技術世界的「座架」躍升而任其擺置
逼索，或是朝向阿圖塞所說的「意識形態國家機器」急切縫合
時，他所「投注／投資」（cathect, invest）的是什麼？

第三章
陳界仁的歷史肢解與死亡鈍感

在推離的動作當中，隱隱浮現狂暴而黑暗的叛逆力量，對抗從放縱無度的外在或是內在流瀉出來的威脅，朝向超越可能的、可忍受的與可理解的範疇之外驅逐出去。

—— Julia Kristeva, *Powers of Horror* 1

我所關心的歷史，是在那被合法性所排除的「歷史之外」的歷史，那屬於恍惚的場域，如同字詞間連接的空隙，一種被隱藏在迷霧中「失語」的歷史，一種存在我們語言、肉體、慾望與氣味內的歷史。凝視被排除的歷史，如同凝視當代中被隱匿的其他「當代性」，兩者間是必須相互挖掘。……殘酷，常讓我們被擋在影像之外，然而傷口闇黑的深淵，不是讓我們穿過的裂縫嗎？一個可能穿過「棄絕」的裂縫。

——陳界仁，〈招魂術——關於作品的形式〉

歷史寫實 vs. 歷史真實

我要先從台灣當代前衛藝術家陳界仁的作品開始談起。我覺得陳界仁的作品十分敏銳地捕捉了有關歷史寫實與歷史真實之間的曖昧弔詭，而更令人側目的，是他將台灣／中國現代化過程中幾個歷史創傷經驗的時間點以症狀的方式展演，逼使我們面對我們所否認的真實。因此，與其說我要討論陳界仁的個別作品，不如說，我透過他的作品探觸到了某種台灣當代的主觀狀態；透過他，我也要提出所謂「症狀式閱讀」的方法論。

要談陳界仁的作品，就要從台北市立美術館於1998年展出的二二八紀念美展中陳界仁的《內暴圖1947-1998》，以及與此作品相關的二二八紀念美展系列開始討論。二二八事件是台灣歷史上的悲劇，牽連無數，年輕熱情的生命就在此時代轉折處消失蹤跡。要探觸當時處境中的驚嚇絕望或是激動憤怒，文字與圖像的第二度描寫總是顯得力不從心。更何況解嚴之前，此事件完全無法被公開提及。1987年民間成立「二二八和平日促進會」，是最早的公開活動，而1992年行政院公布《二二八事件研究報告》，算是政府最早的正式回應。以藝術作品紀念此事件，最早是1993年由民間的「南畫廊」與「誠品」畫廊先後舉辦的。1996年陳水扁市長主持台北市政時，將台北公園改為「二二八和平公園」，也在台北市立美術館開始了連續四年的二二八紀念美展，直到1999年暫時告一段落。[1]

---

[1] 台北市立美術館於1996年陳水扁擔任台北市長任內，開始連續四年的二二

　　我將此系列展覽視為一場連續的文化事件,為我們揭露我們所不知與不見的一場重大事件。在後解嚴時期,當執政黨與在野黨共同以大量的「台灣意識」、「歷史情感」作為訴求,試圖重塑歷史圖像,以便凝聚與召喚「生命共同體」的想像模式,[2] 我們看到了這些畫作以各種宣稱或是描述的方式重新敘述歷史。由於這一系列的二二八美展與策展者有意識地呼應台灣文化場域中召喚「台灣主體性」的動力,[3] 因此,在每一次的策展中,我們看到了共同的陳述與理念,也就是他們對於歷史事件忠實描述的企圖與某種政治立場的宣稱,以及依附「史料」與「見證」歷史的寫實敘述。這種對於史實重要性的強調,決定了一種理解歷史的角度。1996 年的展覽主題在於「呈現及探討歷史」(張振宇 6),強調採用二二八事件當事人的「作品、史料」,以及當年的「文件、照片」(林曼麗 6),

---

　　八紀念美展。謝里法曾經說,「只有二二八才能解釋台灣近代史美術的難題」(謝里法 43)。就許多層次的意義來說,謝里法的說法是很有道理的。不過,除了「省展」、「靜物和風景」、「沙龍」、「黑墨」等「二二八產物」之外,我也希望指出,陳界仁指出的歷史斷裂肢解所導致的內在暴力,也是二二八引發的戒嚴產物。

2　論者已經指出,九〇年代前半期,特別是 1993 年以後,國民黨政府與反對黨都「共同大量使用『台灣意識』、『台灣人民』等民粹主義的訴求召喚人民,乃是與台灣政治轉型中國家機器權力結構重整、民間社會的興起有關」(王振寰、錢永祥 26)。

3　1996 年台北市立美術館的雙年展主題「台灣藝術主體性」便是清楚的例子。美術界以「本土／台灣」批判「西方」與「中國」而試圖建立本土性之脈絡的前驅,則可以由倪再沁於 1991 年 4 月份刊載於《雄獅美術》極具辛辣批判意味的〈西方美術・台灣製造〉所引發的二、三十餘篇論文觀察。此系列論戰可參考葉玉靜主編之《台灣美術中的台灣意識:前九〇年代「台灣美術」論戰選集》。

圖一：周孟德《雲變》

因此北美館邀請了二二八事件的直接受害者及朋友提供作品與資料參加展覽；1998年的展覽以「後二二八世代的歷史觀察」為軸心，並且強調要避免抽象水墨之類的作品（蕭瓊瑞 14），當年台北市長陳水扁也要求「將創作內涵，拉回事件本身，要求藝術家正視事件、進入歷史情境之中」（陳水扁 4）；1999年的展覽更堅持要「依時間順序」選取「三十餘個歷史景點」，使藝術家作為創作「歷史圖像」並為時代做見證的依據（施並錫 15, 19），以便「重塑歷史現場與歷史圖像」（施並錫 11-12）。只有1997年的展覽試圖超越寫實式的歷史描摹，增加省思批判的力量，並且將主題定為「悲情昇華」，但是卻仍然引發參展作品「猶如二二八史實中的一頁插圖」（黃寶萍 311）之批評。1998年周孟德的《雲變》，是上述的歷史現場敘述模式的典型代表作品之一。[4]

---

[4] 此類寫實訴求與直接控訴的作品在歷屆二二八美展中比比皆是，例如郭博州的《申冤在我，我必報應》（1998），蘇振明的《台灣百合的凋零》（1999），蘇新田《基隆登陸》（1999）。

圖二：陳界仁《內暴圖
1947-1998》的裝置場所

　　但是，不同於二二八系列展覽的歷史寫實模式，1998年
二二八紀念展中陳界仁的《內暴圖1947-1998》，以最為曖昧而
複雜的情緒，展演了他以症狀的方式生活於此歷史中的狀態，
而與上述歷史事件描述與立場宣稱的作品形成了強烈的對比。
表面上，陳界仁的作品似乎呈現了殺戮事件的殘暴圖景：在放
大的巨幅電子影像前，觀眾站在兩面牆壁鑲嵌的石碑之間，聽
到四周傳出模糊隱約的人聲，恍如置身於地獄之中。但是，當
觀眾仔細觀看這幅作品，卻會立即意識到此圖像展露的荒謬、
瘋狂、誇張與非寫實，這是一種會令人十分不安的經驗，就如
同艾爾金（James Elkins）所說的，似乎這個我們注視的對象向

圖三：陳界仁《內暴圖
1947-1998》

我們回望逼視，我們看到了「我們知道不能夠或是不應該看到的景象」，而必須將目光轉開（115）。

　　這個圖像中，陳界仁利用電腦合成影像的方式，在前景置放一個擬真的屍體，這個將頭轉向背景，雙手執著被斬斷的頭顱，斜斜地望向我們，形成了一個死亡符號（momento mori），以一種過去式的姿態，提出了一個難以解決的有關殺戮與死亡的模糊問題，一個屬於「寫實」場域的問題：是誰殺的？如何進行？為什麼會發生？後來呢？誰該負責任？中景的圖像卻是三對以藝術家自己作為模特兒，搬演出自相殘殺卻充滿如同嘉年華會一般過度而誇張的歡愉場景。因此，前景的死亡符號所提出的「寫實」問題，被中景的圖像修飾對照，而形成了一個較為具體的問題：死亡發生之前的殺戮場景所執行的暴力動作，是否也同時指向自身？而且是自虐而自殘自毀的，其中甚至激發著極度的快感？這個問題，脫離了「寫實」場域，而進入了「真實」的面向。令我們不安而無法直視的，就是這個「真實」。

　　然而，是什麼「真實」？為什麼陳界仁將這樣的問題放到二二八的紀念美展中？為什麼他將此作品的標題定為《內暴圖1947-1998》？從1947到1998年，有什麼內在的暴亂持續在發生當中？從這樣的圖像中，我們能夠觀察到什麼樣的歷史詮釋以及主體位置？

　　或許我們需要回到陳界仁從1996年開始的《魂魄暴亂》系列，試圖釐清陳界仁有意展開的計畫，以及我們從他的圖像中，能夠閱讀到什麼其他的問題，有關我們的「歷史」與我們的「真實」的問題。

陳界仁與後二二八世代

　　陳界仁成長於一個小眷村，在景美溪與新店溪交會的一塊畸零地，就在軍事法庭之旁。他從小在此軍事法庭四周玩耍，時常好奇高牆之內關著的是什麼樣的人。他們的眷村在新店溪旁，每年夏天在溪邊嬉戲，一定會看到幾次從上游漂浮下來的死屍。小孩子們還會找木棍將被草叢困住的浮腫屍體翻轉過來，瞧個究竟。陳界仁所住的眷村，都是十分低層的士兵，隨國民政府的軍隊南征北討，輾轉流離，戰敗後落戶台灣。由於貧窮，這些老兵所「娶」的妻子，多半也都是本省籍貧窮人家的女兒，或是孤兒養女，或是原住民。每個家庭都有一大群小孩。據陳界仁說，或許由於某一些被娶來的妻子就是智障者，或是父母年紀過大而繼續生育，他從小在這個村子裡就看到許多瘋子或是白癡。他每天都陪著鄰居一個身軀壯碩的智障小孩一起上學，而他自己的弟弟也是白癡。他與這個白癡弟弟同住一個房間，這個白癡弟弟全身癱瘓，無法清理自己的糞便，要家人協助處理，也因此他長年躺在床上，赤身裸體，直到十多歲時因病過世。

　　死亡，病症，對於陳界仁來說，似乎是生活中視覺經驗的一部分。但是，這些生活中的視覺景象，其實卻是與歷史相連的。這種相連，並不是以歷史見證的方式聯繫，而是透過了隔代而遺忘，卻以轉移鑲嵌於生活中與身體中的方式相連。

　　戰亂之後流離失所而落戶台灣的外省族群，經歷過驟然失去家園與親人的劇痛；走過二二八，以及白色恐怖的人，也面

對過家園變色、親人失蹤死亡的震撼。親身經歷此歷史劇變的受害者之見證、自白或是指控，必然會如同拉卡波拉（Dominick LaCapra）所說的，有某種特定的防衛性而誇張的症狀式論述（xi）。[5] 然而，我此處所討論的「誇張的症狀式論述」，卻不是歷史災難的受害者所呈現，而來自於他們的後代，或謂「後二二八世代」：這個世代在體制性的沉默或是父母對歷史的迴避中成長，無法理解此歷史，卻承受此災難在其父母親身上造成的真實傷害的效果，或是「症狀」。父／母親的威權、偏執，或是轉移的恐懼、失語、精神分裂，都可能是此症狀的展現；村落中高比例的瘋子與白癡人口，年齡相距二、三十歲的夫妻，無法溝通的權威嚴厲卻沉默的父親，也會是症狀的一種展演方式。

戰後成長的這一代，處於戒嚴與冷戰時期所提供的安定和平與知識隔絕狀態，就如同被放置於一種被蒙住臉面無所知覺的天真純潔狀態。成長中，政局變遷，遽然面對歷史認知被肢解的體認，以及面對從小認同的體制迅速被閹割的事實，如同經歷一場認知創傷。

在訪問時，陳界仁曾說，八〇年代中期，他還參加了幾次街頭劇場，進行年輕時的他對體制的控訴與抗拒。[6] 然而，

---

5 有關歷史創傷之書寫，亦可參考卡魯斯（Cathy Caruth）的《未被認領的經驗：創傷、敘述、歷史》（*Unclaimed Experience: Trauma, Narrative, and History*, 1996），其所編輯的《創傷：記憶的探索》（*Trauma: Explorations in Memory*, 1995），以及費修珊（Shoshana Felman）及勞德瑞（Dori Laub）的《見證的危機：文學‧歷史與心理分析》（*Testimony: Crises of Witnessing in Literature, Psychoanalysis, and History*, 1992）。

6 在解嚴前，陳界仁曾有所謂「行動藝術」的表演。據他的描述是：「夥同一

1988年到1995年，他陷入一種無法創作的狀態。根據另外一則相當逼近實情的訪問報導所言：「陳幾乎處於半獨居的生活。常常一天說的話只有：『老闆，給我一包白長。』不工作、不創作、不動，……那麼陳界仁在做什麼？『幻想。我常常一個恍惚，一天就過去了。這段時間中有一年，幾乎徹底的什麼事都沒作，有一天忽然發現，啊，過了一年。』」（鄭雅文）的確，陳界仁這個時期無法創作，但是，他的幻想卻時時出現日後創作的意象。陳界仁說：「這個年代，一切趨於同一，我們越來越難找到彼此的差異，只有夢。」（鄭雅文）因此，在夢中，在幻想與恍惚中，他的幻想製造了強而有力的意象，呈現他的差異性的意象，並且以電腦光筆捕捉了他幻想中的圖像。

　　陳界仁從1996到1999年，完成了一系列被他稱呼為《魂魄暴亂》的作品：《本生圖》（1996），《去勢圖》（1996），《自殘圖》（1996），《法治圖》（1997），《失聲圖》（1997），《恍惚相》（1998），《連體魂》（1998），《哪吒相》（1998），《瘋癲城》（1999）。陳界仁的《魂魄暴亂》系列在過去幾年間曾經受邀在世界各地展覽，包括1999年威尼斯的雙年展。[7]

群也是閒閒無事的小孩（那時陳界仁二十歲出頭），趁著選舉一片紊亂，在西門町眼睛蒙上黑布，大吼大叫來回半小時，結束。」（鄭雅文）

[7] 陳界仁的《魂魄暴亂》（*Revolt in the Soul & Body*）系列在世界各地的展覽包括：the 48th Biennale di Venezia (Taiwan Pavalion), Venice, 1999; the International Photography Biennale, *Centro de la Imagen*, México, 1999; *Man & Space: Art & Human Rights*, Kwangju Biennale, 2000, Kwangju; the 5th Biennale de Lyon Contemporary Art, *Sharing Exoticisms*, Lyon, 2000; *New Identity 4-Digital Edge*, Mitsubishi-Jisho ARTIUM, Fukuoka, 2000; *The Mind of the Edge, Photo España*,

　　不過，陳界仁的作品被西方世界注意的原因，與他的作品
對於台灣觀眾的意義，是截然不同的。西方對於「恐怖美學」
的興趣，以及對於「中國式酷刑」（supplice chinois）的好奇，
從墨柏（Octave Mirbeau）於1986年所寫的《酷刑花園》
（*Jardin des supplices*），以及馬蒂漾（Matignon）、巴岱伊、薄達
（Lucien Bodard）等人所提出的施虐快感之美學層面問題，已
經充分展現。瑪伽（Claire Margat）曾經指出，這些以極端超
現實或是寫實的手法所呈現的恐怖場景，例如殉教者，從宗教
的角度來說，人們是很熟悉的。但是，其背後的心理機制，以
及伴隨的吸引，則是難以解釋的。她認為，對於如同地獄般人
體肢解、折磨的場景所奠基的恐怖美學，與人類學、洗滌作
用、道德責難皆無關；此美學與揭露、顯示與發現被遮蓋的現
實有關。[8] 這種觀點相當能夠說明陳界仁所提供的恐怖經驗。
而且，我們注意到，陳界仁所要揭露被遮蓋的現實與歷史有
關，遮蓋的手段與原因也與歷史有關。陳界仁所試圖表達的，
似乎是在說人類所承受的歷史「酷刑」不必是實際的刑罰，而
是被遮掩的機制與手段。

Circulo de Bellas Artes, Madrid, 2000; *the 31ˢᵗ Rencontres Internationales de la Potographie*, Abbaye de Montmajour, Arles, 2000; *Performance Art in NRW 2000*, Düsseldorf, Essen, Köln, Münster。波蘭的前衛藝術雜誌《麥克斯》（*Max*）亦曾經於1999年（Number 6）刊登陳界仁的作品。

8 法國學者瑪伽在《恐怖美學》（*Esthetique de l'Horreur*, 1998）一書中討論墨柏（Octave Mirbeau）的《酷刑花園》，馬蒂漾對於恐怖劇場（the Grand-Guignol Gore Theatre）演出的詳細分析，以及巴岱伊的超現實小說等一系列恐怖美學。

　　不過，就形式語言而言，這些「殘酷美學」在陳界仁的作品中轉化為他對此西方式好奇之嘲諷批判，以及他同時處理的遮掩機制與手段；也就是說，陳界仁將殘酷形象中的施虐快感置換為他對中國現代化歷史之建國工程的體制性宰制快感的批判詮釋。陳界仁自己曾經解釋：這一系列的作品試圖要重新檢視中國到台灣的現代化歷史發展中，刑罰與暴力從其外顯的形式如何轉變到其隱匿的形式。[9] 他認為，這種刑罰形式的轉換和中國與台灣的「現代性」有密切的關聯。

　　陳界仁將 1900 年到 1950 年設定為「史前史」，也就是他出生之前的現代化過程中的刑罰史：從清朝即將終止的最後的酷刑、國民黨革命、清黨、內戰到霧社事件。在這一系列陳界仁所選取的圖像時刻中，法西斯式的「排除」機制以不同的形態呈現；《本生圖》、《去勢圖》、《自殘圖》、《法治圖》，與《失聲圖》這幾個作品，就屬於這個「史前史」系列。[10] 陳界仁的策略是，選用幾幅歷史照片，扭轉其中的觀視角度，藉以檢查幾個刑罰階段所牽涉的歷史脈絡。以歷史照片出發，對陳界仁來說，是面對現代化過程中觀看與被看，或是權力操控與受控相對位置的最佳媒介。至於 1950 年以後，陳界仁認為，刑罰與暴力已經不斷內化，透過各種機制以隱匿的方式呈現。

9　本文中有關陳界仁對於自己創作觀點的說法，取自〈陳界仁訪談錄〉，劉紀蕙採訪，2000 年 7 月 28 日，未出版，以及他未出版的〈招魂術——關於作品的形式〉，可參考網址：http://www.asa.de/Perf_konf/Reader2/Reader2-1.htm#ChenAbout。

10　凌遲最早記載於南朝宋後廢帝劉昱之刑罰方式，此酷刑於 1905 年始被廢止（王永寬 1-10）。

因此，在這一系列的作品中，包括《恍惚相》、《連體魂》、《哪吒相》，與《瘋癲城》等，影像中的場景便不再以歷史照片為依據，而完全出自於他虛構的想像。1998年顯然是陳界仁創作的轉變期，前面所提的《內暴圖1947-1988》，便是此系列的轉折點。

有關圖像的主客位置與對象關係

視覺圖像引發的問題相當複雜。圖像文本如同書寫，影像之中含有語言、情感、行為、文化、象徵等多重符碼；這些交錯的符碼系統，使得圖像的表義活動牽涉甚廣。而且，閱讀任何影像，我們需要注意的，是這些符號系統背後隱藏的論述位置，以及所銘刻著的藝術家主體位置。[11] 因此，就如同我們必須將圖像當作克莉斯蒂娃與羅蘭‧巴特（Roland Barthes）所說明的複雜互文狀態（intertextuality）一般來閱讀。[12] 在陳界仁

---

[11] 布萊森（Norman Bryson）在〈符號學與視覺詮釋〉（"Semiology and Visual Interpretation", 1987）一文中，提出視覺符號學的觀點，也就是將繪畫視為符號的活動：繪畫展現論述（discourse）的生成，透過繪畫，我們可以看到社會形構的權力運作之展示。繪畫直接參與社會符號的流動與交換的場域。透過圖像本身，透過符號的物質性，我們便可以看到論述的脈絡（61-73）。

[12] 克莉斯蒂娃在〈詞語、對話與文本〉（"Word, Dialogue and Text", 1986）一文中藉著討論巴赫汀（Mikhail M. Bakhtin）的理論，清楚提出互文性的概念：任何文本肌理（textuality）所含納的多重「引文」，任何「引文」都沿自於另一個文本，以及另一套意識形態、文化脈絡、歷史時刻或是符號系統。因此，一個文本會呈現「文本中的文本」（intertext, or text-within-text）的相互對話。也就是說，「互文」意指文本中隨時發生不同文本、不同時代與

的圖像中，我們看到了複雜的句子群組，穿插著許多修飾性的附屬子句，許多不連貫的片語修辭與斷裂的意象，各自牽連著歷史文化與社會的層層脈絡，牽動著發言者沒有說出來的位置，以及隱藏的對話對象。除此之外，我們更在這些複雜「句子」中，看到了「向我們迎面擊來並且刺穿我們」的「刺點」（Punctum）（Barthes, *Camera Lucida* 26），這是具有歷史脈絡與社會狀況而刺痛我們的刺點，具有喚醒與回溯創傷經驗力量的刺點。

羅莎琳・克勞絲（Rosalind Krauss）已經指出，就以最接近寫實面向的攝影而言，這些作品其實是由「一組與外界相互勾連的條件所構成，此構成因而提出了一些新的陳述，此陳述亦可能經過該作品而被調整。我們要注意的問題便是此作品在何種場域中被發言，透過何種法則被執行，牽連哪一些關係而使得此操作得以進行」（"Photography's discursive Spaces" 206）。因此，面對影像，我們除了要注意影像的符號系統之外，也需要注意此影像所呈現的某種預設的觀看框架與觀看位置，以及特定的論述位置。此論述位置的鑲嵌，使得影像可以被當作「檔案」或是博物館展示來閱讀。影像檔案與博物館陳列以繁複的細節與論述層次反映了當時歷史文化脈絡之下的論述構成：無論是影像中人物的服飾、髮型、肢體語言，或是都市空

不同意識形態的對話（*Kristeva Reader* 36-37）。巴特在〈從作品到文本〉（"From Work to Text", 1977）中討論文本的意義產生以及其中各種符徵的作用過程：他亦認為文本是由各種引文、資訊、回聲、文化語言等等所交織而成（*Image-Music-Text* 160）。

間、電影廣告看板、商店招牌，或是通俗雜誌的封面圖像與插畫，都會說出當時文化環境的內在結構。而其中所牽涉的論述構成，可能是當時的美學論述，也可能是當時的科學或是政治論述，當然也可能是特定文化內的宗教論述。因此，閱讀影像，就像是伴隨著正統歷史文獻而平行延伸的檔案系統，使我們得以一窺整體心態史與生活史的旁枝細節。

　　然而，此檔案與博物館所反映的，時常並不是清楚可見而可歸檔的檔案範疇，繁複的論述構成與意識形態之中還可能會浮現滲透各種斷裂而逸出的小論述。因此，我們閱讀影像，不能夠僅以單一論述來檢查，而需要援用更為廣泛的知識系統。可是，除了符號系統與隱藏論述之外，影像中還有無法被符碼化的成分，例如巴特所說的精神影像（psychic image），或是他晚期所發展出的「刺點」——從影像中躍出，擊向觀者，而使得非常個人化但是必然牽連歷史狀況的創傷經驗被喚醒。這些刺點牽連了好與壞、美與醜、悅目與刺眼等其實屬於價值系統而非美感經驗的問題。什麼樣的影像是不可接受、怵目驚心、引發鄙視嫌惡，甚至嘔吐之感的卑賤影像？而什麼樣的影像則是賞心悅目、心嚮往之，甚至是膜拜仿效的崇高對象？這些視覺上的層級區分、安定或是排除，其實已經受制於較大的歷史文化脈絡之召喚和辨認過程，以及認同工程所執行的移置與固著。也因此，這些視覺系統所牽扯的，會涉及文化中有關意識形態，以及族群、階級、性別、國家之權力位置的問題。

　　要瞭解觀看時主體與客體的複雜相對位置，我們需要藉助精神分析對於看與主體性的討論。芬尼切（Otto Fenichel）在〈窺視慾本能與認同〉（"The Scoptophilic Instinct and Identification",

1999）一文中討論了神話傳說中幾種有關「看」的聯想，例如人看到了蛇的眼睛之後，會動彈不得，或是會變成石頭；人不能直視神的面容，不然會遭天譴；或是向命運抗拒而遭受眼睛刺瞎的嚴厲處罰。芬尼切認為，看到了蛇的眼睛而動彈不得，如同石頭，就像是小孩撞見父母交媾的原初場景，完全不能夠理解，但是卻亦處於強烈的入迷狀態（fascinated），使得身體僵硬，不能行動。因此，他認為，眼睛是主體向外探觸穿刺，尋求對象，尋求認同之路徑，也是如同女性的生殖器，要吞噬吸納對象（334）：觀看就像是要以眼睛吞噬對方，吸收內化而成為同一。這種觀看與認同，同時具有透過吞噬，使自己模仿對方，以及使對方像自己的兩種欲力（329）。被欲力驅動的觀看與原始觀看有類似之處：原始觀看並沒有區分知覺與意念，看者與被看者沒有區隔；透過看，我們進入了被看之對象。我們看的時候，我們全身也都經歷改變（332）。這種同時欲求吸納吞噬摧毀對象，卻又想要模仿對象的愛恨交集，其實存在於各種觀看的主客關係當中。

　　佛洛依德曾經仔細討論欲力的變化路徑如何反轉為對立面。他在〈欲力及其命運〉一文中便指出，施虐／受虐，窺視／暴露，愛／恨這三種欲力的對立發展，以及其原本曖昧並存的狀態。佛洛依德也指出主動與被動兩種形態如同浪潮起落，同時發生，彼此重疊，而主動轉為被動的關鍵在於主體的轉換位置，或是說動力回返於主體。因此，以施虐／受虐為例，施虐的快感在於身體承受極度痛苦而引發的性快感，施虐者由於與受虐者感同身受而經驗此快感；受虐的傾向則起因於主體認同於外界他者，以其為主體，而原本施虐的動力反向施加虐待

衝動於己身。這種施虐／受虐中主體客體位置流動互換的狀
態，也存在於窺視／暴露的相對位置中。窺視快感起源於對自
己身體的觀看，經比較之後，開始觀看其他人的身體，其中亦
含有施虐主動之傾向；主動與被動易位之後，則以他人之眼光
觀看己身，或是暴露己身而使他人得以觀看（130-31）。佛洛
依德說，「在被動的窺視欲以及被虐欲二例中，自戀主體透過
認同而被外在自我取代」（"the narcissistic subject is, through
identification, replaced by another, extraneous ego", [132]）。同樣
的，認同亦有主體讓位給他者的明顯狀態。窺看與認同之曖昧
並存的基礎狀態，是由於愛恨之間吞噬與合而為一的雙向衝動
所造成的，而其中關鍵則在於主體讓位給外在他者，而讓他者
執行主體的功能，使此作用力回返到主體本身。

　　此處，精神分析對於觀看的理論說明了主體透過觀看接觸
外界的模式。而被力比多驅動的觀看對象，便會牽引出既想要
吸納吞噬摧毀對象，又想要模仿對象的愛恨並存。同時，此愛
恨並存的複雜態度，又與主客易位，主體讓位於他者，主動位
置與被動位置輕易轉換的狀態密切關聯。而且，此雙向牽引的
動力，如同潮汐，同時發生，彼此重疊。因此，當我們論及被
視覺化的對象，以及空間中透過妄想機制而固置的理想自我、
理想種族、理想階級或是國家形象，其中必然也牽連著愛戀模
仿以及吞噬摧毀的雙向動力。而且，此雙向動力包含著以他者
之主動位置向自身施虐的欲求。主體處於被殖民者、社會底層
階級或是性別劣勢的位置，而歆羨殖民主、上層階級或是性別
優勢的位置，便將所有屬於「美」、「良善」、「優秀」都聯結
到此對象的屬性之上，例如膚色，服飾，語言，腔調，姿態，

而積極仿效攀爬，將此對象之屬性內置，從外而內改變自己，並且要求自我袪除不屬於此範疇之屬性。此自我剜除的動作嚴厲而絕對，如同父親的懲罰。順從於此價值、意識形態與情感層級的系統，則此系統之外的事物皆忧目驚心而嫌惡厭棄。此嫌惡厭棄，從視覺所觸及之時刻開始，而其後續反應，可以擴及身體之嘔吐暈眩，以至於道德上的義憤填膺。正義凜然之士，亦莫不以此身體以至於道德上的反應作為基礎。

此外，正由於主客易位，主動被動互換，此觀看主體進入被看對象之位置，以其身所處之狀態感受，其中引發的，便已經不是主客分離的透視點或是觀看距離，而是兼納對象所經歷的視覺、觸覺、嗅覺、聽覺、味覺，甚至空間感之綜合知覺經驗。視覺圖像中構成轉移投注與固置的戀物對象，可能是圖像表面浮泛出的金屬冰冷或是珠貝眩目而有觸感的光澤，或是背轉離棄的身影，或是井然有序的兵器陳列，更可能是網際幽閉空間不斷被置換的物件：這使得「可見性」、「觀看位置」，以及「視覺化」的問題層次更加複雜。

至於陳界仁的作品中的受難圖像呈顯出什麼樣的主客位置呢？

魂魄暴亂場景的觀看位置

陳界仁的《本生圖》是《魂魄暴亂》系列的起點。這幅圖是陳界仁取自巴岱伊《情慾的淚水》（*Tears of Eros*, 1989）中引用的一幅照片。巴岱伊說，這幅融合極度痛苦與狂喜兩種對立狀態的照片，對於他日後發展有關宗教與情慾的理論，有關鍵

性的作用（204-207）。[13] 原本這幅照片的取景，凌遲的行刑場景，是基於西方人類學式以及觀光旅遊式的好奇與興趣所要引發的觀看位置，自然也是個「西方／外來者」的位置。此種「人類學＋觀光旅遊」，或是「報導＋販賣」的觀點，的確成為二十世紀初期此類圖像明信片大量印行的賣點，並且廣泛在西方人士之間透過書信郵寄而流傳。[14] 這些充滿異國風俗的明信片，由西方人購買，從中國寄到世界各地，是一種記錄時代的特殊形式。

　　陳界仁利用此類吸引西方興趣焦點的圖像，透過電腦繪圖加以改變，放大圖像的框架，複製受刑者的頭顱，將巴岱伊書中描繪的「極度恐怖與狂喜」之表情轉換成為一個不可置信的過度陳述，擾亂了西方觀眾要滿足視覺消費的好奇心理。圖像中，陳界仁在背景左後方放置了「他自己」的影像，並且以旁觀者的姿態，與其他歷經現代化過程的中國人與西方人，一起目睹並參與此酷刑的執行場景。這個插入的「現代」目光，更將原本照片中的歷史時刻問題化。這是個陳界仁式現代化詮釋版本的起點。透過照片之框架內外這些複雜的交錯目光，這幅

---

13 根據巴岱伊的說法，這個照片首次刊載於卡柏（Carpeaux）的《我所去過的北京》（*Pékin qui s'en va,* 1913），以及杜瑪斯（Dumas）的《心理學條款》（*Traité de psychologie,* 1923）。這幅照片是博黑醫師（Dr. Borel）於1925年給他的。陳界仁手邊也有這本書。

14 二十世紀初期，大量有關中國各地風俗民情的明信片被印製，其中有一系列便是「中國酷刑」（Les Supplices Chinois），各種行刑時，以及行刑後的景象，或是身首異處，或是正在千刀萬剮的過程，都公然暴露於明信片之上，背面是各種洋文書寫。陳綬祥所編，方霖與北寧收藏的《舊夢重驚：清代明信片選集》就有三千多張明信片。這本書是陳界仁借我看的。

圖四：《本生圖》所依據的
照片，取自巴岱伊《情慾的
淚水》。

圖五：於天津印行的「中國酷刑
系列」第三號明信片，蓋有
1912年7月9日天津郵戳。取自
《舊夢重驚：清代明信片選集》。

圖六：陳界仁《本生圖》

圖七：左圖，陳界仁《去勢圖》所依據照片，此幅照片約在1904年到1910年
　　　間拍攝，攝影者不詳，背景是上海街頭。亦刊於《中國攝影史》 56。
　　　陳界仁提供。
圖八：右圖，陳界仁《去勢圖》。

照片所揭露的，不僅是中國最為古老的酷刑習俗——凌遲，而
更是西方現代技術——攝影／觀看——介入中國所造成的極具
諷刺力的歷史時刻。

　　《去勢圖》延續《本生圖》的主題，凸顯「西方」觀看
「中國」的奇特興趣。不過，視覺上，此圖像的構圖與《本生
圖》造成極大的對比。《本生圖》中，所有的目光都環繞著被
行刑的犯人，更正確的說，環繞著行刑者施行凌遲的動作。似
乎在期待中，這些人同樣經歷著一場驚悚的過程。《去勢圖》
中，行刑者、外國領事，以及圍觀者則都擺好姿勢，排成一
列，並且將目光聚集於攝影機的鏡頭。這種邀請觀者觀看自身
所曾經目睹而參與過的驚悚場景，使觀者的興趣集中在囚籠中
的犯人，以及四周服飾整齊好整以暇的外國人，以及圍觀者的

對比之上。其實，真正令人驚悚的過程以及場景，都已經被隱藏在暗處的囚籠中。

陳界仁在《去勢圖》中所做的處理，是以自己為模特兒，將原本被隱沒在囚籠中的囚犯，複製影像，放置於照片前景的左右方，背景左方再加上兩個不同年紀的「陳界仁」，觀看此場景，形同前後圍繞著的觀看框架。這種做法，就如同翻開衣服的內裡，露出破綻內的棉絮，或是掀開發膿的傷口，展露膿瘡的實情。此處的翻開衣服內裡，或是掀開發膿傷口，是陳界仁面對歷史場景所採取的重要換喻模式：傷口本身並不是重點，陳界仁真正要揭露的，是揭開傷口表象之內的歷史真實。

陳界仁在《本生圖》與《去勢圖》所做的圖像處理，將現代化過程中歷史時刻的諷刺性凸顯了出來。中國的原始，以最為古老的酷刑圖像呈現；而西方的文明科技，則以攝影技術展現。中國的現代化，因為西方的介入──西方的科技、軍事力量、商業機制，以及具體執行的租界區，而被迫加速。依照陳界仁的詮釋，中國被迫接受西方介入的現代化進程，便如同凌遲，或是去勢。透過科技，中國的主體位置一點一點的被削減。

不過，如前文已經提及，陳界仁作品中的這些「殘酷美學」時刻，其實都被轉化為他對此西方式好奇的嘲諷批判，以及對於中國現代化過程的反省與批判。《魂魄暴亂》中的《本生圖》與《去勢圖》是這個反省現代性的起點。《自殘圖》、《失聲圖》與《法治圖》中，陳界仁則將這些殘酷時刻中的施虐快感置換為中國現代化建國工程中的體制性宰制快感。也就是說，陳界仁開始面對中國現代化進程的排他系統，並且針對國家建

圖九：左圖，陳界仁《自殘圖》左半邊所依據之照片，攝影者不詳。陳界仁提供。
圖十：右圖，陳界仁《自殘圖》右半邊所依據之照片。休士頓所攝。陳界仁提供。

構下體制性的暴力，以及族群自殘的歷史進行批判與詮釋。

　　陳界仁在《自殘圖》中，利用電腦剪輯，將兩幅照片並置：此圖的左半邊大約是1928年在東北所拍攝的照片，根據陳界仁的說法，是張作霖清黨時期所拍攝的，右半邊則是休士頓（Jay Calvin Huston）於1927年國民黨清黨時期在廣東所拍攝的照片。

　　陳界仁再度將自己作為模特兒，替換照片中被砍頭的犯

圖十一：陳界仁《自殘圖》

圖十二：左圖，陳界仁《失聲圖》所依據照片，中央通訊社1946年12月照片
　　　　（#2100）。陳界仁提供。
圖十三：右圖，陳界仁《失聲圖》。

人，並且加上一個自相殘殺的連體人。此外，照片的左後方背
景有一個「陳界仁」在觀看此屠殺場景。《失聲圖》中，陳界
仁則將以刀刃自殘而極度歡愉的圖像並置於遍地橫陳的屍體
上，此歡愉的自殘者／「陳界仁」自圖像中心望向我們。根據
陳界仁的說法，以及他創作的意圖，這個如同地獄景象的陳屍
所，是要揭露國民黨在內戰期間佔據延安後，屠殺民眾所造成
的景象。陳界仁的計畫是要呈現國民黨在清末革命成功之後，
卻以反革命的方式進行政變與內戰，迫害殘殺左翼，並且牽連
無辜民眾。但是根據提供圖片的中央通訊社資料，這幅照片是
1946年內戰期間共軍佔領崇禮後屠殺全村所留下的記錄。[15] 因
此，陳界仁試圖揭露國民黨軍隊的暴行，卻不意反而同時揭露
了共產黨軍隊的殘暴。中國的現代化進程中，左翼與右翼以一

---

[15] 依據中央通訊社1946年12月照片（#2100），華北之「崇禮浩劫」。根據
　　《二十世紀中國全記錄》，共軍於1946年11月9日攻陷張家口以北九十里之
　　崇禮，屠殺數千人。

圖十四：陳界仁《法治圖》

致的方式，各自進行排他性的暴行，經由刑罰／排除／肅清的
工程而達到鞏固權力的位置。

《法治圖》則更利用霧社事件原住民不同族群自相屠殺的
歷史照片，加上陳界仁自己扮演的日本軍人、旁觀的原住民、
跪在中央被行刑的原住民，以及一些散置地面的頭顱，凸顯此
事件的內在矛盾。[16]

在陳界仁的圖像書寫中，呈現了一種中國現代化恐怖時刻
的史詩面貌。這個歷史進程，從凌遲與去勢的酷刑，到黨派族
群自相屠殺，都是向自身施加暴力的機制。因此，無論這些歷
史照片的真實場景是什麼，陳界仁都一再將自己複製，甚至以
連體人的方式出現。在每一個歷史時刻加上自己的印記，就是

---

16 當時日本政府利用霧社各族群之間的怨懟，採取「以夷制夷」的策略，唆
　使土魯閣群與道澤群組成「味方番」。此處圖片呈現味方番襲擊並殲滅第一
　次霧社事件的生還者，取得一○一個首級，向道澤駐在所的日警邀功。可
　參閱「霧社事件網站」，此網站刊有此處圖片的原始照片（http://www.puli.
　com.tw/wushi/Wusir_1.htm）。

圖十五：陳界仁《恍惚相》

圖十六：陳界仁《連體魂》

圖十七：陳界仁《哪吒相》

圖十八：陳界仁《瘋癲城》

要凸顯我群與他群間排除暴力的自我分裂與瘋狂，以及歷史時刻在我們身上銘刻的痕跡。這是個較為複雜的問題，我要在本章後半部繼續討論此問題。

　　相對於前面所討論的歷史圖像，陳界仁的《魂魄暴亂》中的第二階段，則都是沒有歷史照片作為依據的虛構場景。如果1950年以前是陳界仁所說的「史前史」，那麼，他所面對的歷史就是「戒嚴史」了。「戒嚴史」的階段中，暴力不再以外顯的方式呈現，而是透過國家機器施展其控制力量。這一系列虛構場景，呈現了陳界仁所謂的被遮蓋、被肢解的歷史所造成的

體制性隱匿暴力：《恍惚相》中無頭的神祇在屍首散置的荒原中，由兩個瘸腿斷腳而目盲的信徒抬著；《連體魂》呈現毀滅與生機存於一線之隔的時機；《哪吒相》呈現的是被中年人監控的少年犯；《瘋癲城》則是一個婚禮與喪禮同時進行的荒誕怪異景象。

圖像批判計畫vs.症狀展演

從陳界仁的系列圖像作品中，我們看到了他的美學邏輯。以圖像的歷史位置來說，陳界仁的暴力圖像不僅可安置於西方的恐怖美學脈絡，其實也可放在中國地獄圖像的視覺脈絡。然而，他與此二種脈絡都保持了距離：他一則進行了對西方恐怖美學的批判，再則藉著延續中國地獄圖的傳統，卻將其「現代化」——以現代的圖像「翻譯」此地獄圖傳統。

陳界仁以歷史照片為本是有特殊意義的。拍攝歷史照片者，必然與權力操縱者有共謀的位置。從《本生圖》、《去勢圖》、《自殘圖》、《失聲圖》到《法治圖》，從檢討西方科技／觀看的介入中國，到國共兩黨排除異己的暴力，以及霧社事件族群之間在殖民政府慫恿之下而相殘的弔詭關係，都牽涉到了權力的操縱位置。透過檢查歷史中被記錄與生產的記憶，我們會望見其中隱藏的權力位置，以及歷史中被遺忘與排除的那一刻。因此，所謂的「中國的現代化」，對陳界仁來說，與其說是西方的介入，不如說更是中國建立新國家時所強制執行的各種權力操控與排除的機制。我們因此清楚的看到陳界仁透過玩弄凝視觀點的策略，展開了他的圖像批判計畫。

關於攝影與權力位置的牽連，陳界仁曾經說過：

> 攝影曾經被誤讀為一種「真實」與「證據」，尤其在意識形態上，在維護擁有權利者的歷史詮釋上，在攝與被攝者間，在看見與不被看見中，在允許被記憶與排除和遺忘中。權力使攝影更像是一種支配、生產記憶的攝魂術（〈招魂術〉）。

於是，藉著圖像，陳界仁向我們提出了一系列的問題：誰有權力記錄或是複述歷史？他使用什麼樣的工具或是機器操作此記錄歷史的工作？他所預設的觀看／閱讀歷史的人是誰？記錄歷史與觀看／閱讀歷史者的權力關係是什麼？這種記錄歷史的方式如何控制了觀看者的觀看模式？在被支配與被生產的記憶之下，什麼樣的歷史被排除與遺忘了？在這套傅柯式的歷史考掘、觀看位置與權力機制的檢查之外，我們也注意到他要呈現的是：現代化過程中國家的權力鞏固工程所施行的排除機制，也就是在冷戰與戒嚴時期被壓抑的中國現代化與建國歷史，以及此排除壓抑機制內在牽動的如同施虐者近乎瘋狂的操縱快感。

在《魂魄暴亂》系列的第一個階段中，透過改寫歷史照片的批判工程中，陳界仁流露出的是一種激怒與狂喜合併的凝視與挑戰；然而，在此系列的第二個階段中，他所透露的卻是一種自我掏空、無對象性的自殘與憂鬱狀態。我們看不到那種基進的目光，而只看到傷口的內部。

哈爾·福斯特（Hal Foster）曾說，當政權急速轉移而信仰

喪失的年代，藝術家可能會充滿著伊底帕斯式的反叛與攻擊，
企圖將此象徵秩序／意象─屏障（symbolic order/image-screen）
擊毀，再則可能會企圖挖掘「表象背面真實的醜陋客體／凝視」
（"the obscene object-gaze of the real", [156]）。因此，在此混亂而
迅速改變的轉折過程中，藝術家「或是處於相信象徵秩序可能
瓦解的狂喜中；或是處於絕望而恐懼的狀態中，陷入憂鬱狀
態」（Foster 165）。這種轉折正好出現在陳界仁的作品中。[17] 無
論是重返受難場景，或是憂鬱自殘，我們都面對了時代轉型與
對象的問題，或是與時代所對應的形式有關。憂鬱的起因，若
要借用克莉斯蒂娃的說法，便是因為原初對象的失落，卻無法
哀悼。無法哀悼的原因，是因為此對象已經被內化。然而，此
對象的確已經死去，如同太陽轉變為黑色，而無法繼續投注愛
戀，因此，對於此對象的攻擊性，便轉而朝向自身。政治或是
宗教偶像之瓦解墜落的時代，容易觀察到此憂鬱之狀態（*Black
Sun* 8）。[18]

我們在陳界仁的《魂魄暴亂》系列作品的前期作品中，看
到他比較屬於攻擊的瘋狂、狂喜與激動之中，然而，在此系列

---

[17] 翻閱陳界仁同時期的台灣藝術家作品，如楊茂林、侯俊明、吳天章等人在
八〇年代末期，最能夠展現解嚴前後的伊底帕斯式反叛與攻擊；而
九〇年代鄭在東與後期的侯俊明，則顯示出後解嚴時期與陳界仁類似的憂
鬱與自殘暴力，一種朝向自身的攻擊。楊澤曾經在〈鄭在東畫記〉中，討
論過鄭在東畫作中的憂鬱狀態。陳界仁的早期與晚期作品其實也展現出了
此反叛高峰與憂鬱自殘的轉折。

[18] 克莉斯蒂娃在《黑色太陽》（*Black Sun: Depression and Melancholia*, 1989）中討
論霍爾班（Holbein）的畫作《死去的基督》（*Dead Christ*），便是從憂鬱書寫
來談時代斷裂轉型、信仰瓦解的最佳例子（107-38）。

的後期作品中，卻比較看到退縮而無語的憂鬱。但是，無論是前期或是後期的作品，我們都看到他重返殺戮場景的衝動。這就是我所說的，閱讀陳界仁的影像，除了他有意鋪陳的圖像批判計畫，我們注意到其中還有其他的訊息。我們要如何捕捉陳界仁的圖像批判計畫與他不自覺流露出的其他訊息與意圖之間的落差呢？

　　對於凝視歷史的經驗，陳界仁以文字描述：

　　在那失焦的臉孔上，彷彿浮現出另一張臉孔，在被定影的肉體內，疊著另一個晃動而難以定影的肉體，在被時間的囚禁中，影像有時是流動不息。在凝視的恍惚中，我常「看見」了我自己，我看見了作為「受難者」的我，我看見了作為「施虐者」的我，我看見了作為「共犯」的我。……「過去」望向鏡頭，望向著隱身在攝影機後的拍攝者，也望向著未來的同時，拍攝者成為了橫亙在這相互觀看中的謎。而我們的再凝視，是否使得這觀看的行為，成為一種「觀看」的迷宮？……在無聲的影像裡，我總聽見了連綿的低語，或眾聲喧嘩。有時，我們要用傾聽來閱讀影像，並以傾聽的姿態在影像迷宮中行走。……〔繪製影像〕對我而言，同時是一種被壓抑的隱藏性記憶的再度浮現（〈招魂術〉）。

　　當他以電腦光筆在數位板上繪圖時，他感受到了以自己肉身參與歷史的恍惚狀態：

　　那種與圖像間失去觸感卻又無法測試的虛空狀態，是我
所以選擇用電腦繪圖作為與隱身在我體內現實的「歷
史」，和歷史影像間的對話的道場，一種在虛空中相互滲
入重新書寫的漂浮場域。

　　當我將原本就十分模糊的歷史影像，輸入電腦中，並放
大成巨大的尺寸後，這影像呈現出一種在迷霧中的歷史遺
蹟般的地理感，一種不確定的影像在其中迴盪，一些失去
五官的臉孔，一些失去連接的肢體，只存氣味在其中遊走
的殘像，然而，他們是誰？

　　當我試著在這彷若無邊際的影像幽靈上，依憑著想像，
試圖描摹著他們可能的面容時，我的每一筆都像是背叛著
他們原有的面孔，那樣描繪出的臉孔，更像是我套在歷史
影像上的面具，一個可能帶著我自身印記的他者之臉
（〈招魂術〉）。

在陳界仁自己宣稱的圖像批判計畫，與此處告白式的幾段札記
中，其實有著不可忽略的斷裂。這種斷裂，在他的批判計畫之
文字陳述與他的圖像之間，更可以觀察得到。陳界仁以自己飾
演施虐者的位置，目的是要批判權力操縱者排除工程中的狂暴
快感；但是，陳界仁承認，透過凝視此「歷史時刻」，他還看
到他與其他主體位置交互穿梭，「那一刻」同時滲透在他體內
的狀態。於是，除了檢查歷史中被記錄與生產的記憶，其中隱
藏的權力操縱位置，以及遺忘與排除歷史的那一刻，我們也讀
到了陳界仁對於「受難時刻」的迷戀，以及他以身體參與的方
式回到受難場景的衝動。

　　所以，陳界仁《魂魄暴亂》中的圖像引起我興趣的，其實不是其「計畫」或是「寓意」，而是其中的「症狀」：陳界仁不自覺而重複地展現了他的「受難衝動」，強迫性地不斷回到創傷場景。也就是說，在陳界仁有意地進行中國現代化的批判工程之同時，我們更看到了鑲嵌於他身上回到歷史創傷場景的自殘衝動，以及被壓抑排除的記憶因此重訪而展演。

　　是什麼樣的重訪呢？

　　在陳界仁的圖像中，從他這一系列的第一幅作品《本生圖》，到最後的《瘋癲城》，我們注意到，真正引起他興趣的，不是「觀看」角度的諷刺位置，而是「傷口」本身。我們在他所要揭露與批判的意圖之外，其實也看到了他被「創傷」所捕獲、箝制而迷戀的狀態。陳界仁說：

　　　　殘酷，常讓我們被擋在影像之外，然而傷口闇黑的深淵，不是讓我們穿過的裂縫嗎？一個可能穿過「棄絕」的裂縫（〈招魂術〉）。

　　真正要讓陳界仁穿越的，就是這些闇黑的深淵：身體上的裂縫——利刃割裂的肌膚、橫斬的頭顱、斷黜的手腳、血肉模糊的器官，以及糜爛生膿的皮肉。那麼，陳界仁以症狀的方式回到了什麼樣的創傷場景呢？這些糜爛生膿的闇黑深淵，是什麼樣的主體經驗？

　　於是，我們便會開始問：陳界仁圖像中的自殘與受難衝動，以及憂鬱狀態向我們揭露了什麼樣的歷史狀況？他所處理的是什麼樣的對象？

傷口闇黑的深淵

　　陳界仁曾經說，處理這些影像，就像是亡者進入陰間，經過「孽鏡」，在鏡前看到一系列自己前世的靈魂。他在所有刑罰受難者身上，看到與自己相連的影像。林志明便提出他對於陳界仁所說的「孽鏡」內涵的「監視」功能的看法：「在中國，鏡子從來不只是一種反射的工具，它一直是一種觀察的工具（古人以鏡為鑑的『鑑』字中即嵌有『監』字）。監視是恆常存在的，而且絲毫不漏，……孽鏡上出現的影像不一定只是作為定罪量刑的『證據』，因為觀看本身就可以是一種『懲罰』」（68）。這種傅柯式的詮釋，自然是很根本的存在於陳界仁的圖像構成中。

　　但是，我認為，陳界仁真正處理的，並不是監視系統，或是歷史事實與「外在現實」，而是鑲嵌了歷史與他自己個人處境的創傷經驗，他的「精神現實」（psychic reality），或是克莉斯蒂娃所說的承載精神銘刻（psychic inscription）的「真實」（the real）。

　　在《精神分析辭彙》中的「精神現實」這一條目中，拉普朗盧與彭大歷斯指出，佛洛依德曾經說明無意識過程不僅毫不考量外在現實，並以一種精神現實取而代之。拉普朗盧與彭大歷斯說明，此「精神現實」便是指無意識慾望與其相關幻想（422）。在「原初幻想」這一條目的討論中，拉普朗盧與彭大歷斯也對此「精神現實」做了詳細的解釋，並且指出這種「後遺的」（deferred）與「回溯的」（retrospective）的幻想，將「現

實主義」的原初場景轉向「精神現實」的原初幻想（168）。這種對於原初場景的幻想，精神現實取代了現實主義。幻想所襯托的是，如同克莉斯蒂娃所說的「真實」，是符號界的衝動，或是無意識的欲力。克莉斯蒂娃強調，「真實」的自戀結構已經含有精神的刻印痕跡，比拉岡所說的空無有更多的東西（"A Conversation with Julia Kristeva" 23）。這個精神刻印痕跡，我認為，是鑲嵌了歷史的刻印。

　　因此，有關「透過電腦的光筆繪圖，陳界仁捕捉到了什麼」的問題，我們需要以幻想的符號層來觀察，也就是慾望或是恐懼的模式。陳界仁說，成長於戒嚴時期，如同被「關在」監獄的外面，什麼都看不到也聽不到。我們會注意到，就是這種要回到創傷原點的衝動，使得他不斷透過幻想圖像回到歷史創傷的場景，處理各種歷史斷裂的暴力時刻。他所捕捉到的，是他看不到，卻鑲嵌在身體之內的意象。透過一連串過度而誇張的淨化與犧牲儀式，透過破壞自己的「身體」，陳界仁將自幼經歷到的面對死亡的「鈍感」尖銳化，並且極力將自己與弟弟難以區分的身體反覆公開的切割。這種過程，也將他面對歷史的「鈍感」尖銳化。

　　歷史創傷發生之時為何感覺會「鈍」？那是由於創傷所帶來的巨大認知落差，而有意迴避否認，拒絕感知。這種抗拒否認，是以巨大的排斥力量推離此令人震驚的場景。藝術創作，是他透過幻想重訪此創傷經驗的時刻，如同剝除結痂的傷口，暴露其闇黑的深淵。這些最為暴力與醜陋的圖像，是他的「孽鏡」，他的症狀，他的傷口。這個傷口的深淵，讓我們看到他生命中的各個歷史與個人的創傷場景。

　　或許我們便可以解釋如陳界仁式的自殘暴力所面對的，是如「母體」一般的屬於台灣的歷史記憶與生存環境。此特殊處境，以最為極端激烈的中國現代化建國霸權與排除機制，反覆展現於他的圖像之中。陳界仁凝視刑罰的圖像，凝視暴力執行之後的傷口，反覆讓自己重新經歷此傷殘的過程，讓自己面對自己對於暴力殘酷的排斥，以及此驚悚場景所帶來的恐懼與完全放棄自我的狂喜，就是一種以身體驗證此歷史創傷的症狀演出——重新訪視屬於台灣／中國的創傷史。

　　在訪談錄中，克莉斯蒂娃與凱瑟琳・法蘭克布林（Catherine Francblin）討論她的《靈魂的新痼疾》（New Maladies of the Soul, 1995）時指出，許多藝術家並不了解他們所創作出來的圖像意義。如果我們閱讀我們時代的圖像，消費之後，卻不試圖理解這些圖像的意義，我們便無法面對其背後的問題。克莉斯蒂娃認為，拉岡指出語言背後象徵系統的問題，卻忽略了背後的欲力，因此，她建議我們必須面對語言背後想像建構的面向（"On New Maladies of the Soul" 87）。這也就是為什麼陳界仁指出他的圖像系列的批判計畫，但是，有更多的意義，卻需要我們進行精神分析式的探索，捕捉其中的想像層面。於是，我們在陳界仁所製作的這些類似「受難」與「聖像圖」中，看到了如同理查・羅逖（Richard Rorty）所說，一個強悍的詩人（strong poet）製造出了新的語彙，這個「詩」的語彙深刻地「說出了」（enunciate）他的差異處境，也說出了我們這個時代的存在問題。[19]

　　閱讀陳界仁，就如同閱讀一個強悍詩人所製作的翻轉概念的新的視覺語彙：我們在深刻的個別性差異處境中，才看到了

台灣的「在地性」——屬於此時代與此生存空間的底層問題。

　　面對台灣當代藝術家如陳界仁者所持續創作的非寫實而具有災難性質的視覺圖像，我們除了看到他以圖像思維所進行的「現代化」歷史詮釋與批判，看到此圖像以症狀演出的方式揭露屬於台灣的特殊歷史經驗，以及複雜心態結構，其實在閱讀與對話的過程中，我們同時更經歷了自身歷史經驗的回溯與喚醒。我在處理陳界仁作品圖像的過程中，不斷翻閱相關的資料與圖片檔案，包括王永寬的《中國古代酷刑》（1991）、陳綏祥編的《舊夢重驚：清代明信片選集》（1998）、陳申等人編著的《中國攝影史：1840-1937》（1990）、徐宗懋編的《中國人的悲歡離合（1935-1949）》（1996），以及《二十世紀中國全記錄》（1992），一再反覆被其中的中國與台灣的歷史圖像強烈地震撼。我因此了解，陳界仁的圖像中特殊的歷史經驗與心態結構是屬於陳界仁的，也是屬於我們的。陳界仁的作品，或是他的創傷幻想與衝動，並不是僅僅屬於個人世界的圖像表達。他的成長環境，他的家庭經驗，其實正是時代的症狀。

　　在陳界仁作品中所呈現的視覺經驗，如同陳界仁幼年在軍事法庭的高牆外所試圖觀看的，是在看不到之處而看到的圖景。這些觀看，如同對於原初創傷場景的探究，是對於經過戒嚴與冷戰時期而被切割的歷史，以及被壓抑排除之記憶的索取。正如巴巴所言，現代國家追求「國家性」的意志力，必然

---

19 羅逖反對「真相的對應或媒介理論」。他強調一個強悍的詩人可以藉由重新描述，而創造新的語言，而當詩人重新描述人類所能夠進行的最具有傷害力的事情，也就是殘忍與羞辱，或許有可能減少人與人之間的殘忍與羞辱（Rorty 94-95）。

包含建立民族歷史的國家機器暴力，以及遺忘民族過去的意志力（Bhabha 160）。而透過文字／符號的陌生化，意義指涉過程的表演性，以及敘述體連續狀態的中斷，「弱勢族群」（minority group）的差異位置與被遺忘的原初狀態或許可以被翻譯出來，而取得發言的空間（Bhabha 162）。

對我來說，這個「弱勢族群」，不是另外一個對立陣營，而是摻雜歷史脈絡的個別化經驗的狀態，也就是巴巴所說的「文化差異」。因此，陳界仁視覺圖像中症狀式地反覆演出，而從這些圖景中的傷口裂縫處向我們逼視的「真實」，是鑲嵌歷史無意識的個人「原初狀態」與「精神現實」，也是鑲嵌了個人無意識的集體歷史沉澱物。這些原初狀態與精神現實，構成了我們的在地性文化差異。也因此，艾爾金所說「我們知道不能夠或是不應該看到的景象」，這個「精神現實」，不只是死亡的景象或是歷史的體制化排除工程與殘暴，而更是我們以身體來承受的歷史肢解與認知斷裂，以及我們因此而參與並且曾經執行過的對於文化差異的否認、排除與淨化。只不過，我們的否認、暴力與淨化是被隱藏在「正常化」的表象之下，以各種瑣碎的方式執行，例如某一種立場的選擇，某一種歷史的敘述方式等等。

何時，被我們排除的隱藏歷史記憶會得以浮現？何時，我們能夠與被我們排除與否認的文化差異取得和解？又或者，若我們持續不願意回顧，這個暴力與淨化的企圖會不會在我們不自知的狀況下，再度尋得管道而取得立即疏通與實踐的途徑呢？

第四章
症狀—賤斥—恐懼
——另外一種觀看的方式

症狀

我在第三章處理陳界仁的討論中，以及本書中其他章節所處理的，都是尋求一種面對台灣社會文化或是歷史敘事碎片以身體化的方式所展現之症狀的方法論。

陳界仁作品中被凌遲迫害而充滿傷口的身體是什麼樣的符徵？指向什麼存有狀態？這些痛苦的身體，這些令人怵目驚心的傷口，這些身體與符徵的裂縫所透露出的闇黑深淵是什麼呢？

陳界仁說，「傷口闇黑的深淵」是個讓我們「穿過的裂縫」，穿過裂縫而「棄絕」，這是什麼意思呢？陳界仁透過作品穿越各種身體上的裂縫——利刃割裂的肌膚、橫斬的頭顱、斷黜的手腳、血肉模糊的器官，以及糜爛生膿的皮肉。他要我們看到什麼？知道什麼？我們需要棄絕什麼？

儂曦曾經說過，文字以身體作為隱喻，模擬身體的狀態，但是，這些文字中的身體不是指向意義的符號，這些身體是傷

口,是「痛」本身,是打開自身的傷口,指向經驗與苦難,指向一個被拒斥的身體(“Corpus” 196)。同樣的,「符號也只是傷口」,符號不提供意義,而提供感官,滋生經驗,湧現各種經驗中的身體(“Corpus” 197)。

十分類似的,陳界仁也說,他的作品中這些糜爛生膿的傷口,這些身體的裂縫,向我們打開了闇黑深淵。陳界仁曾經以禪宗公案慧可自斷手臂作為開悟為例,說明這種怵目驚心的「極端性行為」,成為穿越了「懼怖」的無形之橋,獲得無明與頓悟、斷裂與再生。而這個穿越「懼怖」的傷口,要引領我們悟得什麼真實?這個深淵是個跨越極限的甬道。這些極限,就是我們恐懼面對的那個排除的真相。我們在極限之內,在已知的疆域之中,安穩地置放於固定自我的身分意識之中。「殘酷,常讓我們被擋在影像之外」。透過殘酷,面對傷殘的身體,我們才得以進入傷口的闇黑深淵,進入符號的感官經驗,以及被排除拒斥的極限之外的他者位置。進入了影像,我們「棄絕」了自身的固著身分與意識,並且隨著進入了「他者」的身體經驗位置。

> 在那失焦的臉孔上,彷彿浮現出另一張臉孔,在被定影的肉體內,疊著另一個晃動而難以定影的肉體,在被時間的囚禁中,影像有時是流動不息(陳界仁,〈招魂術〉)。

症狀並不指向另一個原初的場景或是意義。症狀是受難經驗本身。面對恐懼,面對推離賤斥的對象,我們看到了過去,看到了歷史他者,也看到了處於他者位置的自己,作為受難者、施

虐者、身為共犯的自己。

> 在無聲的影像裡，我總聽見了連綿的低語，或眾聲喧
> 嘩。有時，我們要用傾聽來閱讀影像，並以傾聽的姿態在
> 影像迷宮中行走（陳界仁，〈招魂術〉）。

歷史中的他者以各種影像與身體浮現，連綿低語。我們要
傾聽這些符號的身體傷口。對於陳界仁而言，繪製影像，是一
種「被壓抑的隱藏性記憶的再度浮現」。對於我們而言，閱讀
影像，傾聽各種主體位置的創傷經驗，也可以讓各種隱藏性記
憶再度浮現，解開被遮蔽的主觀位置，讓各種被迫排除或是自
動立即轉身離我們而去的他者得以出現。

巴岱伊說，看著經歷凌遲的中國男子，他感受到了強烈的
慾望，強烈被吸引，此慾望不是施虐的樂趣，而是要試圖毀滅
自身內部抗拒毀滅的衝動。尋求毀滅與抗拒毀滅這兩種矛盾動
力以無法化約的張力持續。[1] 當我們看到陳界仁提出的影像
時，我們面對歷史傷殘的複雜情緒，與巴岱伊所說的複雜而強
烈的情感狀態，似乎有類似之處。平日我們看不到傷痛，這些
傷痛都被鈍化，被日常規矩所約束與屏障。然而，表面之下，
傷痛處處發生，以各種變換的面貌轉移。看到影像中身體的傷
口，我們亟欲靠近，卻又要逃避。這個傷口所呈現的真實，便

---

[1] "I loved him with a love in which the sadistic instinct played no part: he communicated his pain to me or perhaps the excessive nature of his pain, and it was precisely that which I was seeking, not so as to take pleasure in it, but in order to ruin in me that which is opposed to ruin." (*Inner Experience* 120).

是排除、遮蔽、迴避、延遲，但是又立即復返、迷戀、重複之衝動。我們理解，文明對於骶傷的執行，便是排除的手段。文明所排除賤斥的，也在我們自己意識中被排除清理乾淨。我們經驗過此排除清理的暴力衝動，也經歷過乾淨狀態的妄想偏執，更經歷過在系統瓦解，信仰崩毀之際，內部的空虛憂鬱。所以，我們會理解文化中所發生的種種極端狀態。

　　陳界仁作品中自我骶傷的症狀，不在於表面的殘暴，而在於內在的疏離、切斷、割除，以及自尋毀滅的衝動。這種對於殘破肢體的震撼與迷戀，便是巴岱伊所說的，他所要抗拒的自我毀滅的衝動。這些自我骶傷、抽離、毀滅、退出，或是佛洛依德所說的死亡欲力，對我們來說是個謎，但也是個不得不穿透深入理解的謎。為什麼我們會不斷重複演出創傷的場景？創傷，是再度理解到此被離棄的必然。創傷的毀壞動作，是延遲離棄的時刻，如同凌遲，反覆切割，使得內在掏空的過程徹底完成。

　　符號化的過程，是在文本中再次尋找對象，製造對象，搬演出主體朝著對象而展開的主觀位置。因此，文本如同肉身，如同儂曦在〈肉身〉（"Corpus"）一文所論述的，[2] 或是一般所謂 "embodiment"，甚至 "passion"，是心靈尋求形式而出現的場域。克莉斯蒂娃說，文本中的「互文性」使得心靈以「文本中的文本」的方式，從另一個場域移置（transposition）於這個文本中。而文本之肉身症狀，也如同佛洛依德所說的，採取一種

2　儂曦在《在場的誕生》（*The Birth to Presence*, 1993）一書的 "Corpus" 一章中，也展開了有關符號如同肉身的論述，符號如同傷口，並不指向另一個所指，而呈現了自身的傷痛。

「無意識同一體」（unconscious identity），以及「象徵對等」（symbolic equation）的邏輯，以「無意識生產」的方式轉移了主體原本的對象。這些轉移的原則，就是類似於壓縮、置換、扭曲、變形的暗喻邏輯（metaphorical），使所選取的對象（符號，症狀）與原本的對象有內在相等但是表面上卻遙遠而不相干的方式出現，以便避免被檢查而禁止。因此，佛洛依德說，所有的症狀，或是符號，都如同「兌換幣」（token）一般，執行經濟交換的過程。[3] 班雅明閱讀波特萊爾（Charles Baudelaire）的《惡之華》（*Les Fleurs du mal*），讀到了其中的現代震驚經驗所產生的症狀。波特萊爾的詩，班雅明認為就是波特萊爾的症狀。可是，除了這是班雅明自己對於現代性的詮釋之外，我們也看到了班雅明所呈現的自己的創傷經驗。閱讀陳界仁的圖像，我們同樣的一則看到了他的詮釋，也看到了他的創傷經驗與症狀，或者，也是我們自身的症狀，我們的問題。

---

[3] 佛洛依德所展開的理論，著重於無意識系統生產過程中象徵對等的公式。對於症狀與幻想之間透過「無意識生產」而在精神層次的密切關聯，佛洛依德便曾經反覆討論過。以「閹割」為例，佛洛依德強調「陰莖」在精神層次（psychical sphere）以對等於生理結構的方式出現的「無意識同一體」（unconscious identity）。小男孩在發現母親身上不具有陰莖，他的結論是：此身體部分是可以從身體分離的，就像是糞便是從他自身脫落的第一個體內物。陰莖是原本自身以自戀的方式體驗到的一個極端寶貴的部分，可以從自身脫落，也可以由其他物件替代。因此在無意識生產中，例如幻想、症狀等，此陰莖可以與嬰兒、金錢、禮物、糞便等替換（"On Transformations of Instinct" 133, 128）。因此，拉普朗虛與彭大歷斯的《精神分析辭彙》一書中，便直接指出：我們可將閹割焦慮定位在「一系列同樣涉及一種失去對象、與對象分離之元素」的創傷經驗（82）。

語言

　　語言之症狀式扭曲轉折，或是語言結構之斷裂與異質性，是我們掌握主體／非主體的起點。對於語言結構之斷裂與異質性，以及主體於茲浮現的問題，海德格曾經持續不斷地進行探問。他說，語言崩解之處，「某物」顯現。語言崩解破碎處，詩人「拋棄了他從前與語詞的關係」，棄絕語言，於是語言所無法表達、無法命名之處，主體與「物」的關係卻隨之顯現（〈語言的本質〉 1071）。海德格討論的語言「剖面」（aufriss），既是切開之處，又是接合之處。詩的語言就在這種語言的內在裂縫以最遙遠的關係將不在場者帶到鄰近之處（〈走向語言之途〉1131-32）。而語言在自我隱藏處，向彼此顯露。語言要將記憶中已經抽身離去者帶到切近之處（〈物〉 1178；〈築・居・思〉1210）。海德格也說，「物」（the Thing）無法透過日常語言或是陳述語言表達，也不能藉由高昂的宣示陳述語言捕捉，更不是現代技術所要求的快速思想與「科學方法」所能夠靠近（〈語言的本質〉 1067-68, 1071）；「物」仍舊只有透過經驗中的語言，透過曲折隱晦充滿逾越規矩而溢出的語言，透過如同症狀一般的鄰近與遙遠，一種遮掩與否定，「物」才得以與主體相關的位置依稀揭露。

　　海德格所提出語言既遮蔽又揭露，既遙遠又鄰近，透過否定才得以呈現的主體經驗，與精神分析所探究的，十分接近。這其實也是佛洛依德所討論有關症狀之同時既遮蔽壓抑又揭露滿足的曲折雙向動力。佛洛依德曾說，意識與無意識不同系統

的動力會有反向的作用，自我的邊界好像有個混合駐軍的邊防站，而此分裂，則是主體的面貌。此分裂，導致意識與無意識的溝通斷裂。這就是為什麼拉岡會談論海德格的語言概念。拉岡提及了海德格所談論的語言中，曾經存在卻又不存在的曖昧性，正如同歇斯底里之語言，既不是真實也不是虛假，既在此又不在此。也就是說，精神分析所展現的回憶，不是有關現實（reality）的問題，而是有關真理（truth）的問題：回憶的語言是主體透過主觀地回憶重組所有的事件，以便重組自己。因此，主體透過朝向他者的語言，而構成他承受自身歷史的語言（*Écrits* 48）。真理便在真實之中出現（*Écrits* 49）。拉岡也說，夢的語言，症狀的語言，透過隱蔽，迴避，扭曲，透過語言背後「飄忽不定的存有」，「不在場構成的顯現」（*Écrits* 65），如同「間隔話語的堵塞物」（*Écrits* 58），此語言同時既揭露，也指向被壓抑而不存在，但在過去卻曾經歷過的痕跡。拉岡在〈精神分析中的言語和語言的作用和領域〉（"The Function and Field of Speech and Language in Psychoanalysis", 1977）中，提到只有在「不在場」（absence）中語言才能夠帶出在場（presence），只有透過聆聽，不只聽語言的聲音中的物質性，才會聽到被揭露的真實（*Écrits* 45）。

　　海德格與拉岡所提出的語言裂縫，以及主體在語言裂縫之處出現的論點，十分類似；這種語言裂縫處的主體浮現，也就是克莉斯蒂娃所說的象徵系統之下說話主體所顯露的分裂主體狀態。克莉斯蒂娃晚近重讀海德格《什麼是形上學？》（*What is Metaphysics?*, 1929）時，指出海德格的「無」的概念並非理性認知的否定，而是本能的排斥。海德格這種論點便碰觸到了佛

洛依德所提出的無意識狀態（*Intimate Revolt* 155）。而他的「沉默」（Stimmung）的概念也與佛洛依德的死亡欲力、否認、解消聯結，有內在的關聯（*Intimate Revolt* 156-57）。佛洛依德說，"Wo Es war, soll Ich werden."（「它所在之處，我必隨之而行。」〔《精神分析新論》 509〕）。拉岡說，「我思故我不在」，「我在我所不思之處」（*Écrits* 166）。無意識中的欲力，持續尋求貫注（cathexis）附著於符號，如同尋求可以進行象徵交換的兌換幣，以便能夠尋得「它」的代表，這就是符號的動力（semiotic drive）。然而，「它」是無法被復原的，只有透過意識活動中無意識變形衍生的殘留痕跡，並循著此衍生物扭曲偽裝的路徑，才有可能依稀探觸壓抑在何處。然而，我們必須注意：正如同德希達（Jacque Derrida）所指出的，對於佛洛依德而言，壓抑不是排除，不是遺忘，不是逃逸，不是驅逐外力；壓抑是內部的再現，是再現的空間化（"Freud and the Scene of Writing" 196）。此處，德希達所討論的，是書寫本身立即是壓抑與替代轉折，是壓抑的空間化（spacing）。心靈便是書寫機器。因此，當我們探討意識行為所呈現的壓抑的衝動是什麼？論述中發生了什麼替代性的症狀？壓抑與轉移的時代動機來自何處？我們並不在尋找一個隱藏的文本。文化的內在矛盾（ambivalence）就呈現於文本症狀之中。文化論述中的激動、防衛性的攻擊、禁忌的嚴苛，或是集體追求的烏托邦幻想，其實都是依循著無意識運作的邏輯。文本本身便鑲嵌著意識與無意識並存的悖反張力。

　　因此，精神分析文化研究所要說明的，不只是陳述中的能動／被建構之主體，不只是現代性所發展出來的被組織化的

「從屬主體」，不只是「我思故我在」的認知主體。我們要探究的，其實是綜合知性與不知、理性與非理性、意識與無意識的文化主體活動。精神分析對於自我能量的爆發，自我自動取消與隔離意識所造成的精神「盲點」（scoptomization），症狀中生死攸關而強制重複的儀式，焦慮中如同兌換幣一般所交換的動力，欲力所變換的路徑，以及如同潮汐岩漿之往復與層層覆蓋沉澱，都讓我們對於文化場域中的「主體位置」有了新的理解。我們可以在日常生活處處禁忌與規範的文化行為中探討此問題，也可以在面對危機、處於高亢激昂的主體狀態中探討此問題。

　　至於語言如何讓我們探觸主體的位置呢？符號界的動力如何滲透到象徵界而改變其遊戲規則呢？

　　克莉斯蒂娃在〈系統與說話主體〉（“The System and the Speaking Subject”, 1986）一文中，清楚指出，符號學的貢獻在於其揭露了各種意識形態背後運作的符號系統與指涉法則。無論是神話、儀式、道德規範或是藝術，都被架構於此符號系統之中。因此，任何語言與論述都服從此指涉運作之系統，而主體也都已然鑲嵌於其歷史與文化的脈絡之中，依循著其所置身之社會法則而發言。但是，這種結構主義式的符號學知識卻無法處理語言內在的雙重功能，也就是與其所依循的社會合約所並存的遊戲愉悅與慾望的另一面向。這便是她所要提出來的「說話主體」的論點，也就是說，「說話主體」是分裂的主體，同時佔據社會結構制約與無意識欲力的兩軸。因此，克莉斯蒂娃認為，若僅以符號系統來研究語言行為，或是任何文化文本與論述構成，最後可能都被簡約為幾套社會符碼及語言系

統。這就是為什麼她要將研究轉向「表義過程」，探討在象徵
系統之中各種意義變化的原因（*Kriteva Reader* 25-29）。

在〈詩語言的革命〉（"Revolution in Poetic Language", 1986）
一文中，克莉斯蒂娃用兩個相互依存而共同構成指涉過程的樣
式，符號界與象徵界（the semiotic and the symbolic），說明說話
主體的發言過程。符號界，根據克莉斯蒂娃的說法，是佛洛依
德所謂的無意識原初過程。它既是能量的釋放，也是精神刻痕
的欲力，構成了如同柏拉圖所說的 "chora"，一個有滋養孕育而
尚未定型的語言之前的「母性空間」，它只能透過聲音、姿勢
或運動節奏的方式呈現。這個節奏空間還沒有任何固定或統一
的身分，但卻依循著一種規律的驅動過程而運作。這種符號欲
力，永遠是朝向母親的身體發動，立即具有吸納與摧毀的反向
矛盾。因為，根據克莉斯蒂娃的理論，由於「母親」是所有發
言的對象，「母親」因而佔據著「他性的空間」（the place of
alterity）：「她豐盈飽滿的身體，收容與承諾所有的需求，滿
足所有的自戀想像。換句話說，她就是那個陽具」（*Kriteva
Reader* 101）。克莉斯蒂娃此處指出，母親的身體仲介著象徵律
法與組織社會關係的原則，也因此便必然是導向摧毀、攻擊與
死亡的起點。此欲力愛恨並存的雙向動力會受到最為原始的死
亡欲力所主導：欲力變成為抗拒停滯的攻擊，而此欲力亦構成
了釋放動力的反覆。

幻想於是透過說話主體的符號動力而滲透入象徵界，製造
能指的斷裂。所有擾亂社會檢查制度的騷動，便在詩語言中出
現，也同時破壞了象徵本身。詩人建立文字中的客體（對
象），替代母親，將「母性空間」重新投資於象徵秩序中，從

而逾越其規範與象徵法則（*Kristeva Reader* 114）。依照上述之說法，象徵界便是不穩定的。克莉斯蒂娃也說明，正是這種無終止、不需結構與統合而不斷湧現的符號動力，使得文本成為表義實踐的場域。只有如此，主體才會不斷向既定的斷論提出質疑，而置換出新的位置（*Kristeva Reader* 104）。

創傷

創傷經驗與症狀其實就是符號化的起點。佛洛依德說過，痛苦的感覺比愉悅的感覺更能夠透過貫注而釋放能量，以記憶痕跡留存（"The Ego and the Id" 22）。因此，記憶已經是經過原初壓抑而呈現的痕跡，此痕跡塗抹刪除無法言說的真實，引發強大的心理過程以及經濟交換邏輯。此處牽涉了佛洛依德所提出的「闢路」概念。卡佳‧絲爾薇曼（Kaja Silverman）曾經細緻地追索此概念的形成。她指出，「闢路」（Bahnung, pathbreaking, breaching）原先是佛洛依德早期在《科學心理學大綱》（*Project for a Scientific Psychology*, 1887-1902）一書中所提出的觀點：兩種神經元的區別，一種接收，也就是感知神經元，另一種抗阻，也就是記憶神經元。只有抗阻，才會引發興奮並留下痕跡。而此「闢路」便是第一次的再現，第一次記憶的展現。在《夢的解析》（*The Interpretation of Dreams*, 1900）與《日常生活的心理病理學》（*The Psychopathology of Everyday Life*, 1901）這兩本書中，佛洛依德將「闢路」的概念擴展為聯想的關聯。佛洛依德在《歇斯底里研究》（*Studies on Hysteria*, 1895）進而指出，「開關之路徑」或是無意識慾望的通道並不隨著直線進行；相反的，

它迂迴曲折地返回到早先的時刻；側面岔開，開啟正路之外的小徑；甚至產生圓形交叉路口，導向無數新的連鎖道路。佛洛依德將此移置的路徑先是比喻為一條經過「從表面〔記憶〕到最底層然後又迴轉的最繞圈子的道路」；後來又比喻為西洋棋中騎士所走的鋸齒形路線；最後又比喻為「一個網狀系統的線條，而且都匯聚於一處」（引自 Kaja Silverman，〈銀河〉 38-39）。

拉普朗虛也曾經指出，與一般人認為精神分析強調幼兒經驗決定了人的命運之說法完全不同的是，佛洛依德一開始便指出，主體會回溯地重建其過往事件，透過重塑而賦予此事件一個意義，甚至一種效力與致病的力量。這就是佛洛依德對於「延後」作用（Nachträglichkeit, après-coup, deferred action）之重要發現。佛洛依德於 1896 年 12 月給威廉・弗利斯（William Fliess）的信中寫道：「我正在研究一種假設：我們的精神裝置是由許多層理所構成，當中現存的記憶痕跡材料有時會依照新的處境受到重組，一種重新銘記。」（拉普朗虛 37-38）這也是德希達藉以討論「延異」概念的起點：“defer”, “différance”，這些第一次的痕跡，是延異的發生，為了要延緩一個危險的投注。痛苦便是第一次製造延遲的時刻。

或許我們可以再回到佛洛依德所討論的創傷與症狀的問題，重新思考符號與症狀的問題。佛洛依德對於創傷經驗的說明是，「一種經驗如果在很短的時間內，使心靈遭受到非常高度的刺激，以致無論用接納吸收的方式或是調整改變的方式，都不能以常態的方法來適應，結果使心靈的有效能力之分配，遭受到永久的擾亂，我們便稱之為創傷的經驗」（〈創傷的固著潛意識〉 264）。佛洛依德還說，「創傷的」這個辭彙除了

「經濟的」意義之外無他，也就是說，心理歷程中主體無法應付當時驟然發生的巨大深刻經驗，因此以固著的方式停留在當時發生事件的場景，強迫性地反覆演練修正，以便進行某種象徵交換。這也就是「症狀」的產生。強迫性行為的背後有一種極大的力量在推動，此推動趨力匯聚於「症狀」處；此處心力的集中有如生死交關，而完成的是一種轉移或是交換替代。症狀本身既滿足內在的性慾，亦阻抗此性慾之滿足（〈症狀的意義〉 250-51）。症狀的出現，其實正是心靈狀態符號化的過程。肉身如同符號，肉身之症狀並無法解釋生理的病變。文學與藝術範疇的符號化過程，則是佛洛依德所說的「昇華」。症狀的形成與符號的延異，兩者之間其實有內在的密切關聯。

　　葛林（André Green）討論昇華的問題時，指出佛洛依德的「昇華」理論中「非性化」（desexualization）的面向，是朝向死亡衝動的動力。佛洛依德指出昇華與自我理想（ego ideal）以及超我（super-ego）關係密切：「情慾力比多轉化為自我力比多，是放棄性目的之非性化過程。……自我捕捉住投注於對象的力比多，並且將自身設定為其唯一的愛的對象，使『它』（it）的力比多能量非性化或是昇華，如此，自我所進行的工作是朝向『愛欲』（Eros）目的之對立面，並且使自己服從於相反的本能衝動。」（"The Ego and the Id" 46）[4] 這種昇華的工作就是

---

[4] 葛林指出，克萊因（Melanie Klein）對於對象關係（object relation），以及哀悼是昇華與創造的起點之討論，似乎指出佛洛依德所沒有探討的面向。不過，他也同時指出，佛洛依德在〈自我與「它」〉（"The Ego and the Id", 1923）一文中，透過對於父親模式的認同，也隱隱指出了同樣的問題。此外，克萊因只停留於個人發展的架構之內，然而，佛洛依德所探討的問題已經進入了歷史與社會的領域。

與父親典範認同而將原初的情慾解消，甚至以攻擊性的方式釋放死亡慾力（"The Ego and the Id" 54-55）。葛林指出，這是愛欲的結合動力所同時展開的負面作用，也就是他所謂的「負—性慾」（"Neg-sexuality" [Green 222]）。

　　葛林認為，溫尼科特（Winnicott）繼續展開佛洛依德的理論，透過「文化對象」（cultural objects）的概念解釋文明過程以及創造性，而將文化經驗放置於精神拓撲學（topography）之內。對於溫尼科特而言，「文化對象」是外在現實與內在現實的中介區域，此中介區域同時也是提供必需性對象，以及過渡作用的場所。因此，葛林延續此對象的「尋找—創造」，客觀的感知（found）與主觀的對象（created）的關聯，發展出他所稱呼的「對象化功能」（Objectalising Function），這也就是佛洛依德所說的為欲力尋找對象的「昇華」。葛林認為在藝術中建立距離之下無接觸的觸摸，就是此既迎且拒的關係。因此，他將昇華定義為在精神與生理的生死欲力拉拒之間的負面工作，或是在對象化與去對象化之間往返（Green 235-40）。

　　克莉斯蒂娃延續此脈絡，繼續發展她對於前衛藝術的研究；但是，她認為，與其說前衛藝術的昇華是超我對於父親的攻擊形式，不如說是「弒母」行為。此昇華並不是脫離此在，超越經驗，而是在語言文字中，再次執行創傷之主觀經驗。克莉斯蒂娃認為，詩語言便是在語言中建立對象，以便替換其所攻擊的象徵秩序，並且以此對象的語言物質性作為其完成快感的對象。母親是原初的對象，[5] 母親提供一個過渡性空間

---

5 我必須立即提醒讀者：此處所說的「母親」，不是生理上的母親，而是意念

（transitional space），此過渡性空間可以轉移到其他的過渡性對象，例如洋娃娃、遊戲、寫作、藝術。也就是說，所有創造性行為都是主體以主控的遊戲方式演出他與母親的關係——失去而復得，如同佛洛依德曾經討論過的 "fort-da" 遊戲。[6]

"fort-da"，正是母親的離去與復返。佛洛依德在討論「快樂—不快樂原則」時指出，從創傷夢以及兒童遊戲中轉被動為主動，皆讓我們了解所謂「快樂原則」並非單純指向愉悅的經驗。創傷夢的「強迫重複」，以及「同類事物的無限重複」本身帶有直接的快感；至於兒童拋擲並拉回毛線球的方式，口中反覆「去—來」（fort-da, gone-there）之音，使母親的離開與再回來，也是兒童以主動的方式執行自己被動接受的被遺棄或是被虐待的處境而重複不愉快的經驗。[7]雖然更大的快樂在於第

的代表（idea representative），是一種功能，或是函數（function）。在克莉斯蒂娃的理論中，「陽具功能」相對於「母性功能」，陽具功能是象徵功能，是進入象徵系統尋求符號化的發言過程，而女性或是母性功能，則是回到原初無語狀態，以身體律動或是節奏，來表達源自於主體最初與「母體」合一，或是分離而引發的各種精神結構（psychic structure）。克莉斯蒂娃強調「母性功能」或是懷孕過程，是指藝術創作過程中自我分裂、個體中孕育生長另一個體的過程，牽涉了自我與他者的分離與共存，如同聖母孕育聖子而使其脫離母體成聖。然而，此「母性功能」不僅限於女性。陰性書寫所具有的節奏、律動、狂暴、邊緣、顛覆，正是藝術家結合其「女性狀態」與「母性功能」，朝向陽具符號化而改變象徵體系的過程。

6 拉岡也據此討論象徵系統的開始。

7 嬰兒期的自戀創傷（narcissistic scar），是失去愛（loss of love）。感受失敗是此創傷的原因。佛洛依德解釋，兒童自幼所受的紀律、教育、嚴厲的言詞、偶然的懲罰，都一再提醒幼兒此失去愛與遭受蔑視的事實。因此，再次創造此被蔑視與遺棄的處境，便是強迫性重複的原則。此心理過程超越了快樂原則。參考佛洛依德（Freud, "Beyond the Pleasure Principle" 1-64）。

二個動作——回來，但是佛洛依德指出，兒童的遊戲卻更常反覆第一種動作，重複令他痛苦的情景。原因是：最初兒童是處於被動的位置，現在主動重複這個經驗，扮演主動控制環境的衝動，其實是具有快感的。[8] 此處，佛洛依德對於「主動經歷不愉快經驗」的主控願望，亦導引我們思考美學理論中美感經驗所含有的施虐與被虐性質；而這種重複的主控，也可以解釋藝術的反覆工作。

　　克莉斯蒂娃指出，此種重演創傷場景與重新捕捉失去之對象的藝術活動，便成為詩人追尋戀物對象的過程：在此戀物關係中，有個根深柢固的信念，便是其「母親」是具有「陽具」的強勢母親（the phallic mother），而自我相信它永遠不會與其「母親」分離，沒有任何象徵手法足夠強大到可以切斷此依戀關係。在此共生的狀態下，詩人只有佔據「母親」的位置，從戀物航向自體情慾（*Kristeva Reader* 115）。然而，根據佛洛依德的說法，戀物的心理機制基本上是一種信念（belief）、想像（imaginary）、建構（construct）與設置（institute）的作用，牽涉了雙重心理狀態：既是對於「閹割／分離」的認知卻又是否認、是否認又是肯定、既抗拒閹割又執行閹割、既遮蔽又揭露，故此物件既是紀念碑，又是屏障（"Fetishism" 237）。因此，克莉斯蒂娃說，藝術便是主體將母性空間（maternal chora）重新投資於象徵秩序中，但是也從而逾越其規範，這便是「變異主體之結構」（"perverse subjective structures" [*Kristeva Reader*

8　例如被醫生檢查口腔，而以模仿的方式將他所遭受的，反轉施行到同伴身上。

115]）。[9] 克莉斯蒂娃特別指出，藝術中「死亡」是指涉過程中的內在疆界，是被主體內化的死亡，也是逾越中主體必須穿越的疆界（*Kristeva Reader* 120）。

對於陳界仁創作靈感起點的巴岱伊而言，暴力與犧牲是他主要思考的問題。他認為，自殘與犧牲，在最基本的層次，只是「對於曾經被一人或是一個團體接納內化之物的拒斥」。同樣的，我們面對此犧牲場景所經驗的排斥心理，以巴岱伊的話來說，只是被一陣要嘔吐的衝動所引發的恍惚，要嘔吐出另一股巨大的力量，這是威脅著要吞噬我們並且自我毀滅的內在力量（"Sacrificial Mutilation" 70）。在《內在經驗》（*Inner Experience,* 1988）這本書內，巴岱伊也說明為何這幅酷刑中的中國人的照片如此震撼他，既被迷戀又深感排拒：「就像是我要雙眼瞪視著太陽，我的眼睛開始反叛。……我被自己要摧毀內在抗拒毀滅之力量所吸引」（120, 123）。對於毀滅既愛又恨的曖昧態度，以及全然放棄自己的狂喜，正是巴岱伊解釋宗教出神與極度恐怖之間必然關聯的神祕基礎。

對於這種面對被扭曲破壞的醜陋肢體，既被吸引又強烈排拒的曖昧態度，克莉斯蒂娃在《恐怖的力量》（*Powers of Horror,* 1982）的賤斥理論（abjection）更能夠說明清楚。克莉斯蒂娃說，藝術家處於推離賤斥作用中主體疆界模糊的位置，「其內在感受的是受難，而外表顯現的則是恐怖」（140）。被推離賤斥的是身體／文化／歷史所要清除的不潔之物。其所以要被推

---

[9] 不過，藝術仍舊不是「戀物」，因為戀物者只尋求固著的替代物，而藝術則展開符號之表義功能，同時具有符徵與符指的動態作用。

離清除,是因為此異質之物會「威脅到同一性、系統、秩序的建立」。因此,所有不尊重疆界、位置與法規的,所有曖昧的、綜合的、居於其中的,都要被清除(*Powers of Horror* 4)。

　　被切割肢解的軀體,剁割斷裂的眼球、器官、內臟、頭顱,是我們畏懼面對的最極端的「推離物」。藝術家時常卻在暴力、瘋癲、狂喜的場景中,透過藝術,或是語言,以「徹底處理」(working-through)的方式,將此「推離物昇華」(*Powers of Horror* 26)。經歷此推離物的昇華過程,或是符號化的過程,我們也開始理解我們內在被壓抑或是排除的經驗何在。

　　有關前衛藝術中的暴力性格,我們可以在《黑色太陽》中看到克莉斯蒂娃所繼續發展的理論。克莉斯蒂娃認為,文學、藝術與宗教都是抗拒意義崩解的努力。在字裡行間隱藏的抑鬱、憎恨,便是我們要去揭露的,亦即是無意識中的死亡,不可再現的死亡。詩人在語言中設立「母親」,並且以施虐/自虐的方式對待此母親,或是自己。無論是推離,或是自殘,都含有跨越死亡邊界的動作。「死亡欲力銘刻於形式的解體、扭曲、抽象、掏空與變形之中」(*Black Sun* 26-27)。

　　巴岱伊與克莉斯蒂娃對於藝術中的犧牲、自殘、暴力與死亡的說法,都可以協助我們理解陳界仁作品中的暴力與死亡的殘暴衝動。然而,對於這些醜陋殘損而破敗的軀體,強迫性的迷戀、觀看與再次損毀的慾望,必須放置於他的成長脈絡與文化歷史背景。如此,我們便可以瞭解這個陳界仁需要攻擊、侵犯、再現的「母親」軀體,是哪一種原生狀態?牽連了哪一些環境因素?承載了哪一些歷史的創傷環節?這些考量便將我們帶往文化賤斥系統的問題。

文化賤斥

克莉斯蒂娃有關賤斥的理論所提出最根本的問題，便是我們的文化為何會發展出以激烈而近乎凶殘的攻擊性，驅逐異於己身者？或者，換一種問法：文化主體的形成為何會帶有激烈的排他暴力？克莉斯蒂娃在《恐怖的力量》一書中，持續探討群體與文化活動之中主體性位置的問題：在主體的精神過程中，驅逐暴力到底為什麼會發生？是誰要求此驅逐的行動？我們到底要如何解釋個人精神活動中的驅逐動力？文化論述層次的驅逐活動是以什麼樣的經濟交換模式延展？書寫又以什麼樣的符號化過程將這些動力轉變成不同模式的活動？這一系列的問題，將把我們帶到精神分析面對文化現象所試圖探討與展開的詮釋活動中。

驅逐異己的暴力，根據克莉斯蒂娃的描述，像是剷去雙目所及的不潔之物，其激烈就像是要剜除雙目或防避髒污以免沾染於身，或嘔吐出不屬於自身系統的異質殘渣，執行體制中的清理淨化，甚而集體屠殺異己者。克莉斯蒂娃曾經深入分析反猶太主義兼法西斯主義者謝琳（Ferdinand Céline）奇特而幾近瘋狂的書寫風格，謝琳的書寫充分展露出了以戰爭為快感場域、以猶太人為詛咒厭棄之污穢對象的激烈心態：

> 他把手指插進傷口中……他的雙手穿進肉裡……他朝所有洞口衝鋒陷陣……他拔掉邊緣！……抽出爛肉！他猛攪亂翻！……他被卡住……手腕卡在骨頭裡！有斷裂聲……

有種袋狀的東西爆裂！……汁液滿地流竄！四處飛濺！一堆腦漿和血液！……噴灑在四周。（《死亡緩期》，引自《恐怖的力量》193）

……他們奄奄一息、臭氣沖天、滲漏體液、滾下陰溝，但還在問他們可以在駒訥維耶（Gennevillers）做什麼？沒錯！滾進垃圾堆！下陰溝！……[……]人類歷史的真義……我們的進展！先跳到這裡！……到處是尖頭木樁！純化精練活體解剖……熱氣蒸騰的、掀開的皮膚……（《俚歌咚》，引自《恐怖的力量》197）

〔猶太人〕是個擬態蟲、是個娼妓，要不是他的貪婪，他早就會因為成天混在其他人當中而被消解，但他的貪婪拯救了自己，他教所有種族、所有人類、所有動物疲倦不堪，大地現在已是精疲力竭[……]他總是要煩擾全宇宙、老天、好心的神、星辰，他什麼都要，要了還要，他要月亮，要我們的骨頭，要把我們腸子掛在捲髮夾子上用來佈置安息日和裝飾嘉年華會。（《進退維谷》，引自《恐怖的力量》239）

這些文字讓我們立即看到驅逐的暴力與瘋狂。我們會問，人類為何會有如此殘酷的行為？文學作品為何要逼視此死亡血腥，呈現此瘋狂？文字中的理性控制為何消失了？這種脫韁野馬式的瘋狂書寫是否會污染人心？從薩德（D. A. F. de Sade）、洛特曼（Comte de Lautréamont）、巴岱伊到謝琳，他們的殘酷

書寫讓我們認識了什麼樣的真實？逼視人性中「惡魔」與黑暗的成分，會讓我們對人性有什麼樣的理解呢？

對於克莉斯蒂娃來說，文字中的瘋狂與殘暴，其實與污染人心或是風俗教化完全無關。文字中的瘋狂與惡魔，或是陳界仁影像中的自我斲傷與肢解，是被壓抑的恐懼對象之復出，是一種真實的面貌。這是主體永遠畏懼的自身內在陰性成分，或是極限之外的未知他者，是我們恐懼的對象。不同的文化與時代構成了不同的恐懼對象與陰性成分，而此陰性成分隨時可能會滿溢、氾濫而導致失控。無意識中騷動而無名的欲力只有符號化之後才可能進入意識，被正面對待。因此，透過文字與藝術，此無名欲力符號化而成為所謂的「陰性書寫」，我們便因此而能夠窺見主體所恐懼排斥的對象何在。

驅逐暴力的原型，根據克莉斯蒂娃的論點，便是「賤斥」作用開始之時，也正是主體出現的最早時刻。在一次訪談中，克莉斯蒂娃承認她所使用的 "abjection" 一詞很難適切地翻譯成另一種語言。她說，這是一種強烈的厭惡排斥之感，好像看到了腐爛物而要嘔吐，而這種厭惡感同時是身體反應，也屬於象徵秩序，使人強烈的排斥抗拒此外在的威脅，然而此外在威脅其實同時也引發了內在的威脅。克莉斯蒂娃認為，這種抗拒，始自於主體對於母體的抗拒，因為若不離開母體，主體永遠不會發生（ "Feminism and Psychoanalysis" 118）。

克莉斯蒂娃所討論的主體分裂的起點，或她所稱的「賤─斥」，是一種推離排拒的動力。"Ab" 是遠離，而 "ject" 是推開、拋出。推離母親，推離與母體牽連而攜帶的不潔之物，「如同痙攣，是吸引與推拒的漩渦」，是「存在本身最暴烈而黑暗的

反抗」（*Powers of Horror* 1）。克莉斯蒂娃指出，這種推離賤斥的產生，源自於「對身分認同、體系和秩序的擾亂，是對界限、位置與規則的不尊重，是一種處於二者之間、曖昧和摻混的狀態」的壓抑與制止（《恐怖的力量》6）。

> 對於這個作為父母慾望符號的成分，「我」（je）不想要、不想知道、不想吸收，所以「我」把它排出去。然而，這食物對那個只存在父母慾望中的「我」（moi）而言，並不是一個他者，所以，在我驅逐「我」、唾棄「我」、嘔出「我」的行動中，「我」同時企圖將「我」安置。（《恐怖的力量》5）

> 「我」正以自身的死亡為代價，逐漸變成一個他者。在這條「我」逐漸成形的道路上，我在哭號與嘔吐的暴力中，把「我」生下。症狀的無言抗議、驚厥所引起的大肆喧嘩，當然都在象徵系統中運作，但是，無法、亦不願整合到這系統中的本我（ça），仍然以它自己的方式做出反應，它發洩，它賤斥（abjecter）。（《恐怖的力量》5）

克莉斯蒂娃此處文字是巴岱伊版本的回應。巴岱伊利用微粒子組成的比喻來說明人的非整體構成。他說，人之構成是以無數分裂的微粒子組成，社會亦然。人的內在分裂，可以有如外科手術一般，帶有撕裂性的暴力。「我」之內必然有無數「他者」，這些「他者」是無數個具有異質性的「我」（mes）。我要出現，要成為主體，便以採取主控位置的絕對命令式之

「抽象我」（abstract me）將這些異質成分的「我」拋離驅逐。但是，絕對命令位置的「我」的主控卻永遠處於焦慮狀態，因為「我」的整體異質性使得它的存在顯露出荒謬本質（"Sacrifices" 130-33）。巴岱伊說，無論是個人、社會、軍隊或是國家，都是以同樣的暴烈執行的。克莉斯蒂娃相當受到巴岱伊的影響，但是，她進一步以精神分析的方式討論這個主體形成而推離雜質的暴烈賤斥動作。她指出，任何主體的形成，開始於它與母親或是原初狀態的分離。因此，這個賤斥，是推離自身；推離自身來自於母體的雜質，進入象徵秩序，主體才開始出現，才開始表達（《恐怖的力量》 3）。克莉斯蒂娃認為，主體與母親的分離不是現實原則的介入或是父性禁令的干預，它並不始於拉岡所討論的伊底帕斯三角關係形構所牽涉的「大寫他者」或是「至高他者」，而是主體的激烈推離與拒斥，開始於更為古老而原始的主體發生之時，來自於自身的原初壓抑與賤斥。[10]因此，主體結構化過程中發生的分離與禁止接觸，其實具有非理性的激烈與迫切。當主／客體尚未區分，二元關係仍不穩定，而一個無名「他者」的身分逐漸顯現自身，以一種不可名狀的相異性（altérité）出現，這是主體所恐懼的對象。主體面對此造成系統瓦解的威脅，一個以各種面貌現身而氾濫的「陰

---

[10] 這種驅逐，其實類似於佛洛依德所討論的「認同」（identification）作用。在認同過程中，主體將對象的特質內化而植入自我，改變自我，驅逐自我的一部分，並在自我中設立一個替代性的對象（"The Ego and the Id" 29）。這種因認同內化而排除異質的過程，便是克莉斯蒂娃所探討的「賤斥」作用。主體所推離賤斥的，是原本屬於自己的一部分，卻因為不容於此象徵秩序，而被激烈的排除。但是，克莉斯蒂娃將此過程提早到原初壓抑的狀態。

性特質」（le féminin），只有以不斷重複的內部清除，才能夠保
證自己不被沾染。

　　克莉斯蒂娃對於賤斥的討論最有啟發的，就是她提醒我們
需要從文化脈絡與精神動力來理解這些因恐懼而排除賤斥的對
象。為什麼在文化上某一些事物會成為令人反感或是噁心之物
呢？人類學家認為，沒有任何事物在本質上是「令人噁心」
的，「唯有當某事物違反了特定象徵系統中的分類規則時，它
才變得『噁心』」。[11] 克莉斯蒂娃便進一步追問，「為何是此一
分類系統而不是另一個？」這種分類系統「呼應了哪些社會需
求、主體需求，以及社會—主體的互動需要？」（《恐怖的力
量》 121）克莉斯蒂娃說，賤斥作用與「潔淨／不潔」的配置
必然會發生，並且在每個人的個人生命史引發了長期而持續的
抗爭，以便因分離而成為言說主體，或是成為遵從神聖律法之
主體（《恐怖的力量》 124）。

　　克莉斯蒂娃從精神分析的理解出發，指出了主體與社會象
徵系統的相互依存關係：主體的形成，主體所承受的分類系統
與排除動力，都是從他所置身的社會象徵體系開始。因此，主
體的結構化過程，例如分離、區隔、認同、排除等，都與社會
象徵體系之間有其相互呼應的必然關聯。這些違反了象徵系統
分類原則的物質，分類屬性上是屬於原初本有的、來自於「母
性」狀態的原始物質，因為不容於此象徵系統，而成為了「噁
心」與必須嘔吐賤斥之物。這種主體強烈恐懼而不敢沾染之

---

[11] 克莉斯蒂娃所參考的是瑪麗・道格拉斯（Mary Douglas）對於宗教禁令與象
　　徵體系關係的深入探討（《恐怖的力量》 121）。

物，在經驗上與修辭上便成為必須嘔吐賤斥之原始物質。

　　因此，若要問文化中的驅逐行為何以如此激烈？正是因為這驅逐與主體形成時對母體的掙脫，有相同的迫切與恐懼之驅使。然而，若依循前文所討論的，不容於象徵系統的母性「雜質」是主體要推離賤斥之物，而此賤斥之物同時成為主體恐懼逃避之原型。此處，我們必須藉助佛洛依德所討論的「原初壓抑」、「經濟邏輯」，以及「恐懼症」，來進一步討論克莉斯蒂娃所展開的文化主體與賤斥的問題。

恐懼

　　佛洛依德晚年著作主要的思考方向是如何從意識行為觀察無意識的衍生物，如何從集體行為或是文化現象觀察其中扭曲偽裝的無意識動力與幻想，而克莉斯蒂娃則將此問題具體呈現於她對語言、意義與符號的理解脈絡之中。我們從佛洛依德的論點切入，並進入克莉斯蒂娃的語言與符號理論，便可以具體回答文化主體所賤斥的「母親」在哪裡的問題。

　　克莉斯蒂娃所討論的「賤斥」利用了佛洛依德所說的「原初壓抑」理論。克莉斯蒂娃說，賤斥與原初壓抑的激烈，如同「在一次暴烈的驅逐行為中一舉掙脫母體內在的物質」（《恐怖的力量》131）。什麼是原初壓抑（primal repression）？根據佛洛依德的無意識理論，從無意識系統到意識系統之間，欲力可能完全被壓抑而停留在無意識系統，無法進入意識系統，也可能因反投注而被轉換變形成為「意念代表」（vorstellung, idea）停留在前意識，或是進而尋求符號替代，而成為文字；這些都

是原初壓抑的作用（ "Trieb und Triebschicksale" 181）。也就是說，無意識的動力試圖尋求意念代表，但是經過了原初壓抑，此意念經過轉折而尋得替代的詞語代表。因此，以精神分析的觀點來看，符號是原初壓抑所展現的替代物，語言成為具有壓抑與轉換替代功能的防衛屏障或是肉身呈現。

克莉斯蒂娃指出，語言的出現，是「以語言符號的交換，創立命名模式」，而切斷了主體個人史上原初的「可滲透性或是先前的混沌狀態」（《恐怖的力量》85）。所以，原初壓抑導致的結果是「真實」（the Real）的立即逃逸，「物」（the Thing）的難以捕捉表達。此原初壓抑，已經面對著象徵系統。經驗之整體無法藉由語言完整表達；而身體與文字，則呈現了替代轉折的防衛機制。

要繼續解釋此語言中的防衛機制，我們必須進入佛洛依德的經濟邏輯。根據克莉斯蒂娃的論點，從身體到思想，從個人精神過程到集體文化活動，從宗教禁忌到族群區隔，從微型模式到論述巨構，驅逐的暴力其實是在同一個路徑之上以類同的「經濟邏輯」（economic）延展。此處所謂的精神過程之經濟模式，指的是佛洛依德的後設心理學所提出的精神裝置概念與交換邏輯。佛洛依德認為，無意識除了以空間概念（拓撲學）、動力學加以描述之外，更重要的是經濟論。此經濟論模式，強調的是主體不同的投資間的能量平衡與價值交換。「當一個症狀動員某些能量時，結果是其他活動的貧化；自戀或自我欲力投資的加強，必犧牲對象的投資」（拉普朗虛 137）。因此，主體能夠從與自然對象完全不同的對象上取得滿足。這種精神裝置內部的價值流通與對等交換，是在象徵意義層次上完成的，

這種象徵交換過程使得我們可以探討人類意識活動的力比多動力，或是在文化現象內觀察由無意識轉化的非理性衍生物。

在《恐怖的力量》一書中，克莉斯蒂娃指出，謝琳的瘋狂書寫所呈現的反猶太人論述，沿著兩個方向之經濟模式進展：第一層是謝琳對於象徵界，以及代表了象徵界的所有宗教、類宗教與道德體制的憤怒與攻擊，這種象徵界的終極代表是此類體制的基礎和始祖，也就是猶太教一神論。而伴隨著這個象徵界，其他所有周邊代表，包括抽象化思考、理性，以及使人失去男性氣概的變質力量，也成為他憤怒與攻擊的對象。第二層則是他企圖以另一種絕對、完美而令人安心的律法，趨向神祕主義式的法西斯主義，來取代這個造成束縛又令人沮喪的象徵界。（《恐怖的力量》 234-35）

因此，對於謝琳而言，表面上他攻擊猶太人，但他真正仇恨與恐懼的對象，卻是宗教、道德體系與抽象思考。但是，面對象徵秩序中的「至高他者」（Autre），主體立即透過認同而內化，從而驅逐自身內在屬於陰性的成分，例如屬於猶太人的性質，失去男子氣概的陰性氣質等；驅逐陰性成分之外，謝琳還要進一步建立另一種絕對而完美的律法。這些價值之間的對等與交換所遵循的法則，便是佛洛依德所討論的無意識之經濟邏輯。

現在，我們已經接近文化中的恐懼結構要如何來理解的問題。文化系統中推離賤斥與恐懼的對象是誰呢？當文化主體要形成之時，當這個恐懼對象成為文化結構時，要推離賤斥的所謂「母親」在哪裡呢？

佛洛依德談論恐懼症（phobia）時，強調壓抑過程中的替

代性意念會以結構的方式在無意識系統被保留：「意識層面只有透過這個替代的意念，這個恐懼的對象，以及被壓抑的無意識本能衝動才可能洩漏痕跡。但是，最終，這個無意識的封閉空間（enclave）會延伸擴大到整個外在的恐懼結構（phobic outer structure）。這也就是整套的防衛機制（defense mechanism）。自我處理焦慮的威脅，便像是對付外界看到的恐懼對象，而不肯承認這是來自內在的衝動。」（"The Unconscious" 183）這個小小封閉空間透過焦慮的釋放，在環境中形成一個替代轉移的外在結構。這個外在恐懼結構形成過程中，主體其實不知道自己所迴避的是什麼（"The Unconscious" 184）。這個外在的恐懼結構，便是我們理解文化恐懼的關鍵概念。

佛洛依德所討論的「恐懼症」，是以「父親」作為問題的癥結所在；然而，克莉斯蒂娃卻認為一切有關主體的問題，都要自前伊底帕斯期與「母親」有關的恐懼症開始談起。克莉斯蒂娃認為，恐懼症、亂倫和母親說明了有關主體更為根本的問題。前文已經反覆提出，不容於象徵系統的雜質，便是原初不分主客體的母性混沌狀態。克莉斯蒂娃指出，「母親」是那個我們以愛恨交雜的曖昧狀態呼喚但卻也撕裂割離的那個「推離物」（ab-ject），同時具有迷戀吸引又有排拒仇恨的磁力中心。推離「母親」，主體才得以形成。「母親」是那個象徵系統所排除賤斥的原初雜質與恐懼對象。

若要進一步說明文化中的賤斥對象，我們便需要透過文本中的痕跡來探索。對克莉斯蒂娃而言，文本是主體與「母親／陰性他者」對話的場域。無論是文本中壓抑轉折的符號動力，或是經由曲折路徑而進行象徵交換的經濟邏輯，文本中所不斷

浮現的推離賤斥動力，必然展露出此文化的內在矛盾。

這就是為什麼克莉斯娃八〇年代末期談到了前衛藝術創作時，延續了此「母親」主題，並發展藝術作品中「弒母」的必要：將對象性慾化，是主體個體化，尋求自主，也是主體之形成的必要起點。憂鬱哀傷之主體將母體對象內置（introject），進而執行自殺式的行為，以免除弒母的罪惡感。然而，主體為了抗拒死亡，在文字與藝術中，主體的處理方式便是透過想像，將「她」以「死亡形象」呈現，因此，「陰性」便成為死亡形象，以便屏障防護我對閹割的畏懼。我攻擊她，侵犯她，再現她，以免我為了殺她而自殺，以免我陷入憂鬱而無以自拔（*Black Sun* 28）。

這也是為什麼克莉斯娃在九〇年代書寫文化祖國時，談論到如同「母親」一般的「起源」是必須回歸但又必須持續超越的對象：那個「母親」是在語言中被建立的對象，那個我們必然朝向卻必須離開的「如奶與蜜的家園」，那個執行禁忌與犧牲謀殺對象的主觀空間（*New Maladies of the Soul* 118）；甚至，她也討論與母親相關的起源崇拜與起源仇恨，如何導致異族仇恨與外國人恐懼症（*Nations Without Nationalism* 2-4）。

任何主體或是集體形成的象徵性構造過程中必然會發生驅逐行為，卻無法完全驅除內在存有的「陰性特質」。但是，什麼是「陰性特質」？「陰性特質」其實正是被文化論述系統性排除的他者，以及此文化構造所賦予的卑賤與惡魔般的力量。這就是克莉斯娃的書名所暗示的問題：面對不潔的厭惡感背後，必然是「恐懼」。克莉斯娃似乎指出，在對恐懼症的分析中，主客體關係的問題才可以得到最大程度的闡發，其原因

是因為恐懼所面對的，正是那無以名之而不斷復返的「他者」，被文化所推離賤斥的原生物質。

我們所恐懼的對象是誰？我們所急切試圖推離排除賤斥的文化他者在哪裡？或許是基於無法言說，也無法合理化的理由，或許是我們早已遺忘而曾經屬於我們自己的構成部分？文化象徵系統推離賤斥的暴力，可能會使得此原生物質完全不存在於意識之中，不存在於歷史書寫之中。因此，這個被文化所推離賤斥的原生對象，需要從歷史中去尋求，使其進入書寫，進入論述。透過各種文本跡象的閱讀與精神分析式的對話，或許我們可以開始探索這個恐懼與排除的文化結構起源於何處，或許也可以進而在我們的文化經驗中揭露不同主體形成的歷史性結構。

從陳界仁的暴力與傷殘圖像，透過懼怖，潛入極限之外的闇黑深淵，我們看到了我們文化所拒斥而無法談論的法西斯式文化排除工程的歷史。這是雙重的恐懼與拒斥──拒斥面對過去歷史曾經進行的拒斥。歷史的拒斥，有其發生時的肉身狀態與迫切性，例如中國二〇年代的革命開刀論述，三〇年代的群體集結渴望，或是同一時期台灣對於「現代」的追求，以及伴隨此追求的排除區分，例如二〇年代的「新」論述與三、四〇年代的皇民論述。本書的第二部分便將分別處理這些迫切賤斥的歷史情感高峰狀態之肉身狀態。

第二部分
歷史的碎片

第五章
心的翻譯
——自我擴張與自身陌生性的推離

　　在台灣與中國的現代化過程中，我們清楚的看見了人民要釋放民族生命能量，以及國家主體「形式化」的要求。「國家」是個概念化的意識結構，人民可以如同散沙，或是烏合之眾；但是，當個人的生命衝動被移置為民族的生命衝動，國家概念以可辨識而有主權的形式「出現」，此國家概念便可以主導人民對於此集體聚合的認同。岡倉天心所說的「亞細亞是一體」，[1] 上田萬年所說的「共同意識體」，[2] 或是孫文所提出的「大亞洲主義」與「王道的文化」，[3] 都是在類似的思考邏輯層次上建立的某種共同體想像，承認此集體狀態之同質性，共有某一些可以分享的屬性。至於德國第三帝國所強調的「血與土

---

[1] 岡倉天心的《東洋的理想》。可參考孫歌（〈亞洲意味著什麼？〉33）。

[2] 上田萬年的國語論；可參考陳培豐（〈走向一視同仁的日本民族之「道」——「同化」政策脈絡中皇民文學的界線〉）。

[3] 〈大亞洲主義〉是孫中山於1924年11月28日出席神戶商業會議所等五團體舉行的歡迎會所做的演說。見《孫中山全集》卷一一（401-409）；可參考汪暉的〈亞洲想像的譜系〉。

地」，中國三〇年代文化復興運動所強調的中華傳統精神，新生活運動的「禮義廉恥」，以及「國民精神總動員」，或是日本天皇制所強調的「日本精神」、「大和心」、「大和魂」、「國語是精神血液」等，這些論述牽涉了「精神」或是「心」等抽象觀念，都是依據文化系統而建構的共有屬性，以便固定國家認同的疆界，作為凝聚此烏合之眾的傳統、源頭或是根本。這種以「精神」與「心」作為民族本源的論述模式，以及此民族生命形式化背後的「生命衝動」，是個重要的問題。

　　中國早期現代化過程中，民族形式與生命衝動的論述，是個重要的核心議題，而這個議題牽涉了二、三〇年代中國青年與台灣青年所反覆提及的苦悶、精神創傷、生命衝激力，以及自我擴張的概念。到底他們如何面對時代的「苦悶」，以及無以宣洩的鬱結呢？他們如何傳達或是翻譯所謂的「精神創傷」（psychic trauma）或是「心傷」，[4] 如何解決此現代性的傷痛呢？我認為，若要理解此論述之模式，其實我們可以藉由廚川白村對於中國作家與台灣作家的影響來開始進行側面觀察，因為，中國與台灣作家所感受到的「苦悶」，是廚川白村所提供的詞彙，而他們所接受的生命衝動與自我擴張之概念，也透過廚川白村所理解的柏格森（Henri Bergson）式詞彙充分表達。

　　當我提及影響及觀念之傳播，此問題並不僅止於從一端到另一端的傳播媒介。廚川白村被翻譯傳播到中國與台灣，真正發生變化的現象在什麼層次顯現？這種觀念的傳播，不是如同

4　張東蓀在刊登於1922年《民鐸》二卷五號的〈論精神分析〉中，將 "psychic trauma" 譯為「心傷」。

傳球或是在競技場中轉換位置一般以物質不變的方式傳遞。我們所討論的，已經不只是報章雜誌或是新聞廣播的資訊傳達，或是一個語言到另一個語言的翻譯。此處所涉及的，是思想從一個文化到另一個文化的播散：這種傳播，發自一端，接收於另一端，其所具有的感染力，其實是被接收端轉換了表達形式，也同時轉換了其質地，才得以滲透彼端的語言與思想系統。也就是說，當接收端選擇自身系統的表達形式來承載此外來的思想物質時，此外來思想物質一則已經被此端的語言改變形式，再則其思想物質的質地也被改變了。接收端的文化其實為自身湧現而出的意念尋找到了一個更為適當的表達形式，此形式與質地和原初的思想源頭已經發生了巨大的變化。

　　本章將以「心的翻譯」為起點探討現代性的精神虛構與實體化問題。也就是說，中國與台灣早期現代化過程中所經驗到的「社會體」（KS生 3-4）[5]的創傷與苦悶，如何透過廚川白村的概念與詞彙尋得表達途徑？就如同身體一般經驗到的創傷與苦悶，要透過什麼形式補償與宣洩？換句話說，本章探討的問題是，在現代性的想像中，被語言所建構的民族生命與民族精神如何以「心」的本質性位置被體現而獲得形式？

廚川白村與生命衝動之壓抑與釋放

　　郭沫若曾經反覆急切的表示：「我們中國的青年全體所共通的一種煩悶，一種倦怠」，就是無法追求「自我的完成」。郭

---

[5] 下文會討論此「社會體」的概念。

沫若自稱他所信奉的文學定義是：「文學是苦悶的象徵」，
「文學是反抗精神的象徵」，作家「唯有此精神上的種種苦悶才
生出向上的衝動，以此衝動以表現於文藝，而文藝尊嚴性才得
確立」。郭沫若也強調：「一切生命都是Energy底交流。……
Energy常動不息；不斷地收斂，不斷地發散。Energy底發散便
是創造，便是廣義的文學。」[6]

　　這種要求自我的完成、自我的擴張、抒發苦悶的象徵、生
命能量的發散創造等論述，是二、三〇年代中國青年與台灣青
年的重要訴求。對於郭沫若而言，他認為自我需要被完成，民
族的生命能量也不能被壓抑，以免抑鬱沉積而導致民族的歇斯
底里病症。若民族生命能量被壓抑，就需要進行「煙囪掃
除」，以便治療此民族的「精神創傷」，或是張東蓀所翻譯的
「心傷」。[7] 我們清楚看到，其實郭沫若此處所援引的，是廚川
白村在《苦悶的象徵》中所提出的生命能量的觀點，或者，更
準確的說，是廚川白村所討論的柏格森《創化論》的觀點。

　　廚川白村很早就被翻譯介紹到了中國。[8] 廚川白村《近代
文學十講》中的〈文藝的進化〉最早由朱希祖翻譯，發表於
1919年11月的《新青年》；其後《近代文學十講》全書由羅
迪先翻譯，1921年出版；《文藝思潮論》由汪馥泉翻譯，於
1922年2月到3月間連載於《民國日報・覺悟》；[9]《苦悶的象

6　這些文字散見〈孤鴻〉，〈生命的文學〉，見本書第六、七章的討論。

7　此處有關郭沫若的討論，請見本人在〈前衛、頹廢與國家形式化〉的討論。

8　黃德志在〈廚川白村與中國新文學〉一文中對於廚川白村傳播到中國的情
　　形，有十分詳細的介紹。

9　此書又由樊仲雲翻譯，1923年12月到1924年5月間連載於《文學周報》，

徵》中的〈創作論〉與〈鑑賞論〉於1921年1月被翻譯連載於
《時事新報・學燈》。廚川白村於1923年的日本關東大地震中
喪生，《苦悶的象徵》全書立即被魯迅與豐子愷翻譯，先後於
1924年及1925年由北京新潮社和上海商務印書館出版。魯迅
翻譯的《出了象牙之塔》也出版於1925年，而綠蕉與大杰翻
譯的《走向十字街頭》則出版於1928年。王向遠曾經指出，
廚川白村對於中國作家的影響超過了任何一位著名的日本作家
或是理論家。他的影響包括了五四以來到革命文學之前的主要
作家的文學觀，尤其是以主觀、理想、表現主義、情感性與反
叛性為特色的新浪漫主義，以及現代文學理論的建立。[10] 王向
遠還指出，二、三○年代的幾十部文學理論著作，都會援引廚
川白村的理論，例如田漢的《文學概論》、許欽文的《文學的
概論》、君健的《文學的理論與實際》、章希之的《文學概
論》、隋育楠的《文學通論》等。[11]

　　廚川白村所提倡的苦悶的紓解，是他能夠深刻影響中國文
人最為主要的原因。王向遠曾經指出，五四以後的作家時常感
受沉重的時代苦悶與無法宣洩的憂憤，使得當時文人接觸廚川
白村的《苦悶的象徵》時，都有某種找到了表達形式的興奮與

　1924年由商務印書館出版。見黃德志（45）。

[10] 例如郭沫若、郁達夫、田漢、許祖正、盧隱、石評梅、胡風、路翎等人。
　　見王向遠（〈廚川白村與中國現代文藝理論〉43）。

[11] 有關廚川白村對於中國現代文學的影響，近年來中國學界出現了不少相當
　　有分量的研究。王向遠曾經指出，在日本，廚川白村並不是作家，也不是
　　著名的理論家，因此在日本文學史上他並不具有任何地位，也沒有出現在
　　任何一本日本文學史中。他甚至被日本學者論定為「博學多識但缺乏獨創，
　　所以被遺忘得也快」（王向遠〔〈廚川白村與中國現代文藝理論〉39〕）。

共鳴（〈廚〉 43）。黃德志也指出，魯迅翻譯的《苦悶的象徵》從 1925 年到 1935 年間出版了十二版，1927 年魯迅到廣東中山大學任教，便以《苦悶的象徵》作為教材。而郭沫若在 1922 年就說過，「文藝本是苦悶的象徵。無論它是反射的或是創造的，都是血與淚的文學」。許欽文在《文學概說》中也說，「為什麼要有文學？為什麼會有文學？這兩個問題，可以用一句話來解答完結，就是因為苦悶」。郁達夫在《文學概說》中指出文藝是「自我」的表現，而自我表現的手法是「象徵」。而胡風所主張的「生命力」、「衝激力」、「主觀精神」、「突進」、「自我擴張」，以及「精神奴役的創傷」等，更是從廚川白村的「生命力」與「精神底傷害」的理論出發的。[12] 當時的通俗雜誌《禮拜六》還特別設計了「青年苦悶號」的專輯，充分反映出此「苦悶」意識之流行。[13]

　　反觀廚川白村的寫作背景，那是在第一次世界大戰之後，日本社會混亂，政治經濟改革呼聲高張之際，他因而寫下了〈走出象牙之塔〉（1920）、〈近代的戀愛觀〉（1922）、〈走向十字街頭〉（1923）與〈苦悶的象徵〉等（1924）一系列短論，對日本時局痛下針砭。〈生命力〉一文中，廚川白村嘲諷日本人比起西洋人「影子淡薄的多」，日本人的作為是「不徹底的，微溫的，不著邊際的」，正是這種「沒有勁力，沒有耐

---

[12] 可參考王向遠十分精鍊的討論（〈胡風和廚川白村〉 58-64）。

[13] 其餘專號類似「戀愛號」、「情人號」、「離婚號」、「婦女心理號」、「國恥號」等。可參考李頻，〈中國期刊史話（1815-1954 年）〉，http://www.cgan.com/english/zgqk/ html/fifth/in.htm 。

久力，也無持久性」的個性，使得日本人對俄國的戰爭短暫一
兩年內就結束，「還到不了敵人的大門口」。廚川白村批評日
本人「壓根兒就缺乏鍥而不捨以謀徹底解決的生命力」，進而
質問：「際此世界改造時期，日本人是不是仍因循反覆著這半
死不活的主義？是不是仍不肯認真，不放出動力，只是一味妥
協或糊混完事呢？」（〈生命力〉 124）廚川白村讚賞羅素
（Bertrand Rusell）的「改造」論，批評日本「衝動性萎縮」的
鄉下紳士的習性，而認為日本的「國民性」需要進行改造，要
回到戰國時代的「火氣」與「徹底」，而不被德川三百年的政
策所馴化（〈思想生活〉 125-26；〈改造與國民性〉 128）。這
種對於立即實踐「徹底解決」的迫切要求，令我們注意到此
「生命力」的執行與權力的無限擴張之間並無二致的邏輯，也
與大東亞共榮圈時期國家主權擴張之修辭與合理化，源自相同
的思考路徑。

　　廚川白村文字的犀利，改革的迫切，使得魯迅讀了之後，
不由得大為折服。[14] 魯迅要針砭，要刺戟，廚川白村提供了他
最好的說法。1923 年廚川白村在大地震中遇難後，魯迅收集
了他所有的作品，很快的譯出了其中兩本。[15] 魯迅翻譯廚川白

---

[14] 袁荻涌曾經指出，魯迅介紹廚川白村的文章有十多篇，提及廚川白村的名
　　字則有數十次之多，居於他所論及的日本作家之首（〈獨到的見地，深切的
　　會心——廚川白村為何會得到魯迅的讚賞和肯定〉147）。

[15] 見袁荻涌（〈獨到的見地，深切的會心〉148）。袁荻涌在另外一篇研究魯迅
　　翻譯工作的文章中指出，魯迅翻譯介紹西方思潮與文學，主要目的在於進
　　行「思想啟蒙」，改變國人的思想觀念，以便促進國家民族的覺醒，建設與
　　發展中國的新文化（〈論魯迅的文學翻譯思想〉58-64）。當時的翻譯者多半
　　有此抱負。

村,據他自己解釋,是由於廚川白村「天馬行空似的大精神」(〈《苦悶的象徵》引言〉 232)能夠衝擊中國的「萎靡錮蔽」(〈《從靈向肉和從肉向靈》譯者附記〉 251)。魯迅在《出了象牙之塔》一書的譯後記中寫道:「我譯這書,也並非想揭鄰人的缺失,來聊博國人的快意。中國現在並無『取亂侮亡』的雄心,我也不覺得負有刺探別國弱點的使命,所以正無須致力於此。但當我旁觀他鞭責自己時,彷彿痛楚到了我的身上了,後來卻又霍然,宛如服了一帖涼藥。」(243)他說廚川白村對於日本缺點的猛烈攻擊是個「霹靂手」,魯迅認為因為「同是立國於亞東,情形大抵相像」,所以他覺得廚川白村「狙擊的要害」也是「中國病痛的要害」(〈《關照享樂的生活》譯者附記〉250)。

台灣作家受到廚川白村影響的也不在少數。張我軍是其中之一。他的《亂都之戀》及〈至上最高道德──戀愛〉便是以廚川白村的《近代的戀愛觀》為思想背景,[16] 而他認為詩是「苦悶的象徵」,顯然也是來自於廚川白村的說法。張我軍在〈研究新文學應讀什麼書?〉中,曾列舉了廚川白村《文藝思潮史》、《近代文學十講》、《苦悶的象徵》等三本書。[17] 陳虛谷也曾在報上發表自己的文學觀,並與人展開筆戰。他說:

---

[16] 陳信元曾經指出,廚川白村的《近代的戀愛觀》對張我軍影響甚深,張以此書為底本,發揮有關戀愛的本質、發生,戀愛觀的變遷,兩性間的戀愛源自性慾,戀愛之所以神聖的論點。〈播下文化啟蒙種子的先覺者──張我軍〉,http://www.cdn.com.tw/daily/2002/10/11/text/911011e6.htm。

[17] 見張我軍,〈研究新文學應讀什麼書?〉 44-45。蘇世昌也曾經指出廚川白村對於張我軍的影響,見《追尋與回憶:張我軍及其作品研究》。

「究竟詩是什麼？詩就是我們的心裡，有熱烈的感情的時候，將這些感情把有音節的文字表現出來」，並引廚川白村的話說：「文藝純然是生命的表現。」[18]

　　至於葉榮鐘，他則以「墮落的詩人」一文引用廚川白村，指責「只為巴結權勢，好出風頭」而作詩是「詩之手淫」：「作詩本是一件頂好的事，但是需有真的靈感（Inspiration），所謂『情動於中而形於言』者才行。」葉榮鐘引用廚川白村：「文藝是純然的生命的表現，是可以離開外界的抑壓強制，立在絕對自由的心境去表現個性的唯一之世界。忘卻名利，除去奴隸根性，由一切的羈絆束縛解放，然後纔夠成立文藝的創作。」[19] 葉榮鐘在他所主編的《南音》創刊號以「慕」為筆名，寫下此刊物的發刊詞〈南國之音〉：此刊物應該「宣洩出大眾鬱鬱沉痛之情，從這裡訴說著大眾共同底慾求」。筆名「KS生」者在《南音》一卷八期的〈文藝上的醜穢描寫〉一文中則表示，有缺陷就會有破壞，有破壞就會有建設，「社會體的傷痕」使得暴露黑暗是必要的，這種「新浪漫主義的情緒主觀」是文藝的正態，而浪漫主義與自然主義則是變態之軌（3-4）。郭天留引用廚川白村與武者小路所說的苦悶的象徵是純粹生命的表現，而強調具有風土民族性格的鄉土文學是必然的發展（19-20）。

　　這些對於民族的身體化想像，民族社會「體」的「傷痕」，

---

[18]〈陳虛谷——從文化鬥士到詩人〉，可參考網頁 http://www.south.nsysu.edu.tw/sccid/liter/05. html。

[19] 載於1929年1月8日發行的《台灣民報》二四二號。

文藝是民族生命的象徵表現，而象徵形式是要宣洩民族「鬱鬱沉痛之情」，不斷將文藝放置於宣洩整體鬱積之情的功能上。除此宣洩功能之外，此文藝形式更須貼合民族之整體生命，成為民族生命與鄉土性格的如實形式。民族以如同身體一般的實體被想像，因此會有萎靡、有痼疾、有創傷。因此，魯迅「輸入」廚川白村剛烈針砭之藥方，也如同「從外國藥房販來的一帖瀉藥」，可以醫治中國人精神文明「隱蔽著的痼疾」，[20] 此論述充分呈現出以身體之病變來想像民族的精神文明狀態的特質。

回過頭來看廚川白村強烈的「生之力」論點，我們可以發現他很明顯的是受到了尼采（Friedrich Wilhelm Nietzsche）的超人哲學，以及柏格森創化論的影響。他在《近代文學十講》就已經對於尼采的生命意志論有特別的著墨：

> 尼采的學說是以強烈的自我為中心的個人主義。他認為，一個健全的人應有任意的「自由本能」，人的根本衝動是「力的欲望」（《西洋近代文藝思潮》 48）。

> 遠古的人類生活，對於勇者、強者是非常愉快的，因為他們可以盡情發揮自己的力量，……所以，我們若要創造光輝幸福的未來世界，必須過著自然的、本能的生活，排斥為多數人著想之類的主張，轉而多為少數的強者圖謀（《西洋近代文藝思潮》 48-49）。

---

20 《魯迅全集》卷一〇（232, 243）。

真正的道德觀必須以各人天賦的本能為基礎，如此才能孕育出至高至大的人物，此即「超人」。超人是強猛、勇敢、認真、見識超群、不懼痛苦、自我和意志極度發達的人，或為之「我慾者」，如此這般，最後即可臻於無善惡差別的境域（《西洋近代文藝思潮》 49）。

廚川白村還引用尼采有關「善」的文字：「凡對於權勢的感覺和欲望，及使心靈高揚的東西均謂之善」，而所謂「惡」則是「由弱所產生的一切」（《西洋近代文藝思潮》 50）。

廚川白村指出，相對於尼采的強人哲學，則是近代文學所呈現出的各種「疲勞的狀態」。廚川白村以「疲勞與神經的病態」、「精神的殘廢者」，甚至引用提出「退化理論」（Entartung, Degeneration）的諾德（Max Nordau）所討論的「世紀末」的變態，來描述現代文學。[21] 雖然此節的結語處，廚川白村指出，諾德之論點從病理學出發，「漠視思想界的巨大推移」（《西洋近代文藝思潮》 61），但是，從廚川白村後期自行發展出的各種論點，我們清楚看出他其實是接受諾德的論點的，而且，他的理論基礎其實在於尼采的強者哲學。這也就是為什麼他對於柏格森的「創化論」也同樣深有感受。根據廚川白村的詮釋，柏格森所謂的創造，是指「處於流轉變動的世界中，人

---

[21] 廚川白村以極大的篇幅展開有關精神文明的病變，以及世紀末的「痼疾」，甚至構成他討論文學史變遷的主軸。他所舉的幾個重要理論包括諾德的《變態》（*Entartung*）與蕭伯納（George Bernard Shaw）的〈健全的藝術〉（"The Sanity of Art", 1902）。可參考 Nordau 和 Shaw。

類必須始終不斷的奮鬥邁進，不可有所畏縮退卻。人類是在時間、空間的前後左右奔馳疾走，而嘗試共同協力以排除一切障礙的大部隊」，而這是人類「生存的最高理由」。廚川白村認為，這種勇敢的態度與創造進化的主張，是「晚進思潮的特色」（《西洋近代文藝思潮》 274）。

　　這種創造進化的觀點，也使得廚川白村對於泰納（Hippolyte Adolphe Taine）帶有種族進化論的文藝進化史深有同感；不過，他指出，文藝由誕生發育而成熟，達到最完全的狀態，隨即進入衰老與死亡的階段，這個衰老與死亡是進入另一種文藝形式的再生過程。廚川白村認為，歐洲文藝潮流的主流是「情緒主觀」的，古典主義與自然主義是一種暫時性的變態，而二十世紀初的「新浪漫主義」則是復返於文藝的主流（《西洋近代文藝思潮》 290-92）。

　　廚川白村對於文藝發展的創造進化觀點可以透過他所謂的「兩種力」的衝突來解釋：這兩種力量其一是生命之力，是「被困於停滯中，極力不肯妥協降服，而不斷尋求自由和解放的生之力，總是下意識或是無意識地，不斷從內部灼熱了我們人類的心胸，如烈火般地在心靈的深處燃燒」（《苦悶的象徵》6）。[22] 遮蔽這熾烈火焰的外部，巧妙運轉全體的，就是所謂「社會有機體」的機械化生活。廚川白村以火車頭的蒸汽鍋爐

---

[22] 廚川白村的「生之力」的論點，據他自己所說，是受到柏格森的創化論、叔本華（Arthur Schopenhauer）的意志說、尼采的超人論的影響，他也指出此「生之力」的說法也在蕭伯納、卡本特（Edward Carpenter）及羅素的學說裡可以看到。

作比喻，蒸汽鍋爐內充滿著有猛烈爆炸力、危險性、破壞性、突破性的力量，而外部的機械正好利用了這種力，藉著壓抑約束，而使得整個機體前進（《苦悶的象徵》6-7）。相對於這個飛躍突進不斷要求釋放的力量，是社會強大機制的壓抑束縛之力。這兩種力之間的衝突，就是人類生活的苦悶狀態（《苦悶的象徵》9）。廚川白村指出，所謂「苦悶」就是佛洛依德所說的「心靈創傷」，使「性慾」──"libido"──被患者自己的道德觀念或是周圍事務所壓抑阻止，而受到了自己也不曾察覺的嚴重創傷。而這個因壓抑而受到的痛苦與傷害，像是渣滓一般沉澱殘留，而激動著患者的意識狀態（《苦悶的象徵》15）。廚川白村認為，生命力受到壓抑而生的苦悶是文藝的根源：文學與藝術如同夢的思想一般，就是苦悶的象徵化表達（《苦悶的象徵》25）。[23]

　　廚川白村的理論核心，便是這個受到壓抑挫折的苦悶心靈的形象化，或是文學與藝術的象徵化。二、三〇年代中國青年與台灣青年以類似的邏輯接收廚川白村之論點與他所提出的修辭，例如精神創傷、「社會有機體」的傷痕，解開束縛、宣洩鬱鬱沉痛之情、自我擴張、自我表現、生命表現，以及實現民族生命等概念，都是現代性訴求的典型特徵。這種聚焦於實體圖式的社會與民族概念，以及實體想像層次的精神擴張與現代性創傷，是對於廚川白村特定的接收與借用，也是我們關切的

---

[23] 此處我們可以清晰看出廚川白村受到佛洛依德的影響。佛洛依德曾經以此蒸汽鍋爐作為比喻，說明無意識中多向動力。但是，佛洛依德的詮釋觀點與廚川白村版本的差異卻也十分明顯。此處無法多做發揮。

重點。更具體的說，當二、三〇年代的中國青年與台灣青年思考現代性精神創傷，或是「心傷」，以及生命衝動與生命形式如何完成、潛在的衝動如何現實化時，他們其實也在思考民族的形式，也就是民族的精神、意志、內涵要透過什麼形式出現。這個問題的出現，是透過有關「心」的形式問題而展現的。

　　「心」的形式與社會有機體的問題之所以重要，是因為這涉及了中國與台灣現代化脈絡中對於國家的實體化想像。柏格森的生命衝動被廚川白村翻譯介紹，傳播到中國與台灣之後，提供了民族生命形式化的實體化想像與迫切行動的具體說法。而這種實體化想像觸及政治如同藝術品的體制化與形式化操作、生命衝動、民族國家的形式、政治極權統治的有機論等問題。若以代表「內在精神」的「心」的抽象概念作為主導原則，此「心」便會具有「絕對命令」的神聖性質。以「心」所代表的內在精神作為共同體的本質與必然形式，便會以片面的方式停止主體的多元與變化。

二〇年代：「心」的精神論述之起點

　　回過頭來看中國對於「心」之精神分析的接收，無論是二、三〇年代的中國，或是六、七〇年代的台灣，原本都摻雜了對於「現代」的興奮與想像，正如1925年謝循初介紹精神分析學說的起源時聲稱：「凡不願為現代科學之落伍者，皆不可不知析心學〔即精神分析〕[24]之梗概」（1）；或是1972年推出「心理分析與文學藝術專號」的《現代文學》編輯群所說，

此專號將「創刊時期的精神找回來了」（現代文學社，〈幾句話〉 4），也就是「有系統地翻譯介紹西方近代藝術學派和潮流，批評和思想」（現代文學社，〈發刊詞〉 2）。但是，此積極擁抱「西方」現代科學的行動，卻隨即被制止與壓抑，因為此「現代科學」所展現的，似乎是人們所無法面對的內在「淫猥穢濁」。

其實，翻閱早期的中國精神分析論述，我注意到：早期論者已經展現了對於「無意識」較為複雜的認知，同時卻也呈現了對於「性」的尷尬。[25] 雖然自1907年王國維翻譯海甫定

---

[24] "Psychoanalysis" 一詞的譯法殊異，大陸時期曾經使用「分析心理學」（余天休〔1922〕）、「析心學」（湯澄波〔1923〕，謝循初〔1925〕）、「心理分析」（朱光潛〔1921〕）、「精神分析」（張東蓀〔1922〕，鄭振鐸〔1923〕，高覺敷原本使用「心之分析」〔1925〕，後亦沿用此譯法）。台灣早期多使用「心理分析」，應與朱光潛的《文藝心理學》與《變態心理學》大量流通有關。八○年代才轉回使用高覺敷《精神分析引論》中所用的「精神分析」。在基本概念上譯法的分歧，亦可在其他辭彙中看到，如 "unconscious"：「隱機」（陸志偉）、「無意識」（汪敬熙）、「隱意識」（朱光潛）；"sublimation"：「升化」（張東蓀）、「陶淑作用」（朱光潛）、「昇華」（高覺敷）；"repression"：「壓抑」（高覺敷）；"Freud"：「福魯德」（朱光潛〔1921〕）、「福洛德」（張東蓀〔1922〕）、「弗洛依特」（高覺敷〔1926〕）、「佛洛特」（吳頌皋〔1923〕）；"Libido"：「命根」（張東蓀〔1922〕，吳頌皋〔1923〕），「厲必杜」（余文偉〔1926〕）；"Psychic traumata"：「心傷」（張東蓀〔1922〕，吳頌皋〔1923〕）；"Complex"：「心組」（余文偉〔1926〕）、「情意綜」（朱光潛〔1926〕）；"Oedipus Complex"：「峨帝勃斯心組」（余文偉〔1926〕），「耶的卜司錯綜」（謝六逸〔1929〕，契可親〔1928〕）。本文主要採用「精神分析」的譯法，以著重於佛洛依德所持續探討的精神層次的動力交換過程，而避免引發「心理」現象的理解方式。

[25] 中國最早介紹佛洛依德精神分析學說，是於1914年錢智修於《東方雜誌》

（Harold Hoffding）著的《心理學概論》，提及意識與無意識，1914年錢智修發表於《東方雜誌》的〈夢之研究〉，提及夢的解析，但是，對於佛洛依德精神分析有較為具體的討論者，是在二○年代才開始的。張東蓀曾經於1922年《民鐸》二卷五號發表〈論精神分析〉一文，提及「佛洛德」（佛洛依德）最大的功績是在於他對於「無意識」的證實。張東蓀指出：「我們從意識的資料上不能完全窺探無意識之性質。……在佛洛德的意思，以為無意識是不可知的；我們所能夠曉得的，祇是無意識與意識之關係罷了」（4）。張東蓀繼而以坦斯利（Arthur George Tansley）的 "The Unconscious" 補充說明「研究無意識之重要」（5）。不過，同樣在此文中，張東蓀即採用「阿德萊」（阿德勒〔Alfred Adler〕）與「桀乃」（賈內〔Pierre Janet〕）之論點，指出「佛洛德以為無意識的志願之最強者是關於性慾的，這一點有許多學者駁他，說他太偏了……我亦以為他誠不免有太偏的地方了，因為他太重視幼年的心理，且把幼兒心理以性之衝動來說明」（3）。張東蓀對於「無意識」重要性的認知，以及對於「性慾」的顧忌，指出了中國對於精神分析接收時的兩種方向。

　　這種對於「性慾」的曖昧態度，持續出現在吳頌皋的文字中。吳頌皋指出，「福氏所謂性慾，並非狹義的，乃為廣義

　　發表的〈夢之研究〉，其中明確提及佛洛依德與夢的解析。可參考朱壽桐在《中國現代主義文學史》中第五章（206-23），以及後續幾章討論魯迅、郭沫若、沈從文與三○年代新感覺派現代文學的章節。亦可參考張京媛（Zhang）和林基成對於精神分析接受的研究，以及唐正序、嚴家炎對於中國現代主義文學與西方現代思潮之關聯的文學史書寫。

的。不但異性間所發生的衝動，是謂性慾的衝動，就是母親對
於小孩的愛，也可算作性慾的一種表現。廣言之：無論人對於
人，或對於己，所以一切『愛』（love）和『溫順』（tenderness）
的表示，都可以視為性慾的衝動。職是之故，他以為性慾的奮
起，並非單由於生殖部，而由於軀體的全部；並非單由兩性間
的戀愛，而由於人類本有的傾向」。吳頌皋在清楚指出性慾的
廣義解釋之後，卻仍不免補充一句：「明乎這一層區別，可知
佛氏似乎不應以性慾一詞用來概括一切，似乎太重視性慾的效
用」。這正是吳頌皋不知如何面對此「性慾」問題的文字掩飾
過程。不過，吳頌皋卻仍舊也如張東蓀一般，指出「無意識」
的重要性：「不過缺陷雖有，其貢獻於精神分析的地方，卻乎
是非常豐富，非常重要，有非他人所能比及的。即以發現和證
明無意識的重要一端而論，他的功績已是很大的了。」（86）

　　湯澄波於1923年的〈析心學論略〉除了繼續展開有關於
「無意識」之重要性的討論，也肯定性慾的寬廣定義。就我所
閱讀到的資料判斷，我認為湯澄波是早期中國精神分析理論介
紹中，最為接近佛洛依德學說的謹慎學者。湯文清楚指出，
「被壓制的無意識及其趨於被壓制地位的進程，都是顯然有目
的的活動，並且有時是很複雜很精緻的活動」（71）。他也提出
了幾個問題：「現在我們要問：何以我們的心有這麼一回事
呢？何以要有前意識及無意識呢？記憶何以有些要由意識轉入
無意識呢？解決這種種問題的非復心理學之能事了，……而入
到形而上學的範圍了。……無意識是被壓制的材料所構成，此
種被壓制的材料，乃總合自小兒起至於現在所有被屏出於意識
外之心之程序（psychic processes）」（74）。因此，湯澄波肯定張

東蓀所指出的福氏的貢獻在於其確證「無意識」的重要性，他更進而指出，許多學者駁論「關於性慾」之理論為「太偏」。湯澄波認為，「其實駁者的議論，比較起來，倒還未及原論之堅固」。湯澄波以他在廣州癲狂醫院關於歷年病人的調查為論據，指出駁斥佛氏者多半忽略了兩點：「（一）不注意他之所謂性慾，是包括愛情生活全體而言；（二）不注意所謂最強慾望不是唯一慾望之意」（76）。同樣以介紹精神分析為目的的謝循初亦注意到「人生最重要的原動力，就是『性慾』（廣義的）」（5）。湯澄波所批評的駁者議論，其實持續反覆出現在中文傳統對於精神分析的接收態度；在台灣的現代化過程之中，亦然。

　　張東蓀、吳頌皋、湯澄波與謝循初對於「無意識」研究的重視，以及前二者對於「性慾」的尷尬迴避，清楚地呈現中國讀者尚未準備好面對此內在欲力的問題。湯澄波對於「性慾」的寬廣理解與刻意釐清，在朱光潛逐漸發展的理論中，有最為清楚的承接。朱光潛於1921年所寫的〈福魯德的隱意識說與心理分析〉中，僅以相當中立的位置描寫「兒童未受教育影響時，天真爛漫，因獸性衝動作用，滿腹都貯了一些孩兒氣的慾望」（43）。但是，在他的《變態心理學》一書中，他刻意要說明一般人反對「佛洛德」的「性慾」：「聽到『性慾』兩個字，就覺得牠有些淫猥穢濁，……縱使自己性格中有些自然的傾向不如理想的那麼潔淨，也要把眼睛偏到別一個方向不去睬牠」，因此佛洛德的學說「最須了解的地方最沒有人了解」（127）。朱光潛的觀察分析，直接指出了中國人無法面對自己不那麼潔淨的部分所呈現的否認動作。

　　中國二〇年代初期文化場域對於精神分析的興趣，其實引發了不少文學創作與文學批評的操作。1921年郭沫若便以〈《西廂記》藝術上的批判與其作者的性格〉呈現了他對於精神分析的興趣，1923年他續以〈批評與夢〉展開他以精神分析論述辯駁他的小說〈殘春〉中的夢與慾望。周作人評郁達夫的〈沉淪〉（《晨報副鐫》），潘光旦著名的〈馮小青考〉（《婦女雜誌》）都是1922年出現的。莫台爾（Alfred Mordell）於1919年在紐約出版的《文學上的性慾動機》（*The Erotic Motive in Literature*），也在謝六逸主編上海《時事新報‧文學旬刊》時，於1923年開始透過謝六逸所翻譯日人松村武雄《精神分析與文藝》而被介紹。謝六逸主編《文學旬刊》時，指出：「本刊歷來多研究文藝本身之文，至於文藝與他學鉤通之研究尚形缺乏。此後擬將東西學者極精審之言，按期譯載。」日後周作人所寫的《沉淪》評論，主要觀點也是根據「莫台耳」的《文學上的性慾動機》一書。對中國文人影響深遠的廚川白村的《苦悶的象徵》則由魯迅於1924年翻譯出版。因此，我們看到，二〇年代初期，中國的現代主義文學與文學批評已經浸染了相當濃厚的精神分析色彩。魯迅、郭沫若、沈從文、周作人，以及三〇年代新感覺派現代文學如施蟄存、穆時英的作品，都可以看到清楚的痕跡。[26]

　　中國二〇年代初期此精神分析的開端，日後卻漸漸由於中國現代化進程中整體文化脈絡的革命建國論述與功能目的論之導向，而逐漸被壓抑排擠，不再出現。郭沫若二〇年代中後期

---

26 可參考唐正序與嚴家炎的討論。

發展出的論點便強調生命能量被壓抑，會導致民族的病症，而需要執行「煙囪掃除」的工作。[27] 郭沫若認為，「歇斯底里」的病因是受到慾望壓抑鬱積於潛意識所導致的病症；「煙囪掃除」的治療法，不僅可以運用於文藝理論，讓文人「吐瀉」出「不愉快的記憶」，更可以運用於社會與文化的問題：「種種的不愉快」壓到「潛意識界裡去，漸漸地招來民族的萎靡，頹喪……結局不為異族所吞併便釀成革命的爆發。革命的爆發也不外是一種自然療治性的『煙囪掃除』。……那種善於『醫國』的『上醫』，就是能夠對於民族的『歇斯底里』及早施行『煙囪掃除』治療的人。」（《創造十年》170-71）這個「煙囪掃除」法，其實是布洛伊爾（J. Breuer）所使用的治療法。張東蓀曾經於1922年《民鐸》二卷五號發表〈論精神分析〉一文，提及濮洛耳〔布洛伊爾〕使用催眠術探知病人的「心傷」（psychic traumata），然後告知其病委，以除去此病根，而說明「這種醫法名為談話療法（talking cure），又名為「打掃煙囪」（chimney sweeping）」（2）。郭沫若這種取布洛伊爾所使用的治療法，並將此精神分析理論運用到社會生活與文藝理論之中的發展，與後來高覺敷以實證與行為主義方式要求動員全國心理學家，完成救國使命，其實是如出一轍的。

中國三〇年代的實證主義與功能論

廣被台灣讀者閱讀的《精神分析引論》是高覺敷於1933年

---

27 詳見第六章。

翻譯的，由大陸商務印書館印行。高覺敷於 1925 年就曾經翻譯佛洛依德的 "On the History of the Psycho-Analytic Movement"，以〈心之分析的起源與發展〉之篇名發表於《教育雜誌》。但是，高覺敷的實證主義與行為主義心理學立場此時已經清楚出現。在他同年出版的《心理學之哲學的研究》一書中，高覺敷已指出對於新心理學之「神祕玄妙」的不滿意，以及行為派心理學「可以脫離哲學的羈絆」，而與其他科學並駕齊驅之「高明」（78）。在〈所謂獸性問題〉一文中，高覺敷更清楚指出他不再談佛洛依德所說的「本能的升化」，或是「提升」、「升高」，因為「行為的兩端就是刺激和反應，……而弗洛依特之所謂升化就不過是刺激和反應變換的一種方式」（342, 343）。

　　高覺敷這種對於佛洛依德的批判態度在 1928 年〈談談弗洛依特〉中，便更為清楚。他除了承認「我從前也曾著過弗洛依特的魔，以為潛意識派的心理學卻可填補心理學的缺陷，……但是這幾年來，越多讀弗洛依特及潛意識派的著作，越覺得潛意識派的心理學只配和骨相學相提並論」（182-83），因此高覺敷譏嘲佛式的夢的解析「不過是南京路上的小孔明賽張良之流而已」（187）。高覺敷並且以行為主義的模式解釋什麼是「變態的習慣」：「譬如我有一隻小貓。當牠初生的時候，我便用交替反應的方法或賞罰的方法，使牠養成見鼠便懼的習慣。你若不知道牠怎樣有此習慣的經過，而忽地看見牠對於老鼠的畏懼，或便不免以為牠有了什麼精神病了。……人們的精神病，有一部分也可以作如此的解釋。要治療牠，或可用解約法（the method of un-conditioning）。」（188）[28]

　　在〈弗洛依特及其精神分析的批判〉，高覺敷批評佛洛依

德的「潛意識」過於「玄虛」。他指出，佛洛依德所提出「潛意識的存在」的「證據」是他的催眠研究：

> 「某君因此遲疑回憶，先模糊地記起催眠者所暗示的某事，次又記得一事，其記憶也逐漸明瞭而完滿，到後來竟不復有所遺漏。那時既沒有人告訴他，他都是自己知道的，可見這些回憶，開頭便在心裡，只是取拿不到而已；他不知道自己知道，只相信自己不知道。」弗洛依特由這個證據出發，遂假定人們心內都有「不知道自己知道」的經驗。這種經驗就是他之所謂潛意識。（7）

高覺敷此處故意取此實證主義的說法，認為此催眠經驗是佛洛依德得到無意識存在之「證據」，其實明顯地有意忽略佛洛依德長期書寫過程中對於無意識系統的反覆檢討與修正。

高覺敷除了強調佛洛依德的「潛意識說」過於「玄虛」，更堅持其「泛性論尤為荒謬」（8），認為從佛洛依德的說法看來，「我們簡直生活於性的象徵的包圍之下」：

---

28 此類行為主義式的概念，高覺敷持續發展，可參見〈心理學的現狀〉（1930）、〈心理學與自然科學〉（1930）、〈心理學的向量〉（1937）、〈心理學家的動員〉（1938），以及充分顯示面對戰爭將起此行為主義立場的〈法西斯蒂主義與心理測驗〉（1938）；而以同樣的立場批判佛洛依德的，亦可見高〈弗洛伊特的心理學〉（1930），〈弗洛伊特及其精神分析的批判〉（1931），〈弗洛伊德說與性教育〉（1932），〈弗洛伊特主義怎樣應用在文學上〉（1935）等持續發展的文章。

　　著作家拿筆做文章，女工拿針線縫衣服，農夫以鋤犁耕
田，醫生在病人的手臂上打注射針——這些動作都僅為性
交的象徵。還有路旁的電柱，龍井山的龍井，及一切的一
切，都僅為男生殖器或女生殖器的象徵。這還成什麼話
呢！（9）

此處，高覺敷不區分夢象徵與現實生活中的材料，以及夢中取
用象徵或是清醒後回溯夢境的心理歷程，已經透露出他理解佛
洛依德的局限。高覺敷繼而採用渥赫爾格姆斯（Wohlgemuth）
的論點，以小漢斯（Hans）案例中小漢斯之父已經是佛洛依德
的信從者，「Hans所有關於Peewee-Maker的話，及其對於母親
的性的窺探，都是其父暗示他的。我們若以此為兒童的性生活
及伊諦普斯情意綜的證據，那豈不是笑話嗎？」（13）。高覺敷
也因此而強調一般兒童不會「都受伊諦普斯情意綜的騷擾」
（13），而再次透露出他自己的實證主義觀點。最後，高覺敷再
以經歷戰爭的病患所重複做的恐怖危險的戰爭夢為例，而質
問：「這種夢或這種神經病，難道也可釋為性慾的滿足嗎？」
（14）。凡此種種，一再顯示高覺敷以實證主義的思維模式抗拒
理解佛洛依德在後設心理學中所展開的有關無意識、欲力，以
及症狀之中動力學與經濟交換原則的概念。此行為主義與實證
主義導向的論述模式，導致高覺敷於1938年發表了〈心理學
家的動員〉一文。此文中，高覺敷除了鋪陳種種檢查新兵的情
緒等等措施之外，更強調「不要承認反面的主張，無論說什麼
話都須力求避免思考或聯想的觀念的引起」，以及「訴諸慾望」
之宣傳與論辯模式（10），並積極要求前輩心理學家挺身而

出，「將全國心理學家組織起來，取得軍事當局及黨政當局的同意，使心理學和抗戰發生關係」（11）。高覺敷對於人類精神活動這種行為主義制約式的理解，顯示了當時西方主流實證心理學與行為主義心理學對於中國心理學界發展的影響，這種影響也擴及於當時更廣泛的文化論述與政治策略。

高覺敷對於精神分析的高度興趣與持續抗拒，以及他大量的精神分析書寫，是個有意思的現象。他的文字不僅凸顯出中國早期接收佛洛依德精神分析學說時，以實證主義修正與抗拒的例子，更解釋了中國二〇年代到四〇年代之間心理學界的主要發展方向，以及台灣七〇年代此實證心態復甦的背景因素。此外，高覺敷之拒絕進入精神分析內有關「無意識」、「欲力」、「壓抑」等概念的複雜面向，也說明了中文傳統之下論者持續抗拒精神分析的主要困難處。

高覺敷自然不是唯一持有此抗拒心態的論者。事實上，中國三〇年代整體論述環境持續發展出此抗拒心態，以及三〇年代以降明顯呈現偏向實證心理學的功利思考模式。曹仞千在討論變態心理對於教育的重要性時，提出種種「教師防止兒童變態」的建議。他認為「晝夢」是可以避免的：「近代學校內，供給了很多的機會，使每個兒童覺得現有的環境，是十分滿足的。這樣，便不需要有什麼晝夢（daydream）了」；對於恐怖，他說：「恐怖是人人有的。不過程度有高低。有的兒童對於很輕微的事情也發生恐怖，那便是一種失常。……這種變態的恐怖，可由適當的訓練，漸漸使之減少。」（〈變態心理學在教育上的價值〉36）對於同性愛，他建議：「應該要指示學生對於整個的性的關係，採取一種完美的態度。並且使他們對

於某幾位異性，發生一種特殊的完美的興趣。倘使我們忽略了開始的同性的愛的表示，後此一發生了生理方面的關係，那便難於矯正了！」（〈變態心理學在教育上的價值〉 39）。對於手淫，曹佚千甚至指出：「作者敢斷定手淫是一種普遍的變態行為。……況且更有許多青年學生終年沉迷此道而不自振拔呢！作者相信如果把全世界因手淫而受到物質上和精神上的損失，列成統計，其數量必十分的驚人咧！」（〈變態心理學在教育上的價值〉 40）

　　此種以應用層面與技術層面來討論心理學，是中國三○年代的主流。除了曹佚千的〈變態心理學在教育上的價值〉外，鄭沛繆〈我們需要怎樣的心理學〉強調心理學「對於社會實際上的應用範圍」（15），周先庚〈心理學與心理技術〉講究「心理技術」的使用功能，詠琴〈佛羅依德的精神分析與性問題〉建議以「根本改造社會制度」來解決神經病的問題（258），盧心遠〈精神分析學之批判的研究〉批評佛洛依德「有意地規避他底學說和社會發生關係，專從個人生理或心理的機能去解釋」，而無法「站在社會運動前線」（58），何邦〈戰時的心理神經病〉提醒大家「要增強抗戰的力量，對於各種戰時神經病斷不可忽視，必須預防它的產生」（54）。這些論述都與高覺敷1938年發表的〈心理學家的動員〉有一致的發展脈絡。而且，這些實證功能取向的論述，與周起應（周揚）所翻譯弗理契（Vladimir Friche）的〈弗洛伊特主義與藝術〉是相當一致的。

　　以實證心理學為出發，對於佛洛依德的「性」的概念大加批判的，也是二○年代中期便發展出來的論點。余文偉以美國實證心理學鄧洛普（K. Dunlap）的書《神祕主義，佛洛依德主

義與科學心理學》（*Mysticism, Freudianism and Scientific Psychology*, 1920）為依據，批判「佛洛特的心理學派」為「神祕主義」，不合科學邏輯，「無意識不能從直接經驗得來的，自然也不是根據直接經驗用推理得來的」（4）。「佛洛特有所謂infantilism說是小孩也有性慾存在，其實不知這種嬰孩性生活的假設實為邏輯所不許」（9）。契可親亦曾表示，

這樣一種錯綜性慾，到後來因一種昇華作用表現在文藝上，這樣未免說得太神祕，可笑。第一，因為耶的卜司錯綜說的本身就可疑：兒童的性慾衝動與性慾活動是否專對父母而發？弗洛特所舉的證例是否可靠？女兒之專愛父親和男兒之專愛母親，是否像成年人之爭愛人而沒有別種原因？第二，文人所描寫的母親是否情人眼裡的西施，而不是兒子眼裡的慈顏？（104）

我生在貧窮的家庭，十一二歲以後，除在「子曰店」認字的幾點鐘外，其餘的時間多費在照顧我的兩個弟弟和一個妹妹。自他們呱呱墜地而至於他們會跑，差不多都和我在一塊兒，這其間不見得像弗洛特所說，有專對父母兒發的性慾活動。……我們如不相信，可以自己回到家裡去觀察兒童。如自己家裡沒有，鄰近的也好。總能得像以上所述的結果。或者自己問一問，為什麼這個男兒愛他的母親，而別個男兒則不愛他的母親？這樣一問，馬上可以把耶的卜司錯綜說打破。（104）

這是典型的以實證立場，以及粗俗觀察法拒斥精神分析的後設思維與否認精神動力的經濟交換邏輯，而迴避談論性與欲力的論述模式。

　　如上所述，中國在三〇年代的精神分析論述已經充分被實證的行為主義立場所滲染。而且，這些對於「無意識」、「欲力」、「壓抑」等概念的單純化，批判其「神祕玄妙」、「玄虛」，難脫「哲學的羈絆」、「不合科學邏輯」、「不能從直接經驗得來」，無法取得「證據」，都不離二〇年代「玄學」與「科學」論爭之範疇，[29] 也說明了中文傳統之下論者持續抗拒精神分析的主要癥結所在。

尉天驄與唐文標：文化的生理有機論

　　台灣七〇年代初期那場熾熱的現代詩論戰，以及鄉土文學論戰的延續，是台灣對於具有文化內部異質性之精神分析嚴重

---

[29] 玄學與科學之論爭始於1923年張君勱與丁文江（丁在君）在《學藝晨報》副刊所連續刊載的論戰。張君勱在清華學校演講中提出人生觀之特點在於主觀、直覺、綜合、自由意志與單一，無論科學如何發達，仍無法解決人生觀的問題。丁在君立即為文辯駁，要打「附在張君勱身上」的「玄學鬼」，並且譏嘲中國歷朝的理學家「養成嬌弱，一無所用」，此種「言心言性的玄學，內生活之修養」最適合「懶惰的心理，一切都靠內心，可以否認事實，可以否認論理與分析」。此論辯中，心理學屬於生物性的實證科學，或是唯感覺即知覺的後天唯覺主義，或是屬於倫理與自由意志的唯心範疇，亦被數度提起。此論辯其實在中國更早接觸西方心理學時所論辯的「物」、「心」、「神」問題，以及印度大乘派之「唯識」說與此意識及現象界之關聯，已經出現，例如1904年吳公儻於《東方雜誌》所刊出的〈物心神概觀〉。此論點後來亦被熊十力、牟宗三等人接續。

抗拒的典型爆發。從當時的文化論述背景來看，我們可以清楚
注意到，台灣現代派論戰的批判論述是由摻雜了人本主義，以
及生理主義的左翼精神分析術語所構成的。這些摻合了人本主
義與左翼論述的「精神分析術語」是一系列研究台灣文學史者
十分熟悉的辭彙：病態、逃避現實、失落、蒼白、頹廢、沒有
根的一群、墮落的中產階級、不自覺走向墮落的知識分子，以
及「官能倒錯」、「同性戀」、「亂倫」、「病態」、「被壓抑的
慾望」等等。隨著現代派論戰的文字脈絡，此類精神分析術語
隨時浮現，以不同的方式匯聚而彼此呼應，並且樹立出清晰的
道德批判標準，儼然形成一股銘刻時代風格的「台灣七〇年代
反精神分析論述」。而且，同樣的精神分析術語在這些批判現
代主義文學的陣營之中，持續自我複製、反覆流通。

最具代表性的文字，自然就是尉天驄與唐文標的說法。在
1973年8月創刊的《文季》中，尉天驄先後引用佛洛姆（Erich
Fromm）與索羅金（索洛金〔Pitirim A. Sorokin〕）之論點為
據，批判佛洛依德，並據以批評歐陽子的《秋葉》。尉天驄首
先引用威廉·白瑞德（William Barrett）在《非理性的人：存在
主義哲學研究》（*Irrational Man: A Study in Existential Philosophy,*
1958）一書中所稱：「現代主義的哲學和藝術也就是歐美中產
階級處於崩潰狀態中的產物。」（34；轉引尉天驄，〈對現代
主義的考察〉6），繼而援用佛洛姆在《愛的藝術》（*The Art of
Loving,* 1956）中的論點：「為了證明資本主義適合人性的自然
需要，則務須證明人的本性就是互相競爭的，互相敵視的；經
濟學家以『人類的經濟利益永不能滿足』來『證明』此點；達
爾文派則以『適者生存』的生物法則來『證明』此點；而佛洛

依德則以另一個不同的途徑達到同一結論：他假定男人無限制的被在性關係上征服一切女人的慾望所驅使，而他之所以不能實行他的慾望僅僅由於社會壓力阻止了他；以此而得的結論是：人類必然互相嫉妒。」（109；轉引尉天驄，〈對現代主義的考察〉7）從此處出發，尉天驄導出的論點是：此種經濟、社會、倫理觀念必然也「引導人性墮入享樂主義的淵藪之中，呈現出無比的自私」（〈對現代主義的考察〉7）。

尉天驄並進而引述諾德的文字：「性慾便成為慰藉寂寞的主要方式；而由此不斷的、過度的刺激的結果，便產生包括性慾在內的官能倒錯症；因此，不僅同性戀和亂倫的事實增多，音感和色感也陷於錯置和混亂之中；然後，隨著刺激的升高，感官生活的花樣也就為之層出不窮，直到個人完全崩潰為止」（〈對現代主義的考察〉9）。尉天驄因此指出，「十九世紀末葉以來各種新興流派的挫敗的主題，〔藝術家／作家〕不去反省人世的不幸是否與自己有關，反而感傷自己是最失意的一群而無視大多數人的痛苦」（〈對現代主義的考察〉10）。於是，尉天驄便繼續引用索羅金對於現代藝術與文學的批評作為佐證：

　　它們的主題是兩個佛洛依德的本質：殺人（或自殺）和性。藝術本身退化為刺激殺人的動機和肉慾之物，成了娛樂和消遣的工具。它淪落為脫衣舞孃以及春宮照片的水準；它像其他貨物一樣進行買賣，要達到銷路好，只得迎合潮流，製造低級趣味。……市場價格代替永久價值。於是，從科學、哲學、宗教和道德脫離出來，藝術漸漸變得

空虛和枯燥。它無法提高產品的品質，反而提出了自我主
義、仇恨、鬥爭和犯罪的細菌。（《現代文明的危機》
154；轉引自尉天驄，〈對現代主義的考察〉10-11）

尉天驄因此認為，這些論點已經足夠提出從歷史、社會、
倫理的角度看出現代主義藝術與文學的病態、自私、非人性的
問題，而需要進行批判：「基於社會的關心給予它以健康的血
液。」（〈對現代主義的考察〉11）

這種為了「健康」狀態而進行糾正「病態」與換血的工
程，便是現代主義文學論戰中對於批判戰線合理化的基礎。

尉天驄基於上述的道德立場來批判歐陽子。他認為歐陽子
的小說世界是病態與亂倫的，她的倫理觀是建立在嫉妒與自私
之上，這類的作家是「不願走出象牙塔的現代主義者」：「由
墮落的中產階級的文化培育出來的一批不自覺走向墮落的知識
分子」（〈對現代主義的考察〉21）。對尉天驄一樣展開同樣嚴
厲的批判：王文興顯露出「吃我的飯就得受我管」的「資本主
義的商業倫理觀」（〈對個人主義的考察〉44），以及「一個新
知識分子的刻毒的、自私的、狂傲的面孔……只有藉小說中父
親的出走來滿足一下改變現實的企圖」。尉天驄問：「這不是
比佛洛依德還要妥協，還要不如嗎？」（〈對個人主義的考察〉
45）。

同樣在1973年創刊號的《文季》中，唐文標評論台灣香
港現代主義新詩的「沒落」，以及「逃避現實」的狀況，特別
著重於批判詩人所表現的未被壓抑的慾望：「余光中常寫孿戀
的愛、妻慾、放逐與懷念、遊記和狂想等等；洛夫慣叫囂著宗

教、獸、情慾、死亡、血等」（〈詩的沒落——台港新詩的歷史批判〉 65）。對於此逃避現實的現象，唐文標直指：正是因為「意識在社會受到壓抑，詩人才尋求內心的『潛』意識，才要逃避，這正是佛洛依德所說的『避苦趨樂』之原則」。唐文標認為，這種逃避與「避苦趨樂」的心理發展下去，「恐怕只不過是加寫一套『神經錯亂的歷史』罷了」（65）。

我注意到，尉天驄與唐文標的論點反覆出現在後續展開的鄉土文學論戰的批判陣營之文字中。王拓在〈是「現實主義」文學，不是「鄉土文學」〉一文中，批判台灣作家「盲目地放開胸懷吸收西方資本主義的思想和價值觀念的情形下，開始了他們盲目模仿和抄襲西方文學的寫作路線」，此處，王拓卻開始大篇幅抄錄尉天驄所引述的諾德的文字：

在機械一般的作業中，人們的自我中心意識愈來愈強烈了，一方面他的神態顯得非常傲慢，一方面他的意志卻表現得極為薄弱而易於衝動；因此對於意志的喪失特別敏感，也因此經常感到厭世和恐懼，而對於道德觀念和善惡之分更是混淆不清；為了解除這些病狀，他們便不能不尋求人工的刺激，以求達到昂奮；於是，除了菸酒之外，性慾便成了慰藉寂寞的主要方式；而由此不斷的、過度的刺激的結果，便產生包括性慾在內的官能倒錯症；因此不僅同性戀和亂倫的事實增多，音感和色感也陷於錯置和混亂之中；然後隨著刺激的升高，感官生活的花樣也就為之層出不窮，直到個人完全崩潰為止。（王拓 111）

　　陳鼓應在評論余光中的流亡心態時，也指出「人們的精神狀態受到資本主義社會的生活方式嚴重地傷殘，西洋現代文學即多是被傷殘者的精神面貌和意識的描繪」（陳鼓應 382），並且對西方現代詩裡「聽覺、嗅覺、觸覺、味覺互相錯綜」的現象指稱為「官能倒錯症」（382）。

　　八〇年代的台灣文學史論述延續了七〇年代反精神分析論述的模式。《台灣文學史綱》中，葉石濤引用白先勇日後回顧所指出的現象：「遷台的第一代作者……在台的依歸終向問題，與傳統文化隔絕的問題，精神上不安全的感受，在那小島上禁閉所造成的恐怖感，身為上一代罪孽的人質所造成的迷惘等。因此不論在事實需要上面，或在本身意識的強烈驅使下，這些作家只好轉向內在、心靈方面的探索」（轉引葉石濤 115）。這段話今日讀來，相當有啟發性。但是，葉石濤引用此段落之後所展開的論點，卻指出現代文學中「這種『無根與放逐』的文學主題脫離了台灣民眾的歷史與現實，同時全盤西化的現代前衛文學傾向，也和台灣文學傳統格格不入，是至為明顯的事實」（葉石濤 117）。九〇年代初期的台灣文學史書寫亦然。彭瑞金同樣認為，聶華苓「從現代主義文學汲取的人物心理分析技巧，也不過是嘗試為逃亡史找合理的解釋」（135）；歐陽子「把性愛等同愛情，……她的小說人物，頂多只能算是台灣社會的漂流物」（136）；施叔青的作品「也和歐陽子一樣，面臨失根飄萍的下場」（137）；至於王文興，彭瑞金則稱他「拙於文字，到了七〇年代卻以玩弄文字成名──《家變》。不過證明這群以流浪者自居、放逐自己的作家，失去了文采之後，都逐漸面對了失根、失鄉、失落的困境」（136）。

　　以上資料顯示，七○年代以降的「精神分析論述」中大量浮現的精神分析批判術語，似乎吸引了所有批判陣營論者的注意力與多重投資（hyper-cathectic），亦造成了反覆彼此抄錄複製的現象。若檢視其中底層論述結構，則可發現其實大致不脫尉天驄所引的弗洛姆與索羅金的立場，也就是帶有人本主義與左翼傾向合流的批判立場。

　　李查茲（Barry Richards）檢討西方世界接收佛洛依德的不同路徑，以及不同的簡化與錯誤轉折時，曾經指出：無論是大眾化的重複，或是批判理論的發展，西方大眾與知識分子對於佛洛依德的批判，大致可區分為三個陣營：第一個陣營為實證主義的心理學圈；第二個陣營是人本主義心理學派，例如佛洛姆、羅傑斯（Carl Rogers）、馬斯洛（Abraham Maslow）；第三個陣營則是1968年以後的基進批判策略，一則以極為實證主義的出發點，批判佛洛依德以中產階級，以及生物論的父權反動保守立場而辯護維多利亞式的壓抑論，或是延續了二○年代以來的「佛洛依德—馬克思主義」路線，包括新馬克思主義、法蘭克福批判理論學派，以及女性主義（Richards 5-10）。

　　我們在台灣的七○年代所看到的，似乎也不出實證心理學界、人本主義心理學派，以及左翼基進批判三種脈絡，而且，此三種脈絡明顯地影響台灣七○年代的文化論述。實證心理學持續批評佛洛依德精神分析的「神祕色彩」，及其不可驗證性。至於人本主義心理學派學者如羅傑斯與馬斯洛則不遺餘力地批判佛洛依德學說所提出的「邪惡的無意識」。但是，李查茲指出，他們對於佛洛依德錯誤而簡約的詮釋與批判，其實是受到了早期新佛洛依德學派學者如霍妮（Karen Horney）與佛

洛姆的影響。左翼批判佛洛依德之中產階級保守性格,以及法蘭克福學派以佛洛姆,馬庫色(Herbert Marcuse)和賴希為首的「佛洛依德─馬克思主義」路線,強調精神分析理論中超越「壓抑」,以及進行「革命」與「解放」的重要性,正好與人本心理學派相互呼應。例如馬斯洛曾提出,「佛洛依德所犯的錯誤之一,而我們正試圖糾正的,便是他認為無意識只是邪惡的」(Maslow [1971],引自 Richards 104),或是他們認為相對於「自我認知、自由、整合、實踐」,「壓抑」只是「自欺、扭曲、異化、自我壓迫」(Richards 106)。

有關佛洛姆在馬克思主義與佛洛依德之間的取捨兩難,吳立昌的〈馬克思與弗洛依德之間──談弗洛姆的《愛的藝術》〉有相當詳盡的分析。不過,我個人注意到,佛洛姆在《愛的藝術》中,處處露出他對於佛洛依德理論的誤解,例如他指出佛洛依德「認為性慾是化學原因在肉體裡所產生的緊張,這緊張是痛苦的,需要尋求鬆解。性慾的目的就是要移除這種痛苦的緊張狀態;性慾的滿足則在於這種移除之完成」(引自吳立昌49)。佛洛姆忽略了佛洛依德在精神層次所發展的動力與緊張關係,而執著於生理唯物論的理解,是誤解之一。佛洛姆在詮釋上的出入,在《愛的藝術》及《在幻想鎖鏈的彼岸:我所理解的馬克斯和弗洛伊德》(*Beyond the Chains of Illusion: My Encounter with Marx & Freud,* 1985)亦多處出現。本文此處無法多做發揮。這些對於「無意識」、「性慾」與「壓抑」的庸俗理解,導致了後續的大眾化誤解。

今日回顧台灣七○年代現代主義論戰之中的「反精神分析論述」,正好呈現了此實證心理學、人本心理學與左翼路線的

合流。實證心理學以台灣心理學界的主流位置，完全否認精神分析的有效性或是可檢驗性，對於台灣文化的認知模式，有相當普遍的影響。但是，人本主義心理學派所強調的浪漫個人主義式的自我實踐與自我接受，以及左翼以批判佛洛依德精神分析所透露的中產階級保守心態的立場，對於台灣的整體文化與知識構成，留下了更明顯而深刻的痕跡。此人本心理學與左翼批判路線的合流，或者應該說是文化的生理有機論，則恰好在弗洛姆與索洛金的著作中可以觀察得到。[30]

自身陌生性的推離

　　中國二〇年代末期的整體文化論述轉向，導致了現代主義文學的抑制；除了上海的新感覺派文學之外，三〇年代的中國文學全面發展出了寫實主義文學。台灣七〇年代初期的現代文學論戰與七〇年代中後期的鄉土文學論戰，同樣使得台灣七〇

[30] 佛洛姆的《愛的藝術》（孟祥森譯）於1969年由環宇出版社出版，到1974年已有六版；《論佛洛以德》（ *Sigmund Freud's Mission; An Analysis of His Personality and Influence* ）（林心智譯）也於1971年由環宇出版社出版。索洛金的《危機時代的社會哲學；現代歷史學評論》（ *Social Philosophies of An Age of Crisis* ）（徐道鄰譯）於1953年由中央文物供應社出版，《當代社會學說》（ *Contemporary Sociological Theories* ）（黃文山譯）由台灣商務印書館於1965年出版，《現代文明的危機》（ *The Crisis of Our Age* ）（楊升橋譯）由環宇出版社於1971年出版。兩位作者的書在台灣被大量翻譯，廣泛閱讀，而他們對於佛洛依德的負面批判，也對台灣的讀者群造成不可忽視的防衛心態。西方1968年以後展開的「佛洛依德—馬克思主義」基進批判路線，則在台灣的八〇年代中後期到九〇年代間，例如女性主義批判佛洛依德父權中心的論述之中，仍舊陸續呈現。

年代的文學場域呈現以鄉土寫實為主流的發展。

　　若我們要問，在中國與台灣這兩個現代主義文學運動的階段中，抗拒精神分析的「深層無意識之機制運作」是依附於什麼樣的象徵系統、認同機制或是防禦結構而展開的？或是此抗拒與壓抑自何處撤離欲力之投注，又轉而朝向何處投資？我們或許可以參考陳傳興所提出的說法。陳傳興認為，對於精神分析的抗拒，也是一種「種族論述」：「揭露了『差異性』和『他者之合理性』、『排他之暴力』等等問題」（212）。對於精神分析論述的抗拒，其實牽涉了類似族群對立的對於「他者」之排拒暴力。

　　若要繼續推進此論點，我們則會面對中國與台灣現代化過程中抗拒自身陌生性的徵狀。中國與台灣所發展的精神分析論述持續無法全面接受「無意識」、「性慾」等概念，並對「壓抑」機制採取功利實踐的翻譯模式，都顯示出此抗拒的特殊模式。中國與台灣現代化過程中此種排斥「他者」的暴力，正是推離自身陌生性的動作，而似乎佛洛依德所解釋的 “unheimliche” 與「壓抑之復返」，更可以解釋此現象：透過揭露自身內在的「他者」，透過現代主義文學中復返的泛轉變異之相，主體一則是撞見非 “heimliche”，非 “native” 的 “alien” 之駭人而展開防衛，更是由此外在「病態」而乍見內在受到吸引的「淫猥穢濁」之不堪而驟然撤離，「把眼睛偏到別一個方向不去睬牠」，執行 “un-heimliche” 的否認行動；轉而投資的，則是可以顧全健康清潔的、正常的、熟悉的 “native” 場域，家的場域。此「恐懼結構」（phobic structure）的內在封閉空間（enclave），以不同形態擴及於此文化社會脈絡的層層角落，而展開了嚴密的防禦

系統。中國二〇年代中後期的清黨、革命與三〇年代逐漸朝向太平洋戰爭的場域，或是台灣七〇年代自國際政治聯結中逐漸被孤立，國家主體受到威脅，都是使得此「壓抑」、「否認」與「回家」的動作更為必要。此反覆的「壓抑」便是要抗拒主體所遭遇的「家變」威脅。中國二〇年代末期現代文學的轉向便在此機制中發生，台灣七〇年代的現代─鄉土之爭，亦是如此。

　　自身陌生性的排斥，是伴隨著前衛精神而發生的。下章便將從二〇年代之前衛精神以及烏托邦想像，開始討論自我的擴張與民族精神形式化的衝動如何具體浮現。

第六章
開刀、刺戟與煙囪掃除
——二○年代中國的前衛精神

　　二○年代開始浮現的前衛精神與烏托邦想像，實際上是朝向著國家「形式化」的機制縫合的強大欲力。這種朝向國家形式化的渴求，在二○年代中後期開始透過各種革命論述急速構成，尤其是創造社所發動的各種論述。創造社當時不僅密集推出革命文學的論述，展開全面批判的戰鬥立場，也積極引介左翼文藝理論與作品。蘇聯勞工農民普羅精神的圖像，成為當時刊物封面與插圖的主導視覺模式。然而，創造社所主持的幾份左傾刊物，卻同時也呈現了與普羅勞農文藝扞格不入的頹廢唯美與未來主義這幾種不同經驗模式的視覺圖像。本章中，我要討論當時這些視覺文本中不同經驗模式的並置所產生的視覺矛盾與斷裂，隱藏著什麼樣的論述模式，如何顯露了中國現代化進程所依循的「現代形式」與其中的法西斯式組織衝動。

有關前衛以及視覺矛盾

　　首先，我必須討論有關前衛的複雜概念。自從十九世紀以

來，前衛藝術便具有其政治革命的基進性格。聖西蒙（Saint Simon）於1825年首次將藝術與具有軍事性格的「前衛」一詞聯結起來，其實是前衛藝術的某種歷史根源，「讓我們結合起來。為了要達成我們的目標，……我們這些藝術家將要擔任前衛的角色：因為，藝術的力量比起其他的武器都要更為迅速而有效。我們要在人群之中傳播我們的新想法。」（引自 Wood, "The Early Avant-Garde" 36）波特萊爾也曾經明白表示反對「前衛」：「前衛文學家喜好使用軍事暗喻的弱點，並不顯示他們自己本性的軍事性格，而是他們被訓練為服從紀律，也就是說，他們都是行為一致而馴服的，只會以一致的方式思考」（Baudelaire, "My Heart Laid Bair"，引自 Călinescu 110-11）。二十世紀初，隨著現代主義而發生的前衛藝術，例如未來主義、達達，以及超現實主義，都屬於明顯的形式實驗，激烈地拒絕傳統，攻擊傳統。這幾種前衛藝術背後的革命企圖都十分明顯。

惠遜（Andreas Huyssen）曾經指出，前衛藝術透過科技之發達而進行反抗中產階級文化，呈現出其弔詭的內在辯證關係（3-15）。培德‧布爾格（Peter Bürger）在《前衛藝術理論》（*Theorie der Avantgarde,* 1998）一書中也指出，現代藝術從象徵主義到頹廢唯美，然後發展到未來主義與達達的前衛藝術，是不同階段的分期發展；布爾格認為，前衛藝術絕對具有反省前期藝術，甚至批判藝術體制的系統性批判政治功能（21-39）。上述兩種說法一則指出了前衛藝術所具有的批判功能，再則也區分了藝術史發展的前後期階段，而將象徵主義與頹廢唯美歸類於中產階級藝術，視達達主義與未來主義等前衛藝術為具有反中產階級的立場，而具有體制內反省批判的功能。

　　但是，如卡利內斯庫（Matei Călinescu）所說，前衛藝術起因於現代社會中的危機意識而顯現的自我解消意圖：十分弔詭的，前衛藝術透過製造「災難」而加速傳統形式的「頹廢」（"decay of traditional form" 124）。卡利內斯庫更進而指出，由於放置於線性的史觀想像中，因此「頹廢衰微」（decadence）的末世前提將其與「進步」（progress）的距離拉近：「我們導向了一個弔詭的結論，亦即是進步即是頹廢，相對的，頹廢亦即是進步。……因此，頹廢並不是一種結構，而是一種方向或是傾向」（155）。

　　黑威特（Andrew Hewitt）在《法西斯式現代主義》（*Fascist Modernism: Aesthetics, Politics, and the Avant-Garde*, 1993）一書中討論頹廢與國家主義（"Decadence and Nationalism"）的關聯時，也指出頹廢與前衛進步的辯證並存：他認為，將象徵主義、頹廢唯美，以及未來主義視作為前後期的區分，以及認為達達與未來主義這種前衛藝術具有藝術體制內批判，而不同於象徵、頹廢唯美的藝術形式，其實是忽略了此三者的內在銜接，也就是忽略了象徵、頹廢唯美的藝術中內涵而共有的唯心與法西斯潛力。黑威特指出，班雅明所討論的政治美學化（法西斯主義），以及美學政治化（共產主義）的二元對立，[1] 早在唯美主義之中便已經存在了，也就是說，唯美主義中區分出來的頹廢美學相對於新藝術派（Art Nouveau）或裝飾藝術（Art Deco），都是設法結合藝術與生活的操作。因此，無論是頹廢美學的生

---

[1] 可參考班雅明的〈德國法西斯主義的理論〉（"Theories of German Fascism: On the Collection of Essays War and Warrior", 1930）與〈機械複製時代的藝術作品〉（"The Work of Art in the Age of Mechanical Reproduction", 1935）。

活美學化或是新藝術派的藝術生活化，都是使藝術具有功能性。這種思考模式與班雅明所討論的政治美學化與美學政治化，有其共通的內在邏輯。未來派的前衛藝術將科技美學化，也是從此邏輯發展。因此，未來派的馬里內蒂（Filippo Tommosa Marinetti）所展現的法西斯主義，則可以從此脈絡銜接而回溯至頹廢美學的個人主義淵源（Hewitt 82-83）。

黑威特的討論便導向一個結論：美學化與政治化實際上是同義詞。原因是：美學政治化的過程中，被排除在政治領域之外的個人透過政治化的過程而進入美學領域，干預政治；而政治美學化的過程中，美學則同時也使主體以集體的形式呈現其政治行動力（Hewitt 86）。依此發展，黑威特便將前衛的頹廢個人主義與具有帝國企圖、解構以便重構的未來主義與法西斯主義的內在關聯標示出來。馬里內蒂所揭櫫的未來主義美學，與法西斯主義擴張國家、破壞傳統、重新組織，以達到統一的僭越性美學，其實是一致的（Hewitt 94-101）。

上述觀點可以使我們更為敏銳的觀察到，二○年代普羅勞農文藝刊物中並存的頹廢唯美與未來圖像，有其一致的政治動力，我們也被導引思考為何普羅勞農的美學政治化與這些前衛藝術建國擴張之政治美學化，同樣都參與了法西斯式的組織衝動。

此外，這些普羅勞農與唯美或抽象的視覺圖像原本皆不屬於中國的視覺傳統，當這些圖像模式被「翻譯」並且植入中國的視覺脈絡中時，我們看到了此視覺模式的主動引用，其實與當時的文化脈絡、意識形態，以及此意識形態所具有的社會功能，有密不可分的關係。劉禾（Lydia H. Liu）在《跨語際實

踐：文學，民族文化與被譯介的現代性（中國，1900-1937）》
（*Translingual Practice: Literature, National Culture, and Translated*
Modernity──China, 1900-1937, 1995）一書中，主要的論點便是：
透過翻譯而「創造」出來的新的辭彙、意義、論述、再現形式
等等，一則塑造了中國的「國民性」、「現代性」的概念，再則
也是根基於本土環境之刺激而引發創造的（Liu 26）。王德威也
曾經在超語言的層次討論過晚清「現代」論述與翻譯之間的關
係，並且探討譯者如何將「西方的敘述模式、文體特質、感情
語境和意識形態的概念『移植』到中國來，……『再』造出晚
清作者和讀者對現實的憧憬」（44）。這些研究顯示出，對於文
化的翻譯與轉移，以及此翻譯轉移如何引發一個文化模式的轉
換，尤其是「現代性」在中國的展開，是個十分重要的議題。

　　我要延續此「翻譯現代性」的概念，但是，我的討論重點
不在於「翻譯語彙」如何「塑造」或是「再造」出中國的現代
性，而是此「翻譯語彙」如何揭露當時中國社會之內在動力。
我希望指出，二十世紀初期中國引進西方的視覺模式，一則的
確是將西方的視覺經驗模式「移植」進入現代中國的脈絡，再
則更是藉此外來的視覺模式「翻譯」當時中國人所感受到的
「現代處境」。換句話說，中國當時迫切的現代化與國家形式化
的集體需求，尋找到了適當的西方語彙。

　　因此，我援用佛洛依德的經濟交換原則，討論此文化欲力
之翻譯，以及尋求投資形式的工程。我認為，對於現代化進程
中的中國文化而言，西方視覺符號與視覺構圖的借用，或是與
此視覺模式銜接的文化論述的接收，不是語言的轉移（linguistic
transference），而是文化系統的轉移，所牽涉的問題是認知結構

（epistemic structure）轉換的形式選擇。

　　本章中我的討論起點是，從1925年到1927年間，創造社發行了《創造月刊》、《洪水》與《文化批判》這幾種刊物，這些政治目的濃厚而意識形態鮮明的刊物中，大量出現風格迥異的視覺圖像。其中除了左翼的進步普羅勞農文藝之外，也包括被認為屬於右翼中產階級頹廢唯美的比亞茲萊（Aubrey Beardsley）風格，以及被認為屬於右翼國家主義色彩的未來主義圖像。對於二〇年代中後期創造社刊物所刊登的文字與插圖風格的落差，以及這些圖像之間所流露的視覺矛盾，我們需要提出的問題是：這些右翼中產階級頹廢唯美的比亞茲萊風格為何會出現在明顯左傾的創造社刊物之中？右翼國家主義色彩的未來主義抽象構圖，為何也會出現在左傾的創造社刊物之中？當時的革命文學與普羅文學論述熾熱之際，創造社沒有內部的檢查制度嗎？或是編輯同仁並沒有意識到視覺圖像與文字之間的矛盾？這是中國在急速現代化的進程中，西方不同時期的現代主義藝術以壓縮的方式並陳嗎？或者，這只是插畫家葉靈鳳的個人風格多元化所導致的結果，而與其周遭同仁之言論無關？[2]

　　我的討論將指出，上述這幾種推測都不足以解釋此現象中

---

[2] 論者多討論葉靈鳳的小說，少有論及其插畫與封面設計。李歐梵（Leo Ou-fan Lee）在《上海摩登：一種新都市文化在中國1930-1945》（*Shanghai Modern: The Flowering of A New Urban Culture in China, 1930-1945*, 1999）中將葉靈鳳與邵洵美並列於「頹廢與浮紈」的章節中，提及葉靈鳳模仿比亞茲萊的裝飾風格（219-52），但此文多著墨於葉靈鳳藏書癖，以及他在三〇年代的都市小說書寫，並沒有討論葉靈鳳的圖像與創造社的文字之間的矛盾關係。

呈現的問題。中國現代文化論述把頹廢唯美風格或是法西斯美學與進步普羅精神對立，其實有其意識形態偏向而造成的盲點。[3] 此盲點使得我們對於中國現代化進程中，這幾種同時存在卻相左的視覺經驗背後牽連而互通的內在邏輯視而不見。

　　從以郭沫若為中心的創造社轉向作為討論的切入點，可以使我們探觸的問題是，中國二〇年代中期以降，因為文化脈絡與政局結構的變動所引發的革命迫切感與主觀位置。我們可以此轉變期間不同視覺模式並置而產生的視覺矛盾出發，探究此矛盾所「翻譯」出來的內在同質趨力。本章的討論會指出，中國二、三〇年代湧現的「新國家形式」論述，其實主導著整個中國現代化的動力，而此論述修辭與動力清楚隱藏在頹廢唯美與未來主義的視覺模式之內。因此，二〇年代中後期急劇左傾的創造社，同時呈現蘇聯勞農普羅精神以及所謂的右翼頹廢唯美與未來主義色彩，其原因比創造社核心人物在創造社前期展現具有個人主義與唯心色彩的事實還要複雜。[4]

---

[3] 此文學史論述的盲點包括將「為藝術而藝術」，以及「為人生而藝術」對立，個人主義與集體主義對立，頹廢與革命對立，現代主義與寫實主義對立，右翼與左翼對立等二元思維。例如，文學史研究者時常將早期創造社與文學研究會視為「為藝術而藝術」，以及「為人生而藝術」的兩端，包括：李何林（《近二十年中國文藝思潮論》第四章）；王瑤（《中國新文學史稿》〔40-53〕）；劉綬松（《中國新文學史初稿》第三章）。論者亦習於將創造社早期與晚期的發展視為朝向個人的浪漫主義，以及朝向革命的集體主義之兩個截然不同的階段（參見李歐梵 256-58, 303-304）。近年來才有調整此看法的史論，例如陳安湖主編（《中國現代文學社團流派史》〔44-120〕）；朱壽桐主編（《中國現代主義文學史》〔155-58〕）。

[4] 此處我對於視覺圖像所採取的批判立場方法論，與布爾格在《前衛藝術理論》一書中所討論的批判的文學研究，有類似的出發點。也就是說，我認為重新

蘇派普羅勞農藝術

　　二〇年代中後期到三〇年代初期，蘇聯普羅藝術大量被介紹到中國。除了具有以勞動工人農人為主題的普羅畫風以外，印刷品也多以蘇派版畫作為插畫與封面。[5] 左翼聯盟成立之後，此蘇派風格更明顯地確定了其主導位置，決定了往後現代中國視覺再現的正統。選自魯迅編《引玉集》中蘇聯亞歷克舍夫（Nikolai Vasilievich Aleksee）替高爾基（Maksim Gorky）的小說《母親》（*Mother*）所作的插畫（見圖一，取自《左聯畫史》239），或是黃新波為葉紫的小說《火》所作的插畫（見圖二，取自《左聯畫史》，頁26），便是清楚的例子。

　　這些蘇派風格所呈現的視覺模式強調形體寫實，線條厚重，粗獷剛健，主題偏向低下階級的勞動工人與農民，凸顯階級的衝突以及勞動力的能量。1925年到1927年間的《創造月刊》處於創造社的轉型期，期間成員以及刊物的論述模式逐漸由創造社早期的浪漫個人主義與強調自我內心表現，轉向注重群體與社會的革命論述與創作。因此，除了革命文學的討論之外，[6] 也有大量介紹蘇聯十月革命文學的文字。同時期的刊物

　　探討中國二、三〇年代視覺經驗背後的前衛精神，以及這些視覺圖像背後所銜接的意識形態與歷史脈絡，是具有社會與文化的關聯性的。

[5] 中國左翼作家聯盟於1930年在上海成立後，主要方針為以馬克思主義為理論指導，反對帝國主義，擁護蘇區和紅軍的革命鬥爭、擁護社會主義蘇聯的旗幟。因此，大量蘇聯文學、藝術與理論被翻譯介紹進來。魯迅開創的版畫協會，也是以蘇聯風格為主導。

圖二

圖一

封面與文章插圖，也呈現蘇派的普羅工農藝術色彩。

　　圖三是以工人與工廠為主題的蘇派版畫，是1927年《創造月刊》一卷八期蔣光赤的文章〈十月革命與俄羅斯文學〉所用的刊頭（79），而圖四打鐵童工的版畫，則是1928年《創造月刊》二卷一期以後所固定使用的封面。這種強調工業革命之後，都市化生活中勞工被剝削，以及群眾力量的圖像訴求，逐漸成為二〇年代末期以至三〇年代以降的主要文化論述。[7]

---

6 例如郭沫若的〈盲腸炎與資本主義〉（1926）、〈文藝家的覺悟〉（1926）、〈革命與文學〉（1926）、〈革命文學與他的永久性〉（1926）、〈文學家與個人主義〉（1927）；成仿吾的〈從文學革命到革命文學〉（1926），李初梨的〈怎樣地建設革命文學〉（1928）。

7 當時電影亦多半具左傾色彩，著名影片例如《桃李劫》、《大路》、《十字街頭》等，都呈現類似的控訴。

圖三

圖四

開刀論述

　　1925年上海的五卅事件及1927年的清黨運動（或謂四一二反革命政變），以及當時的整體政治局勢，都是促使創造社轉向的主要環境。[8] 創造社成了革命文學、無產階級文學、普

8　一般研究者將創造社的發展分為前期、中期、後期三個階段，這種區分方式是依照郭沫若自己於1930年所寫〈文學革命之回顧〉一文中所作的分期。文中，郭沫若將自己以及郁達夫、成仿吾三人主辦《創造季刊》、《創造周報》的時期視為初期；五卅事件後，創造社的成員另行出版《洪水》半月刊，這是中期；1928年中國社會呈現了一個「劇變」，創造社成員如朱鏡我、李初梨、彭康、馮乃超等人自日本回國，開始了《文化批判》刊物，完成了「蛻變」，則是後期。該年5月，郭沫若又在〈眼中釘〉一文中，將《洪水》時期併入前期，而將創造社的歷史分為前、後兩期。

羅文學的主要理論陣營基地（陳安湖 225-41）。我們甚至可以
具體觀察到當時在創造社圈內逐漸形成的「開刀論述」所帶來
的轉變。

　　創造社此時期的轉變，具體而言，是一種朝向剷除病根的
革命與開刀之決心。在創造社刊物一連串討論文學革命與革命
文學的論述中，以行動、對立，以及透過戰爭來淨化世界的修
辭十分清楚。蔣光赤（慈）於1926年在《創造月刊》連載旳
〈十月革命與俄羅斯文學〉，便是此種論述修辭最佳的例子：

　　　　俄國革命的初期，勞農政府成立了一個壓迫反革命的機
　　關──非常委員會，簡稱之為「切喀」。提起「切喀」這
　　個東西來，不但俄國的資產階級為之驚心掉膽，為之痛恨
　　入骨，就是全歐美的資產階級，也莫不為之咋舌。……他
　　們說「切喀」是殺人不眨眼的，是殘忍的機關；他們說坐
　　在「切喀」裡辦事的人都是一些惡魔。不但是資產階級，
　　就是一些溫和的社會主義者也何嘗以「切喀」的行為為然
　　呢？……為什麼要「切喀」呢？這個問題很簡單，我們可
　　以回答道：這是歷史的必要！勞農群眾的政權，只有在資
　　產階級的反抗力消滅後，才能穩固。共產主義者欲將全人
　　類都變成友愛的兄弟，但此只能在將友愛的障礙物打倒後
　　才可以成功。偉大的友愛只能從偉大的憤恨中產生出來！
　　只有流血才能湧出幸福來！勞農政府為著解放勞農群眾本
　　身，為著解放全人類，不得不臨時地把態度放殘忍些，不
　　得不利用「切喀」以廓清反革命的勢力，為什麼要「切喀」
　　呢？這是歷史的必要！（80）

這種透過流血與殘忍來消滅資產階級的「切喀」機構，視打倒剷除「障礙物」為「歷史的必要」之決心，當時已經成為一種革命論述形態。

其實，在1924年《洪水》創刊號發刊辭中，我們已經可以看到這種將不健康不完美的社會毀滅，以便重頭創造新的世界最為典型的表達方式。周全平在〈撒但的工程〉一文中，清楚指出：

> 上帝是全能的：渾沌的時候便創造，創造的不好便毀滅，一些沒有顧慮。本來惡劣的創造就是破壞，真正的破壞便是創造。……所以我們不妨說：美善的創造是上帝的本能。真正的破壞是撒但的天職。美善的創造是難能而且是必需的，因為他會從空虛渾沌的無物中變幻出光明燦爛的世界；沒有創造，便沒有世界。真正的破壞也是難能的而且是必需的，因為他是在虛偽醜惡的社會中，掃除去冷酷貪婪的怪物；沒有破壞，怪物便要大施猖獗。……破壞比創造更為緊要。不先破壞，創造的工程是無效的；真正的破壞，一切固有勢力的破壞，一切醜惡的創造的破壞，恰是美善的創造的第一步工程！（周全平 2-3）

為了要將社會中的醜惡消滅，創造社的成員寧可做「被人詛咒被人憎厭的撒但……投入焚著永火的硫磺湖」（周全平4）。此毀滅工程之目的是要「把穢濁的塵寰依舊變成純潔的白地，再來創造出美善偉大的世界」（周全平5）。

這種革命論述形態，就是要將舊有社會的制度與心態立即

而徹底的摧毀，對郭沫若來說，如同開刀手術一般，是要「簡切痛快」地切除病根。蔡震在〈論創造社的「方向轉換」〉一文中，曾經指出創造社的「方向轉換」更適合於揭露郭沫若本人的「思想變化和心態轉換」的軌跡（34）。[9] 1924年8月郭沫若寫給成仿吾的信〈孤鴻〉中，郭沫若說明他翻譯河上肇的《社會組織與社會革命》是個轉捩點。同年的《洪水》創刊號中，郭沫若寫了〈盲腸炎與資本主義〉一文。1925年郭沫若親眼目睹五卅慘案，而完成《聶嫈》劇本。《洪水》復刊後，郭沫若繼續發表〈窮漢的窮談〉、〈共產與共管〉等文章。蔡震認為，這些具有代表性的文字，都呈現《洪水》時期是郭沫若思想發生「劇變」的關鍵時期（34）。

郭沫若在這些文章中反覆說明立即改革的必要性：

> 當我們說到治療上來，便時常要聽著兩派的爭論。簡切痛快的外科派，他們的主張是要在二十四小時之內行開腹手術，把病源的蟲狀突起割了，便把盲腸炎根治了。……但可惜人類的精神，根本上害著了一種姑息病，一種怕流血的病，不怕手術的效果如何好，手術的痛苦如何輕微，而他總是怕流血的。……資本家是社會的盲腸。他們對於

---

[9] 對於此轉變，郭沫若曾說：「天大的巨浪衝蕩了來，在『五卅』工潮的前後，他們之中的一個，郭沫若，把方向轉變了。同樣的社會條件作用於他們，於是創造社的行動自行劃出了一個時期，便是洪水時期——《洪水》半月刊的出現。在這個時候有潘漢年、周全平、葉靈鳳等一批新力軍出頭，素來被他們疏忽了的社會問題的分野，突然浮現上視線裡來了。當時人稱為是創造社的『劇變』。」（〈文學革命之回顧〉261）

社會是並沒有什麼貢獻的（〈盲腸炎與資本主義〉7）。

革命是不能夠怕流血的。若可以發動革命，就可以如同開刀手術一般，「簡切痛快」地剷除病根。此處，我們也看到了有關「病症」與「健康」的論述。郭沫若說，

> 我們個人誰都是要保持身體的健康的。我們對於社會也誰都是想要他保持健康的狀態。社會的健康狀態，在我們所能思議及的，怕只有在社會主義的制度下纔能顯現（〈盲腸炎與資本主義〉8）。

根據郭沫若的說法，只有在社會主義制度下，社會才能夠維持健康的狀態。不健康的社會，是需要進行治療的。郭沫若在〈社會革命的時機〉一文中，亦指出「能夠縮短而且緩和那產生的痛苦的」，便是值得我們努力的（339）。而且，他也強調：「要把舊社會之死的苦惱和新世界之誕生所伴隨的流血之努力弄簡單些，弄短縮些，弄集中些的方法只有一個——即是革命的恐怖！」（341）這種為了健康的社會不惜進行開刀治療、切除病症的論述模式，正與郭沫若受到精神分析影響並改寫精神分析「壓抑—釋放」的理論是並行不悖的。下文將繼續發展此部分的論點。

比亞茲萊風格

同樣是1925年到1927年間，我們在創造社的幾種刊物

中，除了蘇聯勞農普羅精神風格的刊物封面或是插畫之外，卻也時時看到具有頹廢唯美風格的構圖。蔣光赤的〈十月革命與俄羅斯文學〉於1926年在《創造月刊》的一卷二期開始連載，這篇文章所使用的刊頭是葉靈鳳設計的（見圖五），文章中還有葉靈鳳的比亞茲萊式插畫《醇酒與婦人》（見圖六）。

　　除了與〈十月革命與俄羅斯文學〉並置的《醇酒與婦人》之外，1925年《洪水》復刊號一卷一號「為法」所寫強調藝術家必須是「良心的戰士，良心的擁護者，他的藝術便是他良心的呼聲」的〈真的藝術家〉，也使用了葉靈鳳的插畫《夜禱》（見圖七〔33〕）。而郭沫若在1925年《洪水》一卷五號刊登的〈共產與共管〉這篇文章，也同樣使用了葉靈鳳所繪製的插畫《希求與崇拜》（見圖八〔131〕）。

　　這些強烈的黑白對比與纖細的裝飾紋路，具有明顯的比亞

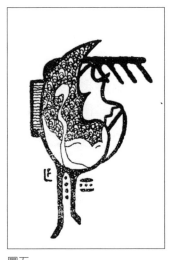

圖五

圖六

圖七　　　　　　　　　　圖八

茲萊風格，使得葉靈鳳被時人稱呼為「中國比亞斯〔茲〕萊」。當時魯迅還批評葉靈鳳「生吞比亞茲萊，活剝蕗谷虹兒」，而特意於1929年編印了《蕗谷虹兒畫選》，為的是要「掃蕩上海灘的藝術家，即戳穿葉靈鳳這個紙老虎」。[10] 研究藏書票的吳興文也指出，其實，當時中國作家，例如郭沫若、郁達夫、魯迅、田漢、徐志摩、聞一多、梁實秋等，普遍都十分喜歡比亞茲萊的「古怪誇張」的風格（34-36）。根據葉靈鳳的說法，中國最早介紹比亞茲萊作品的人是田漢。田漢編輯《南國週刊》所使用的刊頭與插畫，都是比亞茲萊的作品，後來又

---

[10]《二心集・上海文藝之一瞥》，引自李允經（〈魯迅和藏書票藝術〉 60）。魯迅在《藝苑朝華》叢刊中《比亞茲萊畫選》的〈小引〉中還指出，比亞茲萊的作品「達到純粹的美」，他畫出他所「看見」，「夢想」與「思想」的事物。不過，魯迅所倡導的木刻運動，主要卻是以蘇聯的寫實畫風為主（楊義 32-33）。

翻譯了王爾德（Oscar Wilde）的《莎樂美》（*Salome*），於1923年1月出版，用的也是比亞茲萊的畫作。郁達夫也於1923年9月《創造週報》二〇、二一號為文介紹〈黃面志（*Yellow Book*）及其作家〉，介紹比亞茲萊的畫（496）。至於郭沫若，他為田漢翻譯的《莎樂美》所寫的序詩中，有「我獨披著件白孔雀的羽衣」與「在一只象牙舟上翹首」幾個圖像式的描寫，這些也都是根據比亞茲萊為王爾德的《莎樂美》所作插畫而構成的（〈密桑索羅普之夜歌〉）。魯迅在1929年4月所編的《藝苑朝華》一期四輯〈比亞茲萊畫選〉，選了十二幅比亞茲萊的畫，並且認為「沒有一個藝術家影響現代藝術如他這樣的廣闊」（吳興文 35）。

　　上述這些資料顯示，對於比亞茲萊的興趣在二〇年代前半期是相當普遍的。但是，二〇年代後半期到三〇年代以降，卻沒有出現大量的比亞茲萊風格的畫作，原因是當時的政局已經不容許這些裝飾意味濃厚的作品，以及同樣風格的藏書票，反倒是蘇派的版畫甚為流行，正如同魯迅在〈新俄畫選・小引〉所說的，「當革命之時，版畫之用最廣，雖極匆忙，頃刻能辦」（引自楊義 33）。二〇年代中後期，葉靈鳳仍舊大量繪製此類比亞茲萊風格的插畫，並且被《洪水》與《創造月刊》選用，其實是很耐人尋味的現象。

　　除了葉靈鳳比亞茲萊式的插畫之外，《洪水》及《創造月刊》第一卷的文章也多半使用葉靈鳳的象徵派刊頭設計，例如郭沫若的〈窮漢的窮談〉、〈新國家的創造〉、〈社會革命的時機〉，或是1927年成仿吾的〈完成我們的文學革命〉，〈文藝戰的認識〉，王獨清的〈平凡與反抗〉，都用了葉靈鳳的刊頭設計

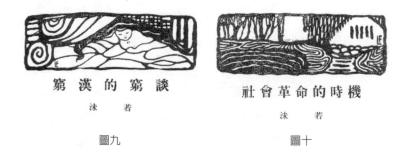

窮　漢　的　窮　談
沫　若
圖九

社　會　革　命　的　時　機
沫　若
圖十

（見圖九、圖十）。[11] 葉靈鳳說，他當時替《洪水》與《創造月刊》所畫的封面與刊頭裝飾，全都屬於「比亞茲萊風」（〈比亞茲萊的畫〉 496）。

　　《創造月刊》二卷一期以後風格取向明顯轉變，當時所大量使用的刊頭（見圖十一），自然與同時期《洪水》所使用的由葉靈鳳所繪刊頭風格十分不同。

精準對比與刺戟力的視覺快感

　　前文所談論的革命論述，無論是蔣光赤的〈十月革命與俄羅斯文學〉中強調流血與殘忍的「切喀」論述，或是《洪水》創刊號撒旦式的「毀滅」論述，或是郭沫若革命文學「簡切痛快」的「開刀」論述，都是當時迅速湧現的言論模式，卻都與葉靈鳳的〈醇酒與婦人〉、〈希求與崇拜〉或是〈夜禱〉的頹廢唯美風格，或是其他裝飾意味濃厚的刊頭設計，有相當大的

---

11 葉靈鳳與周全平是《洪水》出版部的主要工作人員。《洪水》的封面設計、刊頭設計與插畫都是出自他手。見葉靈鳳（〈記《洪水》和出版部的誕生〉 3-11）。

圖十一

經驗差距。這種文字與視覺圖像之間的巨大矛盾，值得我們思考：為什麼創造社在風格轉變而取道政治革命的時刻，郭沫若仍舊偏好葉靈鳳的圖像風格？被認為屬於右翼中產階級頹廢唯美的比亞茲萊風格，此刻為何會出現在明顯左傾的創造社刊物之中？頹廢與革命之間的關聯到底何在呢？

　　或許我們必須再回到葉靈鳳的比亞茲萊式風格，以便尋求此圖像模式的內在邏輯與動力。如果我們仔細探討葉靈鳳的比亞茲萊式風格，便會了解：此類藤蔓迴轉與大塊白色與黑色強烈對比的構圖，其實流露出了對於精準細密與強烈對比的美感訴求。而這種美感訴求，與蘇珊・桑塔格（Susan Sontag）在〈歆羨法西斯〉（"Fascinating Fascism", 1974）一文中所謂的「法西斯美學」風格是類近的。[12] 桑塔格以麗芬絲塔（Leni Riefenstahl）

----

12 反省法西斯將政治美學化的作為，法蘭克福學派的批判已經建立了典範，例如班雅明的〈德國法西斯主義的理論〉與〈機械複製時代的藝術作品〉，巴岱伊的〈法西斯主義的心理結構〉（"The Psychological Structure of Fascism",

的作品為例，指出法西斯美學所強調的，是藉由強烈對比效果
而產生的形式上的烏托邦式完美的掌控。透過此類對比與掌控
的完美形式，法西斯美學所訴求的是觀者從而展開同樣的對於
對比的確認與要求，例如黑白的辨識，美麗與醜陋的區隔，健
康清潔與病態污穢的釐清等等。裝飾藝術所凸顯的線條的精確
細密，黑白強烈反差，以及石化的情慾狀態，也流露出法西斯
美學的內在原則（Sontag 316-18）。其實，魯迅當年曾經說過，
比亞茲萊的畫一進入中國，「那鋒利的刺戟力，就激動了多年
沉靜的神經」。但是，魯迅認為，「Beardsley的線究竟太強烈
了」，相較於當時也流行的蕗谷虹兒的「幽婉」，比亞茲萊的
「鋒芒」反而不適合許多沉靜而疲弱的中國神經（《蕗谷虹兒畫
選‧小引》〔引自楊義 32〕）。楊義也曾經指出，葉靈鳳所繪製

1933），賴希的《法西斯主義群眾心理學》（*The Mass Psychology of Fascism,* the
third edition, 1942），阿多諾的〈弗洛依德理論和法西斯主義宣傳的程式〉
（"Freudian Theory and the Pattern of Fascist Propaganda", 1951）等。1970年代
西方學界又開始大量出現對於法西斯美學的反省，包括桑塔格的〈歆羨法
西斯〉，希拉克（Ansgar Hillach）的〈政治美學：班雅明的德國法西斯理論〉
（"The Aesthetics of Politics: Walter Benjamin's 'Theories of German Fascism',"
1979），拉庫－拉巴特〈政治美學化〉（"The Aestheticization of Politics",
1990），黑威特的《法西斯式現代主義》與《政治的內轉：同性戀、法西斯
與現代主義想像》（*Political Inversions: Homosexuality, Fascism, & the Modernist
Imaginary,* 1996）以及周蕾的〈我們之間的法西斯渴望〉（"The Fascist
Longings in Our Midst", 1995）。桑塔格的文章可說是銜接美學與哲學的經典
之作。談論中國的法西斯問題的，則以易勞逸（Lloyd E Eastman）的〈藍衣
社與法西斯〉（"The Blue Shirts and Fascism", 1990），《1927-1937年國民黨統
治下的中國流產的革命》（*The Abortive Revolution: China under Nationalist Rule,
1927-1937,* 1990）一書為代表。

的「比亞茲萊風格」畫作其實更增加了一點「嚴峻感」（24）。

但是，這些具有鋒利刺戟力與嚴峻感的比亞茲萊線條，還是被企圖心強盛的創造社成員所歡迎。比亞茲萊式精準而細密的線條、完美的控制、大塊黑白對比所產生的視覺快感，以及激動人心的刺戟力，回應了創造社成員對於革命開刀的企求，也成為表達此開刀動力的最佳形式。比亞茲萊的圖像使觀者感受到一種清楚區分的痛快，而區分正是法西斯式掌控的開始。這種觀看比亞茲萊式圖案時經驗到對於精準細密控制的要求與對比感知的喚醒，屬於面對美學形式時發生的心理暗示；此經驗狀態並不訴諸文字，因此不會立即被檢查與克制。這就是視覺圖像的詮釋意義與心理效應可能發生之落差與弔詭處，也就是我們必須繼續探討其相反意義的原因之起點。

未來主義與葉靈鳳

若我們繼續翻閱此時期創造社主持的刊物及相關書籍，我們會注意到，這些刊物除了呈現頹廢唯美與開刀論述之間的視覺—文字矛盾外，也呈現了具有國家主義動力的未來主義前衛構圖，而與普羅、頹廢兩種圖像更形成了強烈的視覺矛盾。我們必須繼續討論此視覺矛盾所揭露的問題。前面所展開的比亞茲萊式圖像所隱藏的精準要求與對比暗示，以及其中所牽連的法西斯衝動，在此可以協助我們討論未來主義圖像與普羅、頹廢之間的表面矛盾與內在共通的動力原則。

葉靈鳳在《戈壁》半月刊刊登了一幅〈魯迅先生〉的漫畫（見圖十二）。配合這幅漫畫，葉靈鳳還加上短文「陰陽臉的老

圖十二

人，掛著他以往的戰績，躲在酒缸的後面，揮著他『藝術的武器』，在抵禦著紛然而來的外侮」（楊義 245）。這幅圖中反覆出現的銳角三角形與橢圓形之間造成的對比，其實是清楚的屬於未來主義的構圖原則。我們可以藉由當時創造社展開的論戰來理解葉靈鳳這幅圖案的用意。1927年開始，創造社開始採取打倒老作家，建立新的普羅文學的方向，並且以魯迅為攻擊對象。石厚生在1927年12月創造社一卷八期〈畢竟是醉眼陶然罷了〉一文中以「瑣魯迅」譏嘲魯迅是人道主義者在階級支配下得意的走狗（117-22）。《創造月刊》二卷一期更密集刊出了一系列批判魯迅的文章，例如何大白批判魯迅為中國的 "Don Quixote"（「吉訶德先生」，〈文壇的五月〉105-16），杜荃（郭沫若）批判魯迅是過渡時代的游移分子，是資本主義以前的封建餘孽，是一位不得志的 "Facist"（「法西斯諦」，〈文

藝戰上的封建餘孽〉142, 149）；梁自強批判魯迅在語絲與北新的評論（〈文藝界的反動勢力〉151-55）。[13] 1928年《文化批判》創刊後，馮乃超繼續批判魯迅「非革命傾向」，只是「醉眼陶然地」眺望人生（〈藝術與社會生活〉），魯迅則以〈「醉眼」中的朦朧〉回駁。引發了李初梨的〈請看我們中國的Don Quixote的亂舞——答魯迅〈醉眼中的朦朧〉〉，成仿吾的〈畢竟是醉眼中的朦朧〉等。因此，我們可以說，葉靈鳳此幅圖是為了要附和當時創造社同仁對於魯迅的批判策略。

　　不過，以圖像構成邏輯來說，此圖中的抽象橢圓圖形與大砲圖像，穿插著如同箭頭一般的銳角三角形，以及具有攻擊性的文字，這些典型的未來派前衛作風，則透露了其他的訊息。葉靈鳳打破句型與文法，利用具象立體的方式，呈現圖文並置的效果；圖案中還透過線條交錯而呈現出攻擊與穿刺的力量。這些構圖邏輯與義大利未來主義畫家塞維里尼（Gino Severini）的作品《舞者＝海》（Danzatrice ＝ mare，習稱「蛇舞」〔Danza serpentina〕，見圖十三）十分相近。

　　塞維里尼的這幅作品以幾何而抽象的角錐形、圓弧形及鋸齒形構圖，並且依照形狀變化，而將字體的大小、粗細、形式、排列做不同程度的扭轉與變形。[14] 葉靈鳳自己的小說《紅

---

13 原本郭沫若、鄭伯奇、蔣光慈曾經於1926年11月間訪問在上海的魯迅，組成聯合戰線，共同推出《創造週報》的復刊。但是，創造社年輕成員李初梨、馮乃超、成仿吾等人返國後，堅持要以激烈的普羅文學為方針。《創造週報》復刊計畫便改為《文化批判》的出刊。

14 可參考吳心怡，〈「文字畫」抑或「視覺詩」？ 談義大利未來主義中文字與視覺圖像之間的流動關係〉，http://www.complit.fju.edu.tw/Interart/Futurism.htm;

圖十三

的天使》(楊義 243)的星形圖案與幾道斜線交叉(見圖十四),
或是他替馮雪峰所翻譯的《新俄文藝政策》一書設計的封面
(見圖十五),[15] 都有類似的未來主義效果,也與蘇聯前衛藝術
銜接義大利未來主義之後所發展的共產主義式未來主義
(Cubo-Futurism)以及構成主義(Constructivism),有共同的構
成邏輯。[16]

Willard Bohn. "Gino Severini and Futurist Ideography: Danzatrice = Mare" *MLN*.
V. 109. pp. 27-48;*The Aesthetics of Visual Poetry, 1914-1928*. Cambridge:
Cambridge University Press, 1986;Marjorie Perloff. *The Futurist Moment: Avant-
Garde, Avant Guerre, and the Language of Rupture*. Chicago and London: The
University of Chicago Press, 1986。

[15] 馮雪峰(畫室)譯《新俄文藝政策》,1928年9月上海光華書局出版。取自
《左聯畫史》(168)。

[16] 共產主義為來主義成員主要包括布爾柳克(David Burliuk)、亞歷山大・克

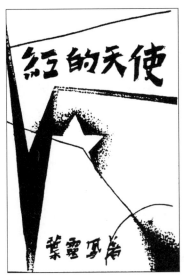

圖十四　　　　　　　　　　圖十五

未來主義與革命動力：義大利與俄國

　　未來主義的視覺元素所具有的前衛激情及軍事動力，可以在義大利以及俄國所發展的未來主義中看得出來。未來主義是

魯喬內赫（Alexei Kruchenykh）、馬雅可夫斯基（Vladimir Mayakovsky）、維克多・赫列伯尼科夫（Velimir Khlebnikov）等人。他們的宣言〈給社會趣味一記耳光〉（"Slap in the Face of Public Taste"）明白表示對於傳統、都市與科技的拒斥。構成主義成員包括：艾倫伯格（Ilya Ehrenburg）、利斯茲基（El Lissitzky）、波伯伐（Liubov Popova）等。可參考戴葛爾（Gail Day）的〈未來主義者：超驗前衛主義〉（"The Futurists: transcontinental avant-gardism"）、保羅・沃德（Paul Wood）的〈革命前衛者：達達、構成主義與超現實主義〉（"The revolutionary avant-gardes: Dada, Constructivism and Surrealism"），收錄在《前衛的挑戰》（*The Challenge of the Avant-Garde* 204-25; 226-56）。

義大利前衛畫家馬里內蒂於1909年發表第一次未來主義宣言時展開的，是個跨藝術領域，以及跨國界的文藝運動，包括繪畫、雕塑、建築、音樂、舞蹈、表演、電影等形式。[17] 從表面上的形式特徵來看，未來主義共同的特性可以說是試圖展現現代都市文明所帶來的各種衝擊，例如火車、汽車、飛機、輪船、電話等現代產品，以及這些現代產品所帶來的速度、聲音、能量、運動感等現代感官經驗（Day 206）。義大利未來主義畫家巴拉（Giacomo Balla）所畫的《抽象速度與聲音》（*Abstract Speed and Sound*, 1913；見圖十六，圖片取自 *The Challenge of the Avant-Garde* 217），不以寫實的方式描繪汽車馬達與車輪運動的方式，而以無數重複重疊交錯的大小圓弧，呈現出汽車運動所產生的速度與聲音。

　　但是，除了視覺上強調速度、動力、能量之外，我們更可以從馬里內蒂及其他幾位義大利未來主義成員的各種宣言中，清楚讀到未來主義頌讚暴力、戰爭與毀滅。馬里內蒂歌頌戰爭、愛國主義者與英雄主義的原因是，他認為戰爭是「清潔世

---

[17] 義大利未來主義與馬里內蒂主要畫家包括嘉可模・巴拉（Giacomo Balla）、安伯托・薄邱尼（Umberto Boccioni）、卡洛・科拉（Carlo Carra）、路易吉・盧梭羅（Luigi Russolo）、吉諾・塞維里尼（Gino Severini），以及建築師安東尼奧・桑泰利亞（Antonio Sant' Elia）。至於俄國的未來主義，則包括羅贊諾伐（Olga Rozanova）、烏拉迪莫・塔特林（Vladimir Tatlin）、岡察羅娃（Natalia Goncharova）、拉里奧諾夫（Mikhail Larionov）等人。未來主義亦可包含英國的渦旋主義（Vorticism），例如波希・路易士（Percy Wyndham Lewis），也就是詹明信在《攻擊的寓言》（*Fables of Aggression: Wyndham Lewis, The Modernist as Fascist*, 1979）一書中討論現代主義之法西斯性格時主要的分析對象。可參考Day, "The Futurist" 204-25。

圖十六

界的唯一手段」（〈未來主義的創立和宣言〉 6）；為了維持「精神上的衛生與健康」，「世界各國人民都應該時常進行英雄主義的洗浴，每十年應該進行一次光榮的放血」（〈什麼是未來主義〉 12）。馬里內蒂所說的曙光時刻是：「太陽那樣用鮮紅的利劍一下子就割斷我們幾千年的黑暗！」（〈未來主義的創立和宣言〉 4）。這種流血革命的企圖，以及為了清潔、衛生、健康而執行「英雄主義的洗浴」，也讓我們更了解為何馬里內蒂及他的未來主義同黨後來都成為義大利的法西斯主義者。[18] 我們自然也會注意到，郭沫若、成仿吾、葉靈鳳、蔣光赤等人

---

18 馬里內蒂於1918年與賽第梅利（Settimelli）、科拉等建立了「未來黨」，與法西斯黨聯手合作，對抗社會黨和民主力量。1919年4月，馬里內蒂和墨索里尼（Mussolini）聯合行動，打擊社會黨。1924年又在墨索里尼主政後，發表《未來主義與法西斯主義》（*Futurism and Fascism*），闡述二者密切關係，並擔任墨索里尼政府重要職位。參見呂同六（〈義大利未來主義試論〉3-44）。

所組成的創造社，其實在中國二〇年代中後期開始轉向未來主義具有法西斯性格的論述模式，亦即是，為了健康、清潔與衛生，改革者必須進行具有開刀功效的流血革命。

　　未來主義在俄國被接收，有其內在革命動力的需求，可以作為中國二〇年代逐漸興起的未來主義氛圍之參考座標。在1913年一群俄國未來主義者的宣言〈給社會趣味一記耳光〉中，我們也看到當時具有革命企圖的文人對於傳統的完全無法接受：「有以憤慨的心情從我們高傲的額頭上摘下用浴帝編成的一文不值的光榮桂冠的權力；有在呼嘯和怒吼聲中站在『我們』這個詞構成的巨塊上的權力」（布爾柳克等 58）。根據俄國未來主義詩人馬雅可夫斯基的講法，在十月革命之前，任何具有革命精神的新藝術都被當時評論者稱呼為「未來主義」。〈給社會趣味一記耳光〉是唯一的一份宣言。十月革命之後，這群未來主義者組織了「共產主義者—未來主義者」的團體，強調其任務是語文藝術之語言技巧的重要性，革新句法與詞組的結構，並且按照「一定要成為和應該成為的樣子來描寫生活」，而不是以寫實記錄的方式寫作（馬雅可夫斯基，〈關於未來主義的一封信〉74-76）。

　　從俄國未來主義畫家羅贊諾伐的畫作《非客體化的構圖》（Olga Rozanova, *Non-objective Composition*, 1916；見圖十七，圖片取自 *The Challenge of the Avant-Garde* 216），我們看到非寫實及形式重組的展現，這種以抽象幾何形狀呈現出的內心狀態，將藝術的內在張力發展到了極致，同時也顯示出俄國的未來主義發展成為構成主義的前驅。俄國前衛藝術中的構成主義更進一步強調文化革命性格，以及建構新社會的唯心傾向。構成主義

圖十七

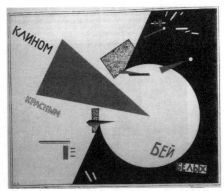

圖十八

畫家利斯茲基的《以紅色楔木劈開白色》（El Lissitzky, *Beat the Whites with the Red Wedges,* 1919/20, 見圖十八，圖片取自 *The Challenge of the Avant-Garde* 27），便是個很好的例子。此處的幾何圖形，例如銳角穿刺入白色的圓形空間，直線與曲線對比，黑白反差，造成強烈的紅軍革命隊伍對抗反革命勢力的革命鬥爭之暗示（Wood 238）。

　　此類未來派及構成主義的構圖法則，在三〇年代亦普遍出現在中國其他幾種刊物的封面設計，例如1930年前後左聯的《文學月報》，《新地月刊》（見圖十九、二十），[19] 以及右翼以民族文學為標竿的《前鋒月刊》（見圖二十一）。

　　因此，三〇年代初期左聯的《文學月報》，《新地月刊》

---

[19]《新地月刊》是《萌芽月刊》被禁後繼續出版的文學刊物，是左聯的機關刊物，僅出版一期便被禁；《文學月報》於1932年在上海創刊，著重文藝大眾化的理論建設。此處圖片資料取自於姚辛編著的《左聯畫史》（193）。

圖十九

圖二十

圖二十一

以及右翼《前鋒月刊》，或是葉靈鳳的未來派圖案所共同呈現的視覺模式，就不僅只是配合了創造社當時攻擊魯迅所使用的視覺戰略，而更翻譯了當時整體的前衛氛圍。「前衛」（avant-garde），這個術語所含有的軍事行動，以及探索前進的激情，提供了這個革命時代必要的思考工具。

未來主義與郭沫若

　　義大利未來派與蘇俄未來派及構成派的構圖法則所以會被葉靈鳳、郭沫若，以及中國二〇年代末期的各種文學期刊所偏好，原因是未來派與構成主義的主張，以及構圖原則都強調摧毀破壞舊有的社會，重組元素，刺激革命動力。這種具有革命性格的動力，與創造社在1925年到1927年前後的改變，以及中國社會二〇年代末期的革命動力，是有關聯的。

　　此革命訴求的現代動力，自五四以來，已經十分明顯而深刻地影響著中國的文人，而這種訴求可以側面從郭沫若的發展，以及他對於未來主義的接收來觀察。雖然中國文壇對於未來主義的介紹很早就開始，也注意到未來主義對於傳統美學的威脅，可是當時少有真正貼近未來主義精神的。[20] 1914年8月《東方雜誌》一一卷二號就已經有一篇章錫琛譯的〈風靡世界之未來主義〉。1922年《小說月報》一三卷一〇號沈冰（沈雁冰）介紹海外文藝新潮流時所介紹的未來主義，將未來主義視

---

20 舉例若干：章錫琛譯，〈風靡世界之未來主義〉；馬鹿，〈未來派跳舞〉；茅盾，〈未來派文學的現勢〉；川路柳虹，〈不規則的詩派〉；郭沫若，〈未來派的詩約及其批評〉。

為與唯美主義最為對立的藝術表現：未來主義反對「一頭鑽入過去的墳穴而不能移動半步的唯美主義的！……唯美主義全不觸著實在的人生，未來主義與之極端相反；唯美主義讚美過去的古蹟，未來主義要燬棄一切過去的和古的」（2）。茅盾、徐志摩、郁達夫與郭沫若也都曾經為文介紹過未來派。

以郭沫若的例子來看，郭沫若於1923年以〈未來派的詩約及其批評〉一文介紹未來派，並且摘錄未來派宣言中有關速度、迅速的旋律、愛新、愛稀奇、怕陳腐、怕舊、慾望與野心的無窮、事務的狂熱、理想主義、機械、馬力的增強、曲線、螺旋線等特質，已經顯示出他對於未來派的興趣。但是，他同時也批評未來派只是「一堆粗雜的原料」（4），是「沒有精神的照相機，留音器，極端的物質主義的畸形兒」（5）。郭沫若反對未來派如此的呈現問題，因為，他認為：

> 二十世紀是理想主義復活的時候，我們受現實的苦痛太深巨了。現實的一切我們不唯不能全盤肯定，我們要準依我們最高的理想去否定她，再造她，以增進我們全人類的幸福。半冷不熱，不著我相，只徒看病不開刀的自然主義已經老早過去了。未來派的肯定一切物質文明的態度，雖是免去了冷病而為狂熱，但在這全地球絕了火種的時候，我們所需要的是Prometheus的神手，不是Pandora的百寶箱（6）。

因此，曾有學者認為郭沫若是反對未來派的。[21] 不過，郭沫若對於未來派的批評正顯示出未來主義吸引他的主要原因。

在那篇文章中，郭沫若表示他所贊同未來派的，是其勇於「開刀」的「狂熱」。此「開刀的狂熱」正是未來派的核心精神，也正是郭沫若與未來主義之間的聯繫：國家主義形式化的基進要求。我們正可以說：郭沫若是中國二〇年代的未來主義代表，也就是要求國家主義形式化的代言人。

　　郭沫若早期詩作中對於現代科技文明以及光、火、力、血的歌頌，便流露出未來主義式的烏托邦召喚。[22] 若我們閱讀郭沫若的詩作，例如《女神》中1920年的〈筆立山頭展望〉，我們也會發現其詩作明顯展現郭沫若對於物質文明與科學發展的頌讚：「黑沉沉的海灣，停泊著的輪船，進行著的輪船，數不盡的輪船，／一枝枝的煙筒都開著了朵黑色的牡丹呀！／哦哦，二十世紀的名花！近代文明的嚴母呀！」這幾行詩句充分展現一個未來主義者的觀點。郭沫若在《女神》中其他的詩作亦顯露明顯的未來派情緒，例如1921年寫的〈太陽的禮讚〉：「出現了喲！出現了喲！耿晶晶地白灼灼的圓光！從我兩眸中有無限道的金絲向著太陽飛放。……太陽喲！你請把我全部的生命照成道鮮紅的血流！」（100）[23] 而這種未來派情緒

---

[21] 袁荻涌對於郭沫若有關未來派的評語，顯然就有過分美化的誤導。袁荻涌認為郭沫若並未如同未來派一般「崇拜強力、鼓吹戰爭和強權、宣傳反理性」，他認為郭沫若所吸納的是「個性解放、擴張自我、反叛傳統、創造新文化」等（〈郭沫若對未來派的認識和評述〉34）。

[22] 朱壽桐的《中國現代主義文學史》中，有一章節簡短地談論了郭沫若早期詩文中呈現的「未來主義的動力」，例如〈新生〉、〈立在地球邊上放號〉、〈我是個偶像崇拜者〉、〈天狗〉，以及〈筆立山頭展望〉（262-63）。

[23] 有關郭沫若詩文所流露出的妄想徵狀與法西斯衝動，可以參考本書第七章的討論。

很清楚的是與國家主義情感聯結在一起的。

郭沫若的國家主義情感是十分明顯的。郭沫若在《創造十年》中提及當他自日本歸國，回到黃埔江口，看到了充滿現代摩登風光的「未來派」之「風景畫」時，被勾引起的是感慨同胞在租界區受到不平等待遇而不平的民族意識（328）。他自己承認，五四前後的年輕人個個都是「國家主義者」，個個都要講「富國強兵」（309）。在〈窮漢的窮談〉及〈共產與共管〉二文中，郭沫若先後強調共產主義並不是不顧國家，而是要「以國家的力量來集中資本」（〈窮漢的窮談〉 93），實行共產革命便是「實行國家主義」（〈共產與共管〉 130）。在〈新國家的創造〉一文中，他更清楚的列舉馬克思的《共產黨宣言》中第五、六、七條，呈現共產主義的國家概念：「以國家資本建立完全獨佔的國民銀行，以收集信用於國家之手；集收交通機關於國家之手；增值國民工廠與生產機關，準據一種共同的計畫以開闢並改良土地」（《共產黨宣言》，引自郭沫若〈新國家的創造〉 228）。因此，創造社所轉向的共產主義或是社會主義，所強調的是「新式的國家」，此種「國家主義」是一種「新國家主義」：「實行無產階級的革命以屬行國家資本主義！」（〈新國家的創造〉 231, 233）。對於中國現代化的問題，郭沫若的態度十分清楚，他認為中國的積弱只有藉由革命來拯救：「無論如何非打破不可，要打破現狀就要採取積極的流血手段」（《創造十年》 380）。郭沫若在早期《女神》時期所表現的激越，以及創造社中期《洪水》階段這種堅持要開刀流血與要求新國家的革命迫切感，都有清楚的國家主義性格，也因此都與未來主義的動力是一致的。

因此，從未來派被介紹到中國的歷程來看，我們注意到，二〇年代初期曾經被介紹進入中國的未來派精神，當時已經有其五四精神之需所驅使，而二〇年代末期，未來派精神再度急劇浮現，則是此時的革命契機與國家形式化的訴求再度趨於迫切使然。

中國二〇年代的前衛動力、國家形式與「煙囱掃除」論述

討論至此，若我們要回答「中國現代化進程所依循的現代形式是什麼」的問題，以及要解釋「創造社刊物並陳頹廢唯美與開刀論述，對照未來主義前衛精神以及普羅勞農風格」的現象，上述比亞茲萊式圖像的精準要求與對比暗示，以及郭沫若本人的未來主義傾向，都導引我們趨向一種理解：此分歧之視覺模式內在共有區分我他的訴求與革命換血的軍事性格，更有要求國家形式化的前衛動力。

本章所討論有關頹廢美學與未來主義法西斯邏輯之間的關聯，可以協助我們進一步解釋在中國現代化進程的脈絡中持續出現的美學化／形式化與政治化的聯繫，以及郭沫若前後期轉變的內在路徑。論者都注意到郭沫若與中國現代化進程的密切關聯，例如五四之前郭沫若以「資產階級改良主義」出發的「實業救國」、「富國強兵」，五四以後則強調重造民族新文化與新精神的現代化公式（卓琴 125）。不過，引起我興趣的，則是郭沫若前期極端強調個人化以及浪漫傾向的表達，甚至是具有頹廢美學風格的心理小說書寫，以及他後期完全放棄個人

化風格，轉向集體與社會的面向。[24] 對於郭沫若戲劇性的極端
轉變，蔡震指出，這是具有當時中國文化氛圍，以及創造社轉
型的典型意義，更呈現了其中根本的悖論：正因為執著於浪漫
主義精神，創造社戲劇性地拋棄了浪漫主義與個性主義，同時
以浪漫式的唯心主義去詮釋創造社心目中的無產階級革命文
學。因此，創造社從早期以審美方式進行的「破壞與創造」，
到《洪水》時期強調激烈破壞的「撒但的工程」，蔡震認為，
這兩種「工程」有其「內在聯繫」，也因此創造社作家可以在
兩種工程之間往復自如，毫無心理障礙地斷然否定「昨日的文
藝」（36）。

　　是什麼內在聯繫呢？蔡震指出，此內在聯繫在於其中同一
種「思維邏輯」：

---

[24] 多數學者早已指出郭沫若早期的詩作與小說之間的差異：郭沫若的詩作一
向強烈要求自我表現，個性解放，時常以充沛的活力與意志力，熱情地吶
喊；然而他的早期小說卻時時表現知識分子在困境中的苦悶與掙扎，以及
對於心理的描寫。學者亦指出佛洛依德的精神分析學說對於五四時期文人
的影響，郭沫若即為一例。郭沫若在《創造十年續編》便曾說過，直到
1924年心理分析理論仍舊是「一個很執拗的記憶留在我的腦裡」（《郭沫若
全集》卷七 167, 170）。他的小說，例如〈鼠災〉、〈殘春〉，《落葉》、
《喀爾美羅姑娘》、《葉羅提之墓》等，皆具有代表性。郭沫若曾經說，他
所寫的〈殘春〉注重心理的描寫：他「寫的心理是潛在意識的一種流動」
（〈批評與夢〉，《郭沫若全集》第一五卷 236-39）。可參考張思和（〈論郭沫
若小說創作的現代文化品格〉 180-87）。有關郭沫若與精神分析之接收，以
及心理小說之實驗，另可參考：方長安（〈中國三〇年代現代派小說發生
論〉）；朱壽桐主編（《中國現代主義文學史》 206-23）；譚楚良、羅田、
王國棟（《中國現代主義文學》）；唐正序、陳厚誠主編（《二十世紀中國文
學與西方現代主義思潮》）。

用審美的方式體驗人生、思考人生，用審美的方式塑造人生的理想。它的非功利主義傾向，**實質為一種泛功利主義追求**：藝術就是人生，人生就是藝術。這時創造社作家理解的人生就是他們用破壞和創造所概括的時代主題。1926年前後，當創造社作家切實地感受到一場巨大的社會革命迫在眉睫之際，他們開始用革命取代破壞與創造……於是，簡單到不能再簡單的邏輯把藝術就是人生，人生就是藝術的命題演繹為文學（藝術）就是革命，革命就是文學（藝術）的命題。〔也就是郭沫若的公式〕：「文學──Ｆ（革命）」（蔡震37，本人所加重點）

郭沫若於1924年的〈孤鴻〉一文中提到的「我們中國的青年全體所共通的一種煩悶，一種倦怠」，就是無法追求「自我的完成」，又無法「尋出路徑來為萬人謀自由發展」，以至於他發現必須走上革命的路：「今日的文藝，是我們現在走在革命途上的文藝，是我們被壓迫者的呼號，是生命窮促的喊叫，是鬥志的咒文，是革命豫期的歡喜。」（129-30, 138）郭沫若以革命作為解消生命煩悶與挫折的方式，早期以文學革命的審美方式處理，後期則是以革命文學的審美方式處理。這就是為什麼蔡震解釋創造社作家從前期的五四浪漫與熱情幻滅之後，並沒有像魯迅般在辛亥革命之後所體驗的苦悶，或是茅盾在大革命失敗後感受的幻滅那麼強烈，而立即在馬克思主義、工農運動與俄國十月革命之中尋找到了「新的理想寄託」（蔡震37）。

以審美與創造形式的方式思考人生，塑造人生理想，解消生命煩悶與挫折的方式，也可以在郭沫若藉由精神分析之修辭

法處理文學與生命的關聯中看到端倪。郭沫若於1920年2月23日的《時事新報》副刊《學燈》上，刊登了一篇〈生命底文學〉，[25] 其中所討論的精神作用與 "Energy"，與佛洛依德以及廚川白村、魯迅所謂的生命衝動、本能力、苦悶等理論基本上十分相似：「一切生命都是Energy底交流。……Energy常動不息；不斷地收斂，不斷地發散。Energy底發散便是創造，便是廣義的文學。」（3）此生命能量於早期是以文學形式化的工程進行，後來則以國家形式化的工程繼續。

延續此種生命能量的理論，郭沫若後來發展出的論點便強調生命能量被壓抑，會導致民族的病症，而需要執行「煙囪掃除」的工作。郭沫若在《創造十年續編》中，清楚地顯示其將精神分析理論運用到社會生活與文藝理論之中。郭沫若認為，

---

25 據劉光宇所說，這篇文章是最早透過廚川白村的文藝思想介紹佛洛依德文藝美學理論的文章，比一般認為最早的汪敬熙所著之《本能與無意識》（《新潮》二卷四期〔1920年5月〕）還早。劉光宇也認為，郭沫若後來繼續寫的〈《西廂記》藝術上的批判與作者之性格〉（1921）和〈批評與夢〉（1923）則是典型的中國式精神分析美學論文。劉光宇認為，郁達夫所寫的〈文藝私見〉（《創造季刊》二卷一期〔1922年3月13日〕）與〈文藝賞鑑中的偏愛價值〉（《創造周報》一四號〔1923年8月〕），都不算是佛洛依德式美學專論，只有〈沉淪〉（《晨報副鐫》，1923年3月26日）與〈猥褻的歌謠〉（〈歌謠週年紀念增刊〉，1923年12月17日）算是專論。不過，介紹佛洛依德理論的文字出現的更早，朱壽桐在《中國現代主義文學史》中便指出，王國維譯介的《心理學概論》，便引進了無意識與夢的概念；錢智修刊登於《東方雜誌》（一○卷一一號〔1914年5月〕）〈夢之研究〉，則明確地提到佛洛依德的《夢的解析》。有系統的介紹佛洛依德文藝觀而影響深遠的，則是謝六逸翻譯的松村武雄《精神分析學與文藝》，與魯迅所翻譯的廚川白村《苦悶的象徵》。見朱壽桐主編（206-23）。

「歇斯底里」的病因是受到慾望壓抑鬱積於潛意識所導致的病症；「煙囱掃除」的治療法，不僅可以運用於文藝理論，讓文人「吐瀉」出「不愉快的記憶」，更可以運用於社會與文化的問題：「種種的不愉快」壓到「潛意識界裡去，漸漸地招來民族的萎靡，頹喪……結局不為異族所吞併便釀成革命的爆發。革命的爆發也不外是一種自然療治性的『煙囱掃除』。……那種善於『醫國』的『上醫』，就是能夠對於民族的「歇斯底里」及早施行煙囱掃除治療的人。」（《創造十年續編》170-71）這種「煙囱掃除」的治療法，與他的「開刀」論述，是同樣的社會實踐工程。

　　郭沫若以社會實踐的行動模式翻譯改寫精神分析「壓抑—釋放」之理論，在中國接收精神分析的歷史進程來看，是個典型的例子。郭沫若在早期小說〈殘春〉及文學批評理論〈批評與夢〉中所援用的佛洛依德精神分析理論，不是僅僅如劉禾所言，利用翻譯「心理」與「慾望」的概念，「挖掘心靈的心理底層」（Liu 132），而更著重釋放能量、消除障礙的詮釋。在〈批評與夢〉一文中，郭沫若已經清楚呈現他要強調的是：「夢是幼時所抑制在意識之下的欲望的滿足」（《郭沫若全集·卷四》 406），而夢中「妻殺二兒而發狂，是畫間無意識中所感受到的最大的障礙，在夢中消除了的表現」（《郭沫若全集·卷四》 408）。郭沫若選用「煙囱掃除」的理論取代了佛洛依德的「壓抑—釋放」的概念。此差距徵結在於：郭沫若所選用的，偏向於布洛伊爾的「清除理論」（cathartic method），而佛洛依德日後所發展出來的「壓抑—釋放」，則是建立於「經濟交換」（economics）的原則。也就是說，從欲力（trieb, drive）

的能動力，到欲力選取對象（object）而投資其精力，或是欲力經歷壓抑而轉換以症狀形式呈現，或是欲力改變其對象或是採取變化途徑等等，被選取的投資對象都是如同「兌換幣」（token）一般，使內在的壓力取得紓解的「交換」管道。

　　在討論無意識時，佛洛依德曾經指出，除非我們承認人類大部分的意識活動是在無意識的狀態下發展，此無意識的系統與意識系統保持密切關聯，不然我們無法說明許多表面上無法解釋、沒有連貫的心理現象。至於要如何能夠得知無意識的活動呢？那便是要進行「翻譯」的工作，探究此無意識系統內所發生的抗拒力。因此，對於佛洛依德來說，「壓抑」是「反投資」（anti-cathexis）或是「撤離投資」（withdrawal of cathexis）：意識與無意識兩種控制系統相互交錯，而前意識的投資會被撤離。意念無法尋得對象，但卻仍然維持無意識的投資或是置換。無意識中的投資意念是為了維持在無意識層面，而不進入前意識，不被壓抑；因此，原初壓抑的能量便展現在這種反投資的功能上（"The Unconscious" 181）。前意識系統的投資逃離壓力，附著於以置換而替代的意念，此意念一則以某種聯想的方式與被拒絕的意念相聯結，一則卻又因為與此被拒絕的意念的遙遠關係而逃離壓抑（"The Unconscious" 182）。因此，被壓抑與撤回投資的意念經過迂迴的路徑，會選取一個利於偽裝的替代物而再度出現。

　　要如何探究此「症狀」背後的壓抑或是反投資，以及其抗拒呢？佛洛依德曾經強調，精神分析的主要工作就是要去「翻譯」症狀（"Beyond the Pleasure Principle" 1-64），也就是將「症狀」之中被壓抑而轉移投注的無意識意念「翻譯」到語言的層

次，進入意識系統。文化系統如何將無法接受的異質物壓抑，而轉換投資到另外一個文化對象物，便是我們可以提出的問題。我們可以閱讀此被轉移的投資工程，以便翻譯出沒有被面對的真實文化欲力。面對歷史圖像資料，從側面的方式捕捉此時代的論述脈動，其實可以協助我們閱讀其中鑲嵌的時代文化脈絡，以及探索其中牽引與轉移的內在動力。若我們忽略了此地下莖式的面向，我們便有可能片面地理解，並且將原本內部相連的象徵形式做歷史斷代或是對立陣營的切割。透過精神分析式的翻譯與詮釋技術，我們了解郭沫若及創造社前後期的轉折，其實內部有其相呼應的形式邏輯，也就是中國現代化過程中的國家形式化的訴求。郭沫若所強調「煙囪掃除」的社會實踐，不僅「錯誤翻譯」了佛洛依德的「壓抑—釋放」的概念，更是透過此錯誤翻譯而轉移了他亟欲釋放的革命能量。郭沫若所在乎的，是從個人生命到民族集體生命的聯結，從能量的壓抑到障礙的掃除，從病症到開刀治療，這些發展都導向強盛的革命與國家形式化的欲力；而這幾種連串邏輯的論述模式，也都與中國現代化進程中所採取的前衛與進步的國家形式有密切的關聯。

因此，中國二○年代中後期文化脈絡與政局結構的變動，引發了國家形式化之內在動力與革命迫切感，使得法西斯組織動力普遍浮現。屬於右翼的未來主義構圖及頹廢唯美風格，都成為左傾的創造社轉向投資的代替物，此代替物也翻譯出了其中底層的法西斯衝動。若從表面的視覺模式上來看，以黑白對比與纖細裝飾紋路為重的比亞茲萊式頹廢唯美畫風，與強調銳角三角形穿刺入橢圓圖形所造成動力感的未來主義或是構成主

義的抽象幾何圖像，以及厚重粗獷而重寫實的普羅風格，當然皆相去甚遠。但是，這些相互矛盾的視覺圖像卻替我們揭露了中國現代化進程中共通的修辭：從象徵唯美背後精準區分我他與掌控全局與細節的法西斯衝動，到未來主義背後的國家形式「革命換血」的基進論述，到普羅勞農階級論述背後掃除障礙的「切喀」機制，此發展脈絡的底層流動的是對於流血革命與組織國家形式的渴求。郭沫若所謂的「時代精神」與文字中的生命能量／革命能量，也在此時代政局脈絡中尋得了抒發的管道。

於是，雖然具有刺戟力的頹廢唯美，與偏向抽象銳角構圖之未來派，對於中國人的視覺經驗來說都是相當陌生而具有異域趣味的，但是當這些圖像模式被翻譯、變形，並且以在地化而且具有本土意義的方式出現在中國的視覺文本中時，我們看到了在這個圖式背後以地下莖的方式交錯盤結的社會能量。從個人生命到民族集體生命的聯結，從能量的壓抑到障礙的掃除，從病症到開刀治療，都與國家形式化有密切的銜接。因此，我們也再次注意到，二〇年代中國引進西方視覺模式所展開的「視覺翻譯」，不僅是將西方的視覺經驗「翻譯」介紹到現代中國的脈絡，更是藉此外來的視覺模式「翻譯」當時中國人所感受到的現代處境與現代形式的必要：這是以一種具有強烈生命能量的動力所積極要求的國家形式化工程，也就是法西斯美學中政治形式化的組織工程。

第七章
群的結合
——三〇年代的烏托邦想像

　　到底什麼是法西斯美學動力的政治形式化與組織工程呢？為何文化場域中具有極權性格的論述會以物質與肉體的形式展現此組織化性格？我們可以從1934年上海聯華影業公司出產的《國風》與《大路》，以及郭沫若的詩作，繼續討論這幾個文本中近法西斯式的組織集結動力與集體妄想徵狀，以理解此歷史情感高峰狀態的崇高主體位置。

集權政體與性壓抑

　　1933年《現代》四卷一期，出現了一篇周作人談論德國法西斯主義公開焚燒禁書的文章。周作人在此文中提及5月14日《京報》副刊刊登德國納粹黨「燒性書」的新聞，該報導陳述德國學生在德國納粹黨之鼓動下，於5月10日燒賀克費德（Magnus Hirchfeld）的性書，並高歌「德國婦女今後已被保護」。從《京報》副刊此則新聞報導的立場，可見當時中國輿論界對於德國燒書，以及希特勒（Adolf Hitler）促使日耳曼民

族之復興，有明顯的同情之意：「最近世界中的兩大潮流——共黨主義和法西斯蒂——中，德國似蘇聯一樣與我人一個要解決的謎。」（引自周作人 11）所謂「我人」要解決的「謎」，自然就是指當時中國的國家地位與民族復興等問題。

　　周作人顯然對於這種同情法西斯主義的報導持批判態度。他指出極右傾的德國法西斯主義強調德國國家之地位提高，種族意識高張，嚴定優生律，以及要求焚燒性書，都如同反猶太運動一般，是「畏懼忌妒與虛弱」的表現（12）。周作人同時指出當天報紙並列「燒性書」與「張競生大談性事」二則新聞的內在矛盾。德國大燒性書之同年，藹理斯（Havelock Ellis）的《性心理學》出版，張競生的性學也在中國引起軒然大波。然而，周作人引述同年8月13日《獨立評論》六三期的〈政府與娛樂〉一文以指出：「因為我們的人生觀是違反人生的，所以我們更加做出許多醜事情，虛偽事情，矛盾事情。拉丁及斯拉夫民族比較少，盎格魯撒克遜較多，而孔孟文化後裔要算最多了。」（12）周作人當時注意到性的壓抑正好與極權統治的政權是一起發展的，而認為國家主義與種族主義高張的納粹黨徒之吶喊，正反應出他們「壓抑」後之「歇斯底里徵狀」（12）。

　　周作人或許並未完全理解此評論背後的精神分析基礎，然而，此壓抑後的歇斯底里，卻正好與妄想之自我膨脹是一體的兩面。佛洛依德曾經指出，歇斯底里及妄想與壓抑有密切關聯：當自我被外在世界拒絕而經歷壓抑，並且自世界與人的關係撤離，自由的自我在歇斯底里的狀態下，便會表現為生理之癱瘓或是焦慮，然而妄想的狀態則為歇斯底里的反面，是力比多投注於自我本身，而表現為自大與自戀（megalomania, narcissism〔"Notes on a Case of Paranoia" 72〕)。此壓抑後之歇斯底里與妄想徵狀,將是我們理解中國三〇年代之法西斯衝動的基礎。

上海電影文本中的「戰鬥」修辭與情慾轉移

讓我們先從三〇年代初期上海聯華影業公司出產的《國風》與《大路》兩部影片,以及其中所透露的修辭策略、觀視位置與情慾轉移,來討論法西斯文本徵狀。

中國三〇年代的電影工業以上海為主要據點,而上海電影業主要的製作公司為「天一」、「藝華」、「明星」、「聯華」,多半由左翼影人、劇作家、導演所掌控。[1] 1933年底,左翼傾向的藝華被國民黨法西斯組織藍衣社搗毀,[2] 明星被削弱,面臨經濟困難的窘境,天一的商業化經營又頗不得當時影人的支持,最後聯華乃成為主要的電影生產公司。[3] 聯華本身的組成

---

[1] 1931年,共產黨在「劇聯」的《最近行動綱領》中,指出當時對電影所採取的路線:「深入都市無產階級的群眾當中」,「領導無產階級的演劇運動」,「爭取革命的小資產階級的學生群眾與小市民」,「幫助白色區域內廣大的農民」等任務(程季華 177)。1933年2月9日,共產黨之中國電影文化協會在上海成立,執行委員包括夏衍、田漢、洪深、鄭正秋、聶耳、蔡楚生、史東山、孫瑜、任光、金焰、張石川、胡蝶、沈西苓、程步高等三十一人,幾乎囊括了當時所有重要影界人士。可參考程季華的《中國電影發展史》、鍾大豐與舒曉鳴的《中國電影史》,與杜雲之的《中華民國電影史》等書,都有詳細討論。1933年甚至被稱做是左翼電影創作高潮(陳播 10)。

[2] 詳見後文討論。

[3] 可參考酈蘇元、胡菊彬的《中國無聲電影史》,程季華的《中國電影發展

方式十分複雜,自從1934年初羅明佑直接控制聯華一廠,與
國民黨合作推出「航空救國」的《鐵鳥》,以及鼓吹新生活運
動的《國風》等片,然而聯華二廠卻仍舊由左翼影人組成,例
如夏衍離開明星,轉移到聯華擔任二廠的特約編劇,聶耳、任
光、安娥等左翼音樂工作者亦加入,陸續推出蔡楚生的《漁光
曲》、《新女性》,孫瑜的《體育皇后》、《大路》,吳永剛的
《神女》,費穆的《人生》、《香雪海》與《天倫》等影片。因
此,研究上海電影的學者多半注意到,1934到1935年間上海
出現最為反動保守的電影與最為進步的電影,而且都出自於聯
華影業公司。[4]

《國風》與上海聯華一廠的右翼路線

《國風》由聯華一廠的羅明佑編劇,羅明佑與朱石麟合作
導演。此片拍攝是為了響應當時蔣介石所提倡的「新生活運
動」,聯華為此片所作的文宣口號是「國風的劇旨,足以挽救
中國;國風的劇力,足以復興民族」(杜雲之 183-84)。劇情敘

史》,鍾大豐、舒曉鳴的《中國電影史》,與杜雲之的《中華民國電影史》等
書的討論。

[4] 可參考(Jay Leyda [93])。研究上海三〇年代電影配樂的蘇・托赫(Sue
Tuohy)也指出,雖然日後上海電影被歸類為左翼或右翼,以聯華影業公司
出產的電影而言,其中意識形態自相矛盾的電影配樂顯示出上海都市化之影
響下,電影作曲者與製片者大量取用各種文類與來源的素材,並沒有局限於
當時的政黨立場("Metropolitan Sounds" 200-21)。我認為,雖然有此複雜交
錯的立場,影片所呈現的不同聲音卻無法掩蓋當時不同陣營電影所共有的時
代焦慮。

述一對姊妹張蘭（阮玲玉飾）、張桃（黎莉莉飾）與校董之子許柏揚自鄉下中學畢業，到上海念大學。張桃與許柏揚畢業後，將上海的奢華風氣帶回家鄉，影響了全鎮的風氣，後來由參加「新生活運動」的張蘭帶回來「新運」的宣傳資料，糾正了民風。

　　影片中，上海成為現代化與奢華罪惡的淵藪，而張桃則是現代化的具象呈現。張桃回到小鎮的夫家後，第一件事就是將梳妝台前舊的明星花露水丟掉，換上各式新的外國香水與化妝品，象徵地宣稱了都市文化在她生活圈所佔據的顯要位置（見圖一）。張桃回到母校代理其母親的校長職務，而她對待工作如同對待遊戲，在校長辦公桌批改學生作業時，雙腳仍在踏著舞步（見圖二，三）。

　　影片中刻意以幾個連續特寫剪接，呈現張桃所代表的現代化都市女性，例如她新燙的髮型、短袖旗袍、高跟鞋（圖四－七），以及這些細節對於小鎮女學生的影響。影片中，我們看到小鎮女學生全身被布襖包裹，與來自上海的張桃形成強烈的

圖一

圖二　　　　　　　　　　　　　　　圖三

對比。女學生以粉筆在袖子上做出可以截短袖子的記號，更凸顯出此女學生與張桃對於身體處理的差異。張桃所代表的種種，自然可以稱之為「女性情慾主體意識」的發生，然而當時在新國家主體與救亡圖存的論述之下，此女性意識卻需要被批判與犧牲。[5]

　　張桃與許柏揚不只影響了學生，也使得小鎮快速改變：新的西服店、摩登商行、皮鞋店與理髮店陸續開張。居民換上西裝，剪燙頭髮，購買時髦布料與化妝品，儼然一副都市化與現代化的小模型。這一系列快速的變化，以及牽連的視覺圖像，具體地改變了小鎮風貌的肌理與質感。

　　然而，被翻譯為「摩登」的「現代化」在此處意涵卻是「都市化」，被右翼國家論述視為「洪水猛獸」，會污染人們純樸的心靈。要糾正這個危險的風氣，唯有藉助於新生活運動。張蘭從外地寄回新生活運動的宣傳標語及手冊，而張蘭的表哥與校長母親也出馬協助，到鎮上四處演講（圖八─十）：

---

[5] 女性情慾主體與新女性論述內在不相容之處，值得深入探討。

圖四

圖五

圖六

圖七

　　在這國難當頭，遍地都是饑荒災亂的時候，我們還有心思去濃妝豔抹，摩登浪漫，來刺激那些饑寒困苦的同胞嗎？

　　我們都曉得修飾自己的外貌，使其整潔，怎麼不知道廓清一下內心的淫邪污穢呢？

　　我們要立刻警醒，將打扮的時間，用在服務社會的工作，將裝修的財力，用在建設的事業，然後國家民族，才得有救。

　　我們要立刻實行新生活，用禮義廉恥來修飾我們的內心，用真理公義來潔淨我們的靈魂，讓我們重生一個新生命。

　　在現代化的危險性與傳統小鎮的純樸美德之間，《國風》的敘事立場顯然是選擇了後者。我們看到此種敘事修辭凸顯了整潔乾淨的心靈信條與淫邪污穢的物質生活之對立，並且強調建設生產與服務社會是拯救民族的唯一方式。例如鏡頭刻意以掛歪的「禮義廉恥」匾額表明張桃與許柏揚在學校所引起的改

圖八

圖九

圖十

變以及影片本身的立場。[6]

　　此外，攝影師洪偉烈與導演朱石麟以分割畫面、旋轉畫面、重疊畫面、腳步特寫與蒙太奇跳接等技巧，表現了上海女學生鎮日打電話，鏡前化妝，舞廳婆娑起舞，假日出遊等場景。而當張桃的校長母親批評張桃與許柏揚使學生「生活奢侈化，行為浪漫化」時，影片中甚至以蒙太奇跳接、旋轉畫面與畫面重疊，呈現洪水猛獸與小鎮的並置，並打出「奢風浪習有如洪水猛獸」的訓示字幕（圖十一－十三）。

　　正如同掛歪的校訓匾額一般，這一系列傾斜、旋轉或是搖擺不定的鏡頭與影像，同樣說明了此影片要凸顯的「正」、

6 Zhiwei Xiao 在〈建構新國家文化〉（"Constructing a New National Culture: Film Censorship and the Issues of Cantonese Dialect, Superstition, and Sex in the Nanjing Decade", 1999）一文中，舉例指出當時的電影檢查制度特別對於女性身體有嚴格的管束。除此之外，地方政府，例如山東，甚至會逮捕燙髮或是穿著高跟鞋的女子（198）。

圖十一　　　　　　　　　　圖十二

「邪／斜」對比。然而，在視覺層面，我們注意到影片的攝影
以及剪輯在處理有關現代化的影像時，套用了非寫實電影語言
之輕浮，以對照寫實語法的穩重。但是，這些片段的技巧純熟
中偷偷流露出攝影師樂於此特技展演的快感，以及他玩弄非寫
實技巧之出軌樂趣。因此，這些片段也透露出此影片文本對於
現代化的危險誘惑同時具有吸引與排拒之曖昧態度；而這曖昧
之雙向並存正是衝突與壓抑的起點。

　　在抗拒出軌並且追求精神性的潔淨之際，《國風》流露出
奇特的壓抑與情慾轉移。張蘭是典型的壓抑而歇斯底里的人

圖十三　　　　　　　　　　圖十四

物。她在上海都會的紅塵之中，心靜有如止水，假日不與同學出遊，平日不化妝，鉛筆削到短短的一小支還在使用，並時時發表高論，教訓妹妹張桃與同學，認為「鄉村到城市讀書的學生，他們接受了高等教育，同時也習慣了高等享受，畢業之後，回到鄉下，就給與鄉下的父母一個大大的難題。……所以我們應該要有毅力來克服環境，而不要被惡劣環境所支配」。她在企圖分開已婚的妹妹張桃與男友許柏揚的交往時，被人誤會她在追求她妹妹的男朋友，大受刺激昏倒後住院休養，還說「任憑他們怎樣羞辱我，毀謗我，我是絕不屈服的，我覺得為正義而受逼迫，是應當歡喜快樂」。這種將壓抑轉化為快感來源，凸顯了因正義感而受迫害的被動位置背後的主動性，以及以受虐為樂的錯置。張蘭兩度拒絕表哥的求婚，第一次是為了她妹妹張桃也喜歡表哥，第二次則為了推動新生活的教育而要求「等待數年」再談婚姻，她的理由是她「另有所愛之人」：「家庭之愛而外，還有更偉大的愛，這偉大的愛，是要在家庭以外尋求的」。

　　張蘭延擱男女之愛，是因為她將熱情放置於「更偉大的愛」

圖十五

圖十六

——國家與道德的超越對象。影片中,宣揚新運理念的張蘭目光不對著群眾,而朝向鏡頭的左上方,正好與左上角斜斜打入的光源銜接,並使其面部與上身皆因此光源而泛著高超聖潔的光芒。[7] 而當張蘭回覆說她「另有所愛之人」時,她的目光迴避身旁的表哥,遙遙望向遠處透明的對象物。這幾個影像語言透露出一個超越於現實界的更高原則,支配著現實中人物的發言位置。我認為,影像中這個不在場而超越的絕對原則,已經透露出張蘭唯心主義(idealism)的發言狀態。所謂「唯心」,也就是指以抽象理念代替具體對象,使得個人放棄眼前之直接對象,轉而投注於超越而崇高的對象,一個架構於國家論述與道德範疇的理念。

《大路》與上海聯華二廠的左翼路線

　　《大路》雖然不似《國風》一般明白的採用「新生活運動」中的道德管束與群眾組織,在影片中卻處處可見同樣性格的群性訴求與規範。根據《中國電影家列傳》第二輯,孫瑜的傳記所記錄,孫瑜曾經讀到報紙上刊登高爾基的〈論革命的浪漫主義〉,該文提及「要看到光輝燦爛的明天,明天美麗偉大的制度,明天的新人」,此文所鼓吹的浪漫主義醞釀了孫瑜的《大路》(85)。鍾大豐與舒曉鳴也將《大路》歸類為浪漫主義加上現實主義的作品;其他同時期的左翼電影多屬於此類,例如田漢的《母性之光》、《民族生存》、《風雲兒女》、《自由神》

---

7 這當然是借用了通俗宗教畫片的技巧。

等（鍾大豐、舒曉鳴 32-33）。[8]《大路》中聶耳[9]作曲，孫瑜作詞的〈大路歌〉，以及聶耳作曲、孫師毅作詞的〈開路先鋒歌〉，都可以作為例子。這兩首歌後來都成為流行的群眾歌曲。〈大路歌〉的歌詞充分顯示鼓勵大眾以「作戰」的精神開路，壓平「崎嶇」，碾碎「艱難」，為了使大家可以向前邁入自由的大路。〈開路先鋒歌〉則更強調為了除掉累積「幾千年的化石」所形成的山峰，這些開路先鋒要「引發地下埋藏的炸藥」，使「嶺塌山崩，天翻地動」。《大路》中的歌詞與楊漢笙導演《生之哀歌》（藝華出產）中由郭沫若作詞的主題歌〈生之哀歌〉有共通之處：「為著取得知識的果實，我們一刻也不曾懶惰⋯⋯我們必須向生活戰線肉搏，肉搏，把戰歌代替哀歌，前進！前進！兄弟們！改革我們的舊生活，前進！前進！創造我們新的生活！」

雖然《大路》與《國風》是由不同政治背景與政治訴求的編劇與導演所產生的作品，可是，我們可以清楚的看到左翼與右翼同樣都採取摧毀障礙物的「戰鬥」修辭策略，以便朝向新的生活與新的秩序邁進。在追求「更偉大的愛」，以及新生活與新秩序的同時，我們看到《大路》與《國風》同樣唯心浪漫的思維模式。張蘭迴避眼前直接的對象，而將視線投注於遠方不明的對象，似乎「看到了」新生活與新秩序，這種圖像表徵

---

8 被鍾大豐和舒曉鳴歸類為寫實主義電影的，則以夏衍的《狂流》、《春蠶》、《上海 24 小時》、《脂粉市場》、《前程》、《壓歲錢》等影片為代表。其餘左翼電影如《船家女》、《桃李劫》、《鄉愁》亦屬此類。

9 聶耳是中華人民共和國國歌〈義勇軍進行曲〉的作曲者，在聯華時期與左翼影人密切合作。可參考王之平。

圖十七

就是壓抑後妄想轉向的唯心投射。我要指出另外一個更為典型的「唯心轉向的圖像表徵」，那就是《大路》片尾丁香（陳燕燕飾）的精神觀視圖景：大路築成後，所有築路工人與好友茉莉都被敵機掃射身亡。丁香卻堅持大家都「沒有死」，堅持她「看到」每一個人自死去的身軀中爬起，組成築路的隊伍，繼續前進（見圖十七）。

　　這個觀視位置同時將為內心主觀意願投射的心像放置在地景之上，並以主體肉身與地景重疊的方式，回看觀影者。此觀看與回望，同時召喚觀眾，帶領觀眾看到她所要看到的圖景，並以寓言的方式象徵她與築路工人的精神充塞大地。然而，正如拉岡所言，圖像中回看的「觀視點」（the gaze），是不存在於此圖景中的另一面向的終極處，是眾人之匱乏與欲求處，是一個新的秩序與精神空間。因此，我對於此圖像之「觀視」位置的討論，便從阿圖塞所說的國家機器的召喚（interpellation），

滑向拉岡所指出的匱乏與欲求的盲點所在之處。匱乏感所驅使的慾望對象在何處呢？「群」的結合所映照的，不正是此匱乏狀態嗎？

　　《大路》中有另一種壓抑之後奇特的情慾轉移。《大路》的劇情中與《國風》一樣，同樣抽離了男女之愛，同樣將情感投注於超越個人的集體與國家，可是，這部影片中時時出現意料之外——與意識之外——的同性情慾場景。築路工人金哥（金焰飾）與小羅等人幾場裸露上身或是裸露全身的場景，流露出男性軀體之美，以及男性之間親暱的愉悅關係（見圖十八－二十）；而茶館的丁香與茉莉（黎莉莉飾）在談論這幾個年輕男子時，兩位女子相互擁抱親吻，同樣流露出不自覺卻十分明顯的女性情慾關係（見圖二十一－二十四）。

　　影片中的話題與影像所流露出的同性情慾完全無關，但是，觀影者一旦脫離了影片的論述脈絡，便會敏感的察覺到影像中透露的另外一種語言。同性情慾在集體論述的同志情操之中，時常是隱而不顯，但卻必然存在的。但是，重點還不在此

圖十八

圖十九

圖二十

同性情慾，而在於，在國家或是集體的利益之下，個人的情慾是必須棄絕的。因為，在透過對於更高對象的情感投注，眾人的情慾朝向此對象而被集結的同時，此情慾也改換樣貌，藉由同性情慾在「同志」之間改裝與流竄。此慾望的集中與集結，是群體最高原則可以主導所有個人的關鍵紐帶。

圖二十一

圖二十二

圖二十三　　　　　　　　圖二十四

郭沫若現象與浪漫唯心之烏托邦想像

　　上述與集體唯心而浪漫激越的結合熱情，以及對於超越之國家理想與新秩序的追求，都可以在中國三〇年代右翼與左翼的文學作品中看到同樣的痕跡，而郭沫若的詩文則可作為最典型的代表。郭沫若於五〇、六〇年代不斷歌頌的「毛澤東，新中國的太陽！」（〈中國少年兒童國際歌〉 82），「進步」與「建設」（〈高舉起毛澤東思想的紅旗前進！〉 384），「集體力量的結晶」的「驚人的健康和毅力」（〈集體力量的結晶〉10），早在二〇年代的《女神》與三〇年代的《戰聲集》裡清楚出現。在《女神》中，我們隨時可以看到對於「太陽」、「火」、「力量」、「新生」、「鮮血」等圖像釋放出妄想式的精力投注，例如：「出現了喲！出現了喲！耿晶晶地白灼灼的圓光！從我兩眸中有無限道的金絲向著太陽飛放。……太陽喲！你請把我全部的生命照成道鮮紅的血流！」（〈太陽的禮讚〉

100）當列寧（Lenin）辭世時，他寫道：「你我都是逐暗淨魔的太陽，各秉著赤誠的炬火，前走！前走！」（〈太陽沒了〉322）[10] 從以上這些詩句中，我們看到了個人對於領袖、紅旗，以及集體近乎膜拜式的熱情，領袖如同「太陽」、「炬火」、「白灼灼的圓光」，吸引詩人全部的欲力投注。而在《戰聲集》中，更隨處可見詩人對於集體力量的渴求，例如在1936年的〈們〉這首詩，我們看到「們」這個「簡單的超魔術的」咒文在郭沫若的想像中具有強大的集結力量：

> 們喲，我親愛的們！
> 你是何等堅實的集體力量的象徵，
> 你的宏朗的聲音之收鼻而又閉唇。
> 你鼓蕩著無限的潛沉的力量，
> 像灼熱的熔岩在我的胸中將要爆噴。
> ……
> 我要永遠和你結合著，融化著，
> 不讓我這個我可有單獨的一天。（3）

我們看到：詩人熱情如同「灼熱的熔岩」，他寧願融化，以便與更大的自我「結合」。此處，渴望與「集體」結合的情慾動

---

[10] 何其芳曾經指出，郭沫若的《女神》呈現了當時的「時代精神」：「它強烈地表現了當時的中國人民，首先是當時的青年知識分子對於祖國的新生的希望，表現了他們的革命精神和樂觀主義精神。它寫出了對於舊中國的現實的詛咒和不滿，然而更突出的是對於未來的新中國的夢想、預言和歌頌。」（489）

力非常清楚。郭沫若的浪漫風格自然十分明顯，他曾經提到，當他接觸惠特曼（Walt Whitman）的《草葉集》（*Leaves of Grass*）時，正是五四運動發生的那一年，「個人的鬱積，民族的鬱積，在這時找出了噴火口，也找出了噴火的方式，我在那時差不多是狂了」（《郭沫若文集》一三集 121）。郝亦民則指出，郭沫若在現實層面的理性主題是抒發其愛國之情與呼喚祖國新生的理想，然而，這種龐大的主題實際上是包裹在他個人本能的衝動之中，藉助其個人無意識的巨大衝力爆發出來（375）。觀其一生的寫作，這種巨大的衝力持續透過不同管道流動，也令我們再度面對左翼現實主義之下的個人主義，以及浪漫主義的底層結構。

以上的討論中，我陸續指出了中國三〇年代幾個文本所具有的徵狀：唯心浪漫、心靈淨化、群性規範、壓抑與情慾轉移、同性情慾流動，以及與群體結合的情慾動力等。這些徵狀都含有法西斯之內在衝動，也具有妄想特質。要討論這些朝向集體認同的熱情，就要進入精神分析的理論。但是，進一步說明此精神狀態之前，我要先從另外一個面向來探索中國三〇年代的法西斯論述脈絡，也就是力行社，以及環繞此機構而發展的各種體制。我們在三〇年代的文化場域中，在《國風》、《大路》，以及郭沫若的詩句中，已經一再觀察到這些與集體認同的情慾。這種情慾推展到了極致，便是與群體「融化」、「結合」之渴望，以及獻身捐軀的熱情。以下，我要把這些文本徵狀銜接到其所鑲嵌的中國三〇年代整體文化場域，並指出此整體文化場域所呈現的法西斯論述徵狀。

中國三〇年代文藝論述中的法西斯氛圍

當我們回顧中國三〇年代的文藝論述及政治修辭，我們的確也發現當時充滿唯心浪漫之模式，追求新秩序，以正常、正確、健康之集體論述，排斥病態與奢華墮落的清潔檢查政策，以及朝向極權化的法西斯美學。

三〇年代初期，左翼電影理論界出現了對於上海影評人劉吶鷗、黃嘉謨等人「軟性電影」理論「道德頹廢」的批判，[11] 文學界也同時展開了一場對於政治立場不明的「自由人」與「第三種人」的論戰。細讀這個維持了一年半的論戰（自1931年延續到1933年），前後包括胡秋原、蘇汶、瞿秋白、周揚、馮雪峰、魯迅、胡風、陳望道等人的參與，我們看到論戰背後左翼與右翼共同以法西斯心態夾攻所謂「自由人」與「第三種人」。這系列的論辯起因於胡秋原的〈阿狗文藝論〉。胡秋原這篇〈阿狗文藝論〉發表於1931年《文化評論》的創刊號，明言要批判〈民族主義運動宣言〉中的法西斯主義。該期社論〈真理之檄〉亦指明要批判「思想界的武裝與法西斯蒂的傾向」（4）。

〈民族主義文藝運動宣言〉是一群中國民族主義文藝運動者於1930年6月1日在上海集會所發表的宣言：[12]

---

11 可參考黃家謨，唐納〈清算軟性電影論〉，和魯思。

12 此宣言發表於《前鋒》第一期。此民族主義文藝運動集會是在左聯成立不久，右翼文人針對「左翼」所謂「無產階級的文藝運動」而發起的，為了

民族是一種人種的集團。這種人種的集團底形成，決定
於文化的，歷史的，體質的及心理的共同點，過去的共同
奮鬥，是民族形成唯一的先決條件；繼續的共同奮鬥，是
民族生存進化唯一的先決條件。因之，民族主義的目的，
不僅消極地在乎維繫那一群人種底生存，並積極地發揮那
一群人底力量和增長那一群人底光輝。

藝術和文學是屬於某一民族的，為了某一民族的，並由
某一民族產生的，其目的不僅在表現那所屬民族底民間思
想，民間宗教，及民族的情趣；同時在排除一切阻礙民族
進展的思想，在促進民族的向上發展底意志，在表現民族
在增長自己的光輝底進程中一切奮鬥的歷史。因之，民族
主義的文藝，不僅在表現那已經形成的民族意識；同時，
並創造那民族底新生命（前鋒月刊社 275）。

泰戈爾（Amitendranath Tagore）曾經指出中國三〇年代的
「民族主義運動」是模仿泰納的「民族、環境與時機說」（引自

要抗議左翼為蘇俄侵略東北而辯護。該民族主義運動之支持者包括王平
陵、黃震遐、范爭波、葉秋原、傅彥長、李贊華、朱應鵬、邵洵美等。此
運動擁有刊物如《前鋒週報》、《前鋒月刊》、《文藝月刊》。此外，上海
《晨報》、杭州《東南日報》與《黃鐘文藝月刊》、武漢《武漢日報》與《武
漢文藝月刊》亦熱烈支持。參見李牧（《三〇年代文藝論》 61-62）。胡秋原
的批判是針對右翼的民族主義宣言，但是，左翼文人卻認為胡秋原是針對
左翼發難，因而引發此一系列的論戰。此外，我們在此也要指出：除了張
道藩等人的文藝政策之外，台灣五〇年代的反共文學，與三〇年代以黃震
遐的作品為代表的民族主義文學，也有極為相似的風格。此問題或許以後
可以繼續討論。

李牧 63）。從〈民族主義文藝運動宣言〉一文，我們可以清楚看到德國納粹黨對於亞利安人種之說法，例如強調民族為同一人種，擁有文化、歷史、體質與心理的「共同點」。此外，宣言中堅持藝術與文學是「屬於某一民族」，是「為了某一民族的」，因此必須「排除一切阻礙民族進展的思想」，這些論點很明顯地都是在遂行一黨之絕對統治而進行的文化清潔運動論述。13

　　德國納粹黨於 1933 年開始，展開一系列焚燒禁書，檢查新聞電影，禁止現代主義繪畫展覽等以暴力清除異己的文化策略。我們知道，在三〇年代的中國，這種文藝清潔動作早也已經出現。1933 年中央宣傳委員會成立了「電影事業指導委員會」，設立劇本審查委員會與電影檢查委員會。1933 年 11 月 12 日，藝華影片公司被一群身著「藍布短衫褲」的青年擁入搗毀，署名「上海電影界鏟共同志會」，並留下傳單，威脅不得刊行任何赤色作家所作文字（程季華 29-98）。14 1934 年 1 月，

---

13 李牧指出周揚的「國防文學」與魯迅的「民族革命戰爭的大眾文藝」，其實和國民黨所提倡的「民族主義文學」本質上一致（63）。周揚之「國防文學」宣稱「在中國，牠是解放民族的一種特殊武器；……是反抗國外的敵人的，同時更要進攻國內漢奸、賣國賊。中國的國防文學，是反帝反漢奸的廣大群眾運動中的意識上的武裝」（引自李牧 96）。毛澤東於 1938 年共黨擴大六中全會的〈中國共產黨在民族戰爭中的地位〉的報告中亦清楚指示「中國」特性的形式問題：馬克思主義在中國必須「具體化」，「必須在其每一表現中帶有必須有的中國的特性」，「按照中國的特點去應用它」，「洋八股必須廢止……而代之以新鮮活潑的，為中國老百姓所喜聞樂見的中國作風與中國氣派」（引自李牧 102-103）。

14 魯迅於〈中國文壇上的鬼魅〉一文中亦有記載此事。見《魯迅全集》卷六（123-25）。

「中國青年鏟共大同盟」繼續散發宣言，要求各影片公司「不得再攝製宣傳赤化、描寫階級鬥爭和對於社會病態黑暗面的描寫」的普羅意識電影（程季華 303）。同年2月，陳立夫亦在《晨報》代表官方發言，強調不准放映「煽動階級對立」、「挑撥貧富鬥爭」的普羅意識作品（〈陳立夫談民族主義為藝術中心〉，引自程季華 303）。國民黨中央黨部並於該年2月查禁一百四十九種「進步文藝」書籍及七十六種「進步」刊物，6月，國民黨中央宣傳部又公佈了「圖書雜誌審查辦法」（程季華 301）。

檢視同時期的左翼電影運動，我們同樣發現了清理「毒素」的作戰策略。三○年代主要的電影製片廠如聯華、藝華、明星、天一、電通等皆傾向左翼。《晨報》的「每日電影」副刊於1932年6月18日刊登了左翼影評家聯名發表的〈我們的陳訴，今後的批判〉，提出電影批評工作的方針：「如其有毒害的，揭發它」，「如其有良好的教育的，宣揚它」，「社會的背景，攝製的目的，一切要解剖它」（程季華 186）。1933年5月1日與6月1日的《明星月報》連續刊登了左翼電影工作者王塵無〈中國電影之路〉的論點，強調中國電影當前的任務是「反封建和反帝國主義」，鼓勵揭露封建階級「對於民眾的剝削、欺騙與鎮壓」，「軍閥戰爭苛捐雜稅」、「暴露都市社會生活的黑暗」、「赤裸裸地把現實的矛盾、不合理，擺在觀眾的面前」（程季華 197-99）。這種清除毒素腐朽之物，如同「有毒的花朵」，與納粹文化清潔運動自然是一致的心態。

中國三○年代的法西斯組織力行社

　　上文一再指出，三○年代的中國文藝電影論述出現了幾乎與歐洲同步的法西斯模式，其中的關聯是值得注意的。我認為這是必須點出力行社作為一個關鍵來理解的時候。根據鄧元忠的《三民主義力行社史》一書指出：希特勒取得政權之後，法西斯風潮席捲國際，日本當時由安達中野領導的「新法西斯黨」（國民同盟）便成立於1932年12月（14）。鄧元忠指出，1933年間討論中國出路的文章十分多，從當時翻譯與介紹「法西斯蒂」的文字出現之頻繁，便可以清楚看見法西斯風潮亦普遍影響中國。例如上海《申報》的廣告欄3月1日刊有《社會主義月刊》的創刊廣告，自稱是「中國研究法西斯蒂的刊物」；4月22日《申報》刊登光明書局出版的《墨索里尼戰時日記》（成紹宗譯）與《希特勒》（楊寒光編譯）；7月12日《晨報》稱國際版自7月16日起刊登白樺譯述的〈法西斯蒂之政治理論〉與〈法西斯蒂之經濟理論〉等文章（15）。

　　被人指為「半法西斯的恐怖政黨」的藍衣社與力行社關係密切。雖然時有論者試圖區分中國極權體制與法西斯政權的差異，例如鄧元忠在《三民主義力行社史》中便反覆否認力行社屬於法西斯組織。他指出外籍學者如斯諾（Edgar Snow）、貝衝（James M. Bertram）、易勞逸等人所引資料為當時日本所掌握的有限研究，[15]並指出蔣介石曾經正式於1932年7月11日在《大

---

[15] 斯諾於1942年寫的《為亞洲而戰》（*The Battle for Asia*）指出藍衣社是戴笠所

公報》闢謠，澄清他自己不可能採用法西斯主義的態度，因而認為雖然力行社屢次派社員赴歐洲考察，甚至在柏林成立據點，「目的絕非去臨摹法西斯主義」（20）。鄧元忠並指出，雖然很多力行社員對法西斯制度有過濃厚興趣，並寫過《中國國民黨與法西斯》或是《孫文主義的法西斯蒂》，滕傑等人自歐洲考察回國後，亦曾合寫《德意考察記》，於1934年出版。但是，鄧元忠強調這種興趣自1935年起開始減退，蔣介石從該年開始對於有關法西斯的資料常批「不值一看」（213）。

我們不必在此證明力行社是否是法西斯之政治組織，只要仔細閱讀與力行社，以及其所推動的「新生活運動」之相關文字，我們不難辨識其中明顯的「法西斯性格」。力行社籌劃於1931年九一八事變之後，成立於1932年。該時，蔣介石已經於1927年完成四一二政變，成立南京政府，並進行幾次大規模清黨動作，圍剿共黨；中華蘇維埃共和國臨時政府則於1931年11月成立於江西。就在這個內外動盪不安之際，蔣介石結合黃埔軍校的年輕學生，組成了三民主義力行社。在易勞逸討論蔣介石所創立的黃埔軍團及藍衣社時，他清楚指出蔣介石深受德國納粹黨的法西斯主義所吸引，而數度派員赴德研究其政治策略。[16] 當時力行社所主持的刊物《社會新聞》，以及《前

管轄的祕密特務組織（Snow 354）；貝衝的《在中國的第一個行動》（*First Act in China*, 1938）指藍衣社是「半法西斯的恐怖政黨，有強烈的民族主義意識，瘋狂的反共，並直接受委員長的指揮」（Bertram 142）；陳少校的《黑網錄》亦指「復興社〔力行社下層組織〕這個法西斯組織……工作特色是在組織上是軍事性質的，在手段上是特務性質的，充分顯示了它的法西斯的本性」（37, 39），前三項資料皆引自鄧元忠（17-18）。

[16] 1928年南京成立了德國軍事顧問室，由與希特勒以及納粹黨關係深厚的鮑

途》的言論顯示，藍衣社的成員認為唯有透過法西斯主義強而有力的管理，「對領袖無條件的服從」，至死效忠才有可能拯救衰頹的國家（Eastman 39-41）。蔣介石於1933年9月在江西演講時說：

> 　　法西斯主義的一個最重要的觀點是絕對信任一個賢明和有能力的領袖，除了完全信任一個人外，這裡沒有其他的領袖和主義。因此，在組織內，儘管有幹部，立法委員，和行政官員，但在他們中間卻沒有衝突；這裡有的僅是對一個領袖的信任……領袖對一切事物有最終決定權。
>
> 　　……
>
> 　　因此，領袖將自然地成為一個偉大的人並具有一個革命者的精神，這樣他就能成為所有黨員仿效的典範。進一步說，每個黨員必須奉獻自己的一切，直接為了領袖和團體而行動，間接地服務於社會，民族和革命。從今天起，我們加入這個革命的團體，我們就把我們的權利、生命、自由，和幸福完全委託給了團體，並且立誓忠於領袖……這樣我們才能第一次真正地被稱為法西斯主義者。（引自Eastman 43；中譯，易勞逸 58）

爾（Max Bauer）上校負責。鮑爾於1929年過世後，由另一位納粹熱烈擁護者克里貝爾（Herman Kriebel）中校接任。希特勒掌權後，中國當時對於法西斯政權極富信心，認為世界局勢右將由法西斯所統攬。1933年之後，大量有關法西斯主義的文字開始被翻譯介紹進入中國。蔣介石也祕密派遣兩名軍官到德國去研究納粹的管理策略（Eastman 39-40）。

我們看到，蔣介石藉由法西斯主義所強調對領袖的絕對服從，以及以領袖為中心的組織化控制，以便建立從黨到社會、民族的一致行動與統一意志。

力行社成立時，蔣介石對著力行社員發表〈革命的心法〉之演講，強調革命基本上要「革心，也就是實踐」（鄧元忠 3）；革命團體是「用嚴密的組織與鐵的紀律將所有的革命黨員結為整個的一條生命」（鄧元忠 7）。因此，革命的心法規定：

> 黨員的精神，黨員的信仰要集中，黨員權力以及黨的責任，也要集中，黨員的一切都要交給黨，交給領袖，領袖對於黨的一切，黨員的一切，也要一肩負起來！……領袖的生命就是全體革命黨員的生命，全體革命黨員的生命就是領袖的生命！……要徹底的團體化！組織化！現代化！絕對不許有個人的自由（鄧元忠 8）。

由以上蔣介石在力行社創立時所發表的「心法」革命，我們更清楚看到他企圖達成組織化之下信仰、意志、權力與行動的集中。此外，以高度的組織化與軍事化所達到的權力集中，目的是要建立以領袖為核心的信仰，並由此信仰帶動無形力量的推動和控制。這種內在精神與外在形體有機式的絕對銜結，與郭沫若在〈們〉一詩中所流露的集體衝動，有一致的浪漫與唯心的基礎，這也就是拉庫－拉巴特所討論的主體無限化與絕對化的問題。

力行社員於1933年底至1934年初在南昌成立了「中國文

化學會」，設計中國文化復興運動。其會歌由劉延陵作詞：
「建新文化，復興中朝，左經右執刀。中正剛強，氣清，水
皎，天日同昭昭」，清楚反映出此學會的口號：「勞動、創
造、武力」與「太陽、空氣、水」（鄧元忠 214-18）。從該會以
及這兩句口號對於「新文化」、「勞動」、「創造」、「武力」、
「太陽、空氣、水」的強調，也都十分明顯的呈現出其背後是
受到了德國納粹黨的影響。[17]

　　藉著力行社於1934年在南昌為了要發展「民族復興運動」
所發起「新生活運動」，則更能夠說明納粹法西斯式的思考模
式與修辭策略。[18] 新生活運動所要對付的，是蔣中正於1934年
2月在南昌演講時所指出的「野蠻」與「鬼生活」。[19] 對付「野

---

[17] 可參考亞單在《第三帝國藝術》一書中對於納粹藝術的討論（Adam 59-
91）。

[18] 「新生活運動」綱領清楚揭示以「禮義廉恥」為中心精神，以「整齊、清
潔、簡單、樸素、迅速、確實」為實踐綱領，以「生活軍事化、生產化、
藝術化」為精神建設之指標，並且使國民「隨時能為國家與民族同仇敵
愾，捐軀犧牲，盡忠報國」（蔣中正 12-13）。蔣中正於該年2月在南昌行營
擴大紀念週的講演中，特別舉德國之復興為例，指出若要復興國家與民
族，便須提高國民道德及國民智識，也就是此「新生活運動」的目的。蔣
中正針對新生活運動而前後發表的演講反覆說明，「新生活運動就是軍事
化運動」，軍事化運動在乎「精神之本」，要使「全國國民實踐禮義廉恥」，
做到「整齊劃一的程度」（蔣中正 33-34）。因此，除了軍隊之外，從全國國
民的日常生活以至於學校教育都必須軍事化（蔣中正 35-38）。

[19] 蔣中正演講中指出：「我去年初來的時候，所看到的〔學生〕幾乎無一個
不是蓬頭散髮，有扣子不扣，穿衣服要穿紅穿綠，和野蠻人一個樣子，在
街上步行或是坐車，都沒有一個走路坐車的規矩，更不曉得愛清潔，甚至
隨處吐痰。」（17）「吃飯的時候，不要說一切食物食具凌亂污穢，而且吃
的時候，有的將身體靠著牆壁或門板上來吃，有的坐著有的蹲著有的坐在

蠻」與「鬼生活」的方式，就是新生活運動綱領中所謂的「藝術化」生活。蔣中正曾經幾次說明此「藝術化」之所指：「並非欲全國同胞均效騷人墨客畫家樂師之所為」，而是要人民「持躬接物，容人處事，能素儀循禮，整齊清潔，活潑謙和，迅速確實」（1935 年新運週年紀念告全國同胞書，蔣中正43）；所謂「藝術化」即是他說的「國民生活軍事化、生產化以及合理化」，使全國國民生活做到「整齊簡樸，迅速確實」，以便準備好「精神力量」，「萬眾一心，立志奮發，不辭犧牲，不惜勞苦隨時隨地都可予敵人以打擊」（1938 年 2 月 19 日漢口中央電台廣播，蔣中正 61-62）。因此，所謂「藝術化」，實際上就是以軍事之戰鬥態度整理生活之秩序。換句話說，國家便是領袖可以透過軍事管理賦予形式而塑造的藝術品。1939年新生活運動促進總會發動「國民精神總動員」，揭櫫「國家至上民族至上」、「軍事第一勝利第一」、「意志集中力量集中」六義。這種強調「規矩」、「清潔」、「組織化」、「紀律化」、「軍事化」、「一心一德」的運動中所揭櫫的簡樸、節制、清醒，屬於一種「嚴厲的美學」，以核心掌控全體，進行完全的統治，與德國納粹黨的政治美學化之作為，實在有精神上相互呼應的性格。

　　從以上對於力行社之民族復興運動，以及新生活運動的討論中，我們可以看到此文化運動所呈現出的浪漫唯心修辭，國

地上，有的站在門外。吃完以後，菜湯飯屑，弄的狼藉滿地……所以我說：現在一般中國人的生活，是污穢、浪漫、懶惰、頹唐的野蠻生活，不是人的生活，無以名之，只可名之為『鬼生活』。」（30-32）

家至上之理念，戰鬥之精神裝備，組織化與紀律化的絕對性，以及對立之強化。這些論述模式其實也都是左翼完成組織化與中央化的基本動力。易勞逸在〈法西斯主義之藍衣社〉（"The Blue Shirts and Facism", 1990）的討論中指出，中國共產黨與國民黨都用相同的原則來控制群眾對於領袖的服從與效忠。易勞逸認為，此種將領袖放置在崇高的地位，對領袖的絕對服從，對國家的全心效忠，每個人都站在生產的崗位上，排斥自由主義與個人主義，集結群眾力量等，都是藍衣社與中國共產黨所共有的策略（82）。[20]

拉庫－拉巴特在〈政治美學化〉一文中，借用儂曦的「內在性」（immanentism）之論點，指出集體意志的「內在性」：在內在性的論點下，主體的無限化與絕對化可在此尋得其出路，而群體創造自我，使自我透過形體而形成，並完成自我的實踐。人民或是國家之群體展現「工作即主體」，以及「主體即工作」的浪漫概念，並且透過工作製造他們的本質，尤其是以此本質為其群性。拉庫－拉巴特指出，這種自我實踐的過程，是透過與團體融合為一，以及與領袖熱情認同之中完成。國家主義美學（national-aesteticism）中必然含有這種「立即執行」（immediate effectuation），以及「自我實踐」（self-effectuation）的意志；拉庫－拉巴特認為納粹的罪行便在此立即執行的意志，以及無止境的過度發展中完成（Lacoue-Labarthe 70）。

「力行」與「實踐」，便是蔣介石透過浪漫而唯心的絕對

---

[20] 根據易勞逸的說法，唯一不同的，是藍衣社仍舊維持傳統的菁英統治，視群眾為被動的工具，而毛澤東則將權力交給群眾（81）。

主體之實踐過程，也可以說是為了達到文化的復興，以及國家統一的有效組織。力行社社員深信五四以來的現代化，或是自由主義以及個人主義，是導致中國道德文化淪喪的主因。因此，他們以打擊墮落文化為己任，激烈抨擊上海的沉淪風氣：「我們必須一點不留地破壞危害民族的文化現象，否則我們不能為民族的新生活建立一種新文化，中國也不能復興。」（引自 Eastman 45）「力行社」之力行與實踐宗旨，以及其主體絕對化的論述模式，清楚地展現於三〇年代的文化復興運動之中，這也是法西斯式組織化與實踐的具體工作。

　　此處我們也必須指出，三〇年代中國與歐洲幾乎同步發展出的妄想式法西斯論述傾向，雖然有其體制上的模仿銜接，此法西斯衝動卻不僅始於希特勒，甚至不僅始於墨索里尼。郭沫若在二〇年代初期的《女神》已經展現出此法西斯特質，其餘五四時期的「新」論述，新青年、新精神、新文學、新國家，亦皆有此傾向。當然，在日本二十世紀初期也同樣的發展出了法西斯模式的心態與政治結構。[21] 因此，我們必須繼續探究此法西斯徵狀背後的基礎動力之問題。下章我將先以台灣在日本皇民化運動之下所引發的法西斯心態作為探討對象，然後我會在第九章繼續處理有關法西斯動力的基本精神結構。

---

[21] 有關日本法西斯政權的興起，可參考楊寧一的《日本法西斯奪取政權之路：對日本法西斯主義的研究與批判》，以及丸山真男的《現代政治的思想與行動：兼論日本軍國主義》。

第八章
從「不同」到「同一」
——台灣皇民主體之「心」的改造

　　探討中國三〇年代尋求民族形式法西斯組織衝動，以及集體認同的過程，使我不得不開始回顧台灣在四〇年代出現的類似心態。台灣人身處被殖民狀態，要如何安頓自身才可以使自己成為被尊重、被接受、擁有適當的社會身分與地位的國民呢？當時的台灣人如何想像一個正當或是完整的「人」或是「男人」呢？我注意到，「皇民」論述可以說是使當時所謂的「本島人」從殘缺成為完整，從不純淨到「醇化」，從「不是」到「是」，從「不同」到「同一」的論證過程。此論證過程要解決的核心問題，便是本島人與內地人血緣不同，本島人如何可能同樣成為「日本人」或是「皇民」？

　　陳火泉的小說〈道〉非常奇特而深刻地展現了此皇民主體位置的思辨過程以及矛盾心態。此書提及的「信仰」、「精神系圖」與「心」的工作，是要造就一種主體位置，以及國家神話。皇民化論述中所強調的日本精神就是尊王攘夷的精神；不只是清除非我族類，更是清除我自身之內的「夷狄之心」。甚至在此國家神話的架構下，天皇信仰所要求的，是朝向天皇的

完全奉獻犧牲。這一系列的皇民化論證過程，展現出台灣人當時試圖「安心立命」的思辨過程，[1] 也使我們清楚看到台灣在日據時期經歷的殖民經驗與現代性，以及其中所牽涉的「國民意識」與「現代主體」的模塑機制。

因此，在殖民政府的現代化工程之下，「本島我」與「皇民我」的矛盾如何解決？是什麼樣的強大力量使得主體積極朝向「日本精神」的理念高點躍升為主體與殖民政府的銜接，為何要透過「精神改造」的過程？為何在政治施為中神道與儒教有其契合之處，而都凸顯了「心」的工程？在台灣、中國與日本的近現代思想脈絡中，此種「心」的精神改造是如何發展的？台灣人如何透過這種「心的形式」想像自身呢？此處，我們所觸及的，是主體意識狀態的問題。或者，更具體的說，是台灣人若要進入皇民身分或是類皇民身分，需要如何自我安置的問題。這是個值得深入探究的難題。

小林善紀的《台灣論》與台灣人的認同結構

我要先從小林善紀的《台灣論》在台灣所引起的軒然大波開始談起。此書引起的激烈爭論表面上是環繞在書中所詮釋有關慰安婦是否出於自願的問題，以及此書對於台灣歷史的解釋是否扭曲等等。因此，爭論的表面環繞在慰安婦的意願和各種歷歷指證《台灣論》的歷史敘述脫軌等問題。但是，這些爭辯的背後，我們注意到了強烈的情緒性對抗態度與所牽引的左右

[1] 「人在不安的極限裡求安心立命」（陳火泉 32）。

統獨分離立場，[2] 以及書中反覆提及李登輝所「繼承」的「日本精神」。這個「日本精神」，以及依此延伸的複雜台灣主體與認同，是真正引起我們好奇深思的關鍵概念。

什麼是「日本精神」？為何小林善紀說李登輝「繼承」了日本精神，甚至李登輝還曾經打算去日本，向日本的年輕人講解日本精神？為什麼高砂義勇軍會宣稱他們是「最有日本精神的日本人」？（Huang 222-50）而許多老一輩的台灣人聲稱在戰後反而開始十分認真的說寫日文，並且以八十高齡組成歌謠會，定期交換日文詩作？[3] 為什麼金美齡也說「日本精神」是一句以台語說的「台灣話」，「在台灣全島的每個角落流傳」：「台灣人聚在一起談話，只要有一個人說出『日本精神』這句話，其他人即可理解其意思。」（金美齡 153）金美齡甚至認為對許多台灣人來說，「日本精神」濃縮了台灣人對於日本統治時代的懷念，甚至「脫離了對日本的思念和評價，而轉化成一般性的意義」，並且這句話包含了「清潔、公正、誠實、勤勉、信賴、責任感、遵守規律、奉公無私」，以及「認真、正直但有點固執」等延伸聯想（金美齡 152）。這些不同立足點所反映出對於「日本精神」的詮釋態度，已經充分顯示出此詞彙所牽引的複雜情感狀態。

我們要如何理解這個鑲嵌了複雜的象徵作用、隨著歷史不斷變動置換意義，而隨時以「現在時態」發生的「日本精

---

[2] 例如「用心險惡」，「奴化教育」，「皇民遺老」，「漢奸媚態」等等。

[3] 黃智慧。〈台灣腔的日本語：殖民後的詩歌寄情活動〉。發表於文化研究學會 2002 年會「重返東亞：全球、區域、國家、公民」，12 月 14-15 日，台中：文化研究學會主辦。未出版。

神」？這個「日本精神」如何影響了某一世代台灣人的主體性
與認同模式之底層結構？陳光興在〈台灣論效應的回應與批判〉
中曾經指出：「日據的殖民經驗及其長遠不可能抹去的記憶與
想像，無可置疑的成為台灣主體性構造的重要成分。」此處的
論斷反映了部分的真實狀態，但是，陳光興並沒有說明此「主
體性構造」是如何完成的。此外，此處需要立即指出此主體性
構造必然是多種面貌的，知識分子與庶民之間，世代之間，個
別主體之間，皆有其不可抹滅的差異。但是，本文所要探討的
皇民主體意識——在具有宗教情懷的激越感念，以及市井小民
奉公守法之間延展的意識光譜——卻是當時國民意識的一種底
層模式。到底我們要如何去閱讀與理解此種台灣主體性的構造
方式？[4]

　　若要進入此有關「皇民」主體問題的討論，我們不得不面

---

[4] 這是個複雜而沒有定論的問題。近一百年台灣人的身分認同發生幾次重大的
轉變，漢人、本島人、日本人、台灣人、外省人、中國人，充分呈現了認同
上的多義並陳。陸委會於2001年1月對普遍大眾進行問卷調查，結果顯示
「我是台灣人」、「我是台灣人，也是中國人」、「我是中國人」這三種不同
主體認同位置的並陳。認為自己是台灣人者，三成到四成；既是台灣人，也
是中國人者，三成到六成五；認為自己是中國人的相對少數，一成一到二成
三。但是，這種調查數據可以說明表面的分歧，卻也無法解釋差異的本質。
王明珂曾經透過檢討集體記憶或是結構性健忘的模式，來觀察族群如何修正
「邊界」，或是如何「集體選擇、遺忘、拾回、甚至創造」共同的過去，以作
為認同的基礎（267）。方孝謙也曾經檢查在歷史影響下，公共論述場域中族
群如何為了要填滿民族這個位置所作的「命名努力」，如何以「政治上的集
體範疇——『國家』——稱呼『我們』」，而指出當時游移於漢人、台灣人、
中國人、日本人的光譜分佈（6）。這些研究承認歷史造成的認同變化，卻沒
有深入討論此認同模式的複雜主體意識與精神操作。

對所謂的「皇民文學」，以及令人尷尬的台灣文學史激烈爭論。曾經有很長一段時間，日文創作不被納入台灣文學的範疇；被稱呼為皇民文學作家的周金波全集遲至2002年才面市。[5] 至於皇民文學在文學史中的位置則更不被討論，而遲至九〇年代初期才開始有所談論。[6] 此外，還有許多未被翻譯未被出版的作品。當然，最簡單的解釋，是這些作品的翻譯仍未完成，甚至尚未「出土」。但是，「出土」自然已經是個具有諷刺意味的描述。這些作品並不是被埋藏在地底下的古蹟，而只是間隔五十年，因為語言隔閡而沒有被閱讀，或是因為政治意識形態不合而沒有被選入文選。這些作品的散佚，更顯示出文學史編撰書寫的「正典」意識。設立「正典」的選取標準，自然也預設了不選的「排除」標準。

這些作品令我們側目的，是它們所引發的持續而激烈的爭議。1998年，張良澤翻譯了十七篇皇民文學拾遺，陸續在《聯合報》、《民眾日報》、《台灣日報》等副刊登出。張良澤呼籲「將心比心」、「設身處地」，以「愛與同情」的態度去重新閱讀皇民文學。隨著皇民文學的重新進入台灣文學研究範疇，有部分學者開始試圖將皇民文學視為「抗議文學」，[7] 而陳

---

5 台灣文學史的書寫中，多半略去有關皇民文學的部分，彭瑞金幾乎沒有提到皇民文學作品，葉石濤也只以周金波為唯一的例子。

6 不過，這十年間，有關皇民文學與皇民化運動的研究，已經出現了十分豐富的成果，例如周婉窈、林瑞明、陳芳明、星名宏修、中島利郎、垂水千惠、井手勇、柳書琴。

7 例如陳火泉的〈道〉發表於1943年7月的《台灣文藝》六卷三號，發表時備受濱田隼雄與西川滿推薦，而戰後卻又因「保存中華文化」而獲頒「國家文藝創作特殊貢獻獎」。研究者如陳紹廷、鍾肇政提出〈道〉描寫當時台灣人

映真以及人間出版社的編輯群卻宣稱要「組織文章」，針對皇民文學這種「漢奸文學」進行「堅決徹底的鬥爭」（人間編輯部 3-4）。陳映真強調皇民化運動是「大規模精神洗腦」，「徹底剝奪台灣人的漢族主體性」，使台灣人以日本大和民族的種族、文化、社會為高貴與進步，以台灣為落後，並因此而「厭憎和棄絕」中國民族與「中國人的主體意識」，把自己「奴隸化」（陳映真 10-11）。[8] 曾健民則認為台灣的皇民文學是「日本軍國殖民者對台灣文學的壓迫與支配的產物」，以文學「宣揚日本的軍國殖民法西斯理念，來動員台灣人民的決戰意識，為日本侵略戰爭獻身」（曾健民 36）。

　　這種激烈對立態度令我們注意到，其實皇民文學與相關論述真正使當代台灣人不安的，而希望從台灣人歷史記憶中抹除的，是其中所透露的強烈日本皇民認同與國家意識。這種試圖抹除的意圖，便發展出各種「抵制」論述模式：無論是指稱三〇年代到四〇年代有一個「傾斜」的過程（陳芳明 156-65），或是強調日據後期台灣最優秀的作家，如楊逵、張文環、呂赫若，從來就沒有掉進皇民化邏輯的陷阱中（呂正惠 62），[9] 或是堅持其中仍有左翼階級意識，其意圖都是希望呈現台灣人的

被迫做皇民的痛苦、矛盾與衝突，是「可憐的被害者的血腥記錄」，是「抗議文學」。

[8] 同樣被人間出版社編輯部收錄在同一輯的曾健民與劉孝春，也口徑一致地批判皇民文學。見曾健民主編（《台灣鄉土文學‧皇民文學的清理與批判》，1998）。

[9] 多數堅持台灣文學擁有反帝與抵制殖民的台灣文學史論者，都會持此見解。但是，這是值得仔細檢查的論調。三〇年代與四〇年代的「世代差異」不容忽視。

反抗抵制意識。論者並指責日本學者垂水千惠承襲殖民者皇民教化的「餘波蕩漾」，不滿她對於周金波提倡的進步文明「欣然接受」，而對於呂赫若的「欲迎還拒」頗有微詞（呂正惠50；陳建忠）。[10] 游勝冠甚至指責台灣學界要求「脫離抵抗與協力的二分式思考」是一種「妥協史觀」，「對不公不義的歷史保持緘默」，「肯定了不義的殖民統治的正當性」，而與日本殖民者「站在同一個位置」。[11]

　　但是，殖民經驗與主體認同位置的關聯，以及此認同位置所帶出的情感結構其實是無法漠視的。陳光興曾經以《多桑》與《香蕉天堂》兩部影片指出殖民經驗與冷戰結構所模塑出的不同主體結構與身分認同：「殖民主義與冷戰這兩個不同的軸

---

[10] 其實垂水千惠對於刻意創作皇民文學的陳火泉的批評是諷刺有加的。她認為陳火泉是為了希望獲得作家的名聲與升遷的機會，而「阿諛為政者」，並且舉出許多周邊資料，呈現出陳火泉十分清楚的「皇民傾向」，而駁斥戰後學者試圖為陳火泉尋找出「抗議文學」的痕跡（垂水千惠 78-79）。垂水千惠刻意舉出相當多陳火泉當時發表於《台灣專賣》的言論，例如「男女老幼都一心一意迎向時代潮流，這種氣氛就是日本精神的表露，至純的國民感情的顯現」（〈勤勞賦〉，1939年10月），「史實證明純大和民族和那些異民族，在血統上、精神上已經完全融合同化了。而且這種異民族的融合同化，不僅發生在過去，現在也繼續進行者，或許未來也會永遠進行下去吧。現在的朝鮮民族、台灣民族等，不久將會被日本族一元化吧。」（〈我的日本國民性觀〉，1941年4月〔引自垂水千惠 79-83〕）。1944年徵兵制開始實施，陳火泉還在一場〈談徵兵制〉的座談會中表示，精神上要「享受『尊皇攘夷』的精神」，「要等到實施徵兵制那天，我已經等不及啦！我等不下去了！」（垂水千惠 84）。因此，垂水千惠認為陳火泉是「想要作皇民化的模範生，以追求一生的飛黃騰達」（85）。

[11] 此處游勝冠所批評的是張文薰在〈論張文環〈父親的要求〉與中野重治〈村家〉──「轉向文學」的觀點〉所提出的論點。

線製造了不同的歷史經驗」，而這些結構性經驗使得身分認同與主體性「以不同的方式在情緒／情感的層次上被構築出來」。也就是說，陳光興認為「本省人」與「外省人」對於日本經驗有截然不同的情感態度，原因在於他們經歷了所謂的「殖民主義與冷戰」兩種不同的歷史經驗。姑且不論陳文中所指涉的「冷戰」時間軸線能否涵括國共內戰與太平洋戰爭，此處所謂的本省人與外省人的區分範疇其實已經過於簡化。外省人族群之中有截然不同的歷史經驗與主體結構，而本省人族群亦有完全不同的認同模式。

有關台灣人的複雜認同模式，方孝謙就曾經透過對於《台灣民報》的研究而指出：日據時期的「我們」可能是中華民族、是漢族，也可能是因為同化經驗而得以與大和民族平起平坐的「我們」（方孝謙 23）。方孝謙以二〇年代為例，指出二〇年代的殖民地民族主義游移於台灣人、漢人、中國人、日本人等不同主體位置。連溫卿從同情弱小階級的社會主義者出發，最終卻主張自由人集團的結合。蔣渭水從中國漢族的繼承者著眼，歷經「台灣原住民」、「台灣人全體」的游移，而最後定位於被壓迫階級的認同。方孝謙認為，「在二〇年代公共領域出現的人民論述，充斥著游移不定的氣氛，似乎是我們必須接受的結論」（39）。

二〇年代台灣公共論壇與各種文化運動，的確如方孝謙所言，呈現出複雜而多樣的主體位置。不過，當方孝謙指出班納迪克・安德森（Benedict Anderson）來台演講時所提出「不應該過分強調日本在台灣五十年殖民統治的重要性」的論點，「應接受為不刊之論」（方孝謙 41）時，我們不得不同時指

出，日據時期殖民統治經驗仍舊是建構主體意識最為根本的關鍵因素。若要以所謂的「公共論壇」之菁英論述來探究台灣人民的認同模式，是無法全面理解主體結構與認同模式的複雜狀態的。若要辯駁此論點，主要根據之一，自然是不參與「公共論壇」的庶民並沒有被適當地探討；此外，因年齡層差距，以及教育整體環境的改變所造成的世代差異，也不容我們忽視。周金波曾經在一次有關徵兵制度的座談會中表示，二〇年代的人們「以切身之痛地感受到所謂時代動向」，在三、四〇年代已經有所不同。他補充說，台灣未來的希望在「已經沒有理論，自己已經是日本人了」的年輕人肩上（周金波，〈關於徵兵制 236-37〉）。[12] 此處可見因世代差異而出現的大幅度世代斷層與認同轉向。

　　但是，有關主體性更為根本的問題在於，透過形式上的教育體系與現代化規訓管理，其實仍舊無法充分解釋所謂的主體結構與認同模式的複雜光譜。日據時期現代性之管理影響了認同的內在歷程，此養成教育自幼開始，根深柢固，造就了情感非理性層面的牽連。主體的形成，必然包含了吸納與排除的雙向並陳效應。也就是說，在一套以日本精神為核心價值體系的龐大規訓管理機制之下，牽涉了教育、修身、道德、法治、效率等等現代國民概念。主體以「同一」的原則順應服從此規訓體系，同時也自動排除不屬於此系統的異質物。這個被排除的異質物，成為主體的負面想像之基礎，包括了對於男性主體淨

---

12 此種認同結構的快速轉移，與台灣在二十世紀末的三十年間所經歷的快速變化，基本上是類同的模式，但是有更為劇烈轉移幅度。

化完整與殘缺匱乏的對立修辭。很顯然的，「日本在台灣五十年殖民統治」的效應，比表面上連溫卿與蔣渭水等人在二〇年代論述的分歧，有更為深遠而曖昧的擴散。

　　另外一個值得我們注意的問題，是日據時期現代主體介於現代主義與現代性二者之間的弔詭位置。垂水千惠的研究注意到「台灣人如何成為日本人」是一個在日據時期三、四〇年代台灣文學不斷浮現的主題（垂水千惠 31）。此外，垂水千惠也敏銳的觀察到，周金波早期從現代主義出發，後來卻發展為與現代主義「形象很不一致」的皇民作家（50）。這種擺盪於現代主義與現代性之間的曖昧糾葛，也出現在同時期的其他作家作品中。二、三〇年代的台灣作家多半都在日本求學期間接受了現代主義文學的洗禮，但是，在面對現實社會的緊張壓力之下，卻又逐漸放棄了現代主義在文字轉折處對於心靈幽微的探索，而試圖直接透過文字尋求解決現實的途徑。[13] 正如垂水千惠所指出，進入了四〇年代的戰爭期間，「近代化」與「皇民化─日本化」之間的關聯更為密切（153）。

　　此處有關現代主義與現代性之間的抉擇，凸顯了現實問題的實踐與延宕，或是解決方案的選擇與不選擇。這是主體所處的兩難，是介於現代主義對於現代性的抗拒，以及現代性的實踐之間的矛盾。既然選擇了現代性的實踐，便是處於線性思唯軸線上進步與落後的比較，也是立場的決定。此種二者之一的選擇，同時也便是對於兩者並存之可能性的拒絕。

　　對我來說，「皇民論述」所凸顯的便是對於現代性的選

---

[13] 這種由現代主義朝向現實主義的轉折，在中國有類似的歷程。

擇，以及主體在此現代性軸線上的安置。因此，重點不在於哪一本小說或是哪一位作家會被歸類為「皇民文學」，或是「皇民文學作家」。這不是個文類界分的問題，自然更不是所謂的「抗議文學」、「漢奸文學」、「宣揚日本軍國殖民法西斯理念」，或是抵制與妥協的問題。「皇民問題」所揭露的，是日據時期台灣人身分認同處境與主體意識狀態的複雜面向，而且，此種主體意識狀態並不始於太平洋戰爭開始之時。殖民政府的現代化管理早已全面鋪天蓋地而來。戰爭期間只不過是將此主體意識的極端狀態揭露出來。

因此，我們到底要如何透過「皇民論述」理解當時台灣人複雜的主體位置呢？[14] 此主體認同機制為何如此隨著日常生活的奉公守法而滲透於價值判斷層級之中？為何會如此強烈而根深柢固，以至於產生痛惡自身的自慚形穢？為何又會伴隨著執行排除異質物的正義凜然？甚至出現捨身成仁的激動熱情？我們將會理解，這些由自身出發的道德原則，是建立在現代性的尺標之上，而完成於「心」的改造工程。要面對這些「皇民主體」的熱情與迫切，我們需要回到台灣三、四〇年代的論述脈絡，尤其是所謂「皇民」論述的主觀位置。

---

14 此處所討論的「皇民論述」自然不是以全稱法的概論方式囊括全體台灣人民的主體意識狀態。但是，「皇民論述」或是「皇民意識」擴及層面上至知識菁英，下及庶民百姓，原因是現代化的管理，從學校教育到法治概念，滲透甚深，環環相扣。四〇年代作家所表現的，亦僅只是具有時代性格的代表徵狀而已。但是，此主體意識狀態卻並不是以四〇年代為分水嶺的，1895 年開始，殖民政府已經透過的教育制度以及全面現代化過程一再增強此皇民意識。下文將深入討論此問題。

閱讀日據時期台灣文學作品，相當引人注目的，是其中對於台灣男人不像是男子漢、「不完全」（張文環，〈一群鴿子〉104）、「行屍走肉」、「醜俗」（龍瑛宗 48, 61）、「本島人不是人」（陳火泉 27）等等慨嘆。這種不完整、不乾淨、不純淨的「我」的狀態，在以一種身體化的想像轉為文字時，呈現出大量腐爛化膿的感官意象，如同「莫可名狀的惡臭」、「侵蝕得一塌糊塗」的齒齦、「黑暗」、「燙爛」的口腔內部（周金波，〈水癌〉5-6），不乾淨的血液（周金波，〈水癌〉12），「生在心臟內化膿的腫包」（陳火泉 34），或是「在路上被踐踏的小蟲」、「蛆蟲等著在我的橫腹、胸腔穿洞」（龍瑛宗 70）。

相對於這種不完整、不潔淨與殘缺匱乏的身體想像，我們讀到更多企圖將血「洗乾淨」（周金波，〈水癌〉12）、以精神超越血緣、提升淨化島人意識的急切（陳火泉 21, 24, 31），透過參與志願兵而成為「完整的人」與「正當的男兒」的感激（張文環，〈不沉沒的航空母艦台灣〉158），[15] 掙脫「漫長孤

---

[15] 徵兵制度頒佈後，台灣人多半表現出高度的感激與喜悅。張文環是一例。1943 年 5 月海軍志願兵制度公布後，張文環在志願兵制度公布次日，接受訪問時表示志願兵制度的實施「意義深大」，因為（1）乃真正適合時宜的英斷；（2）能促進本島人精神的迅速昂揚；（3）此乃八紘一宇精神在台灣明顯的具體化，東亞共榮南方圈的確立因此更鞏固了一層。這三種喜悅「直接湧入我們青年的心胸裡，令人非常感激」（〈三種喜悅 67〉）。「到了陸軍志願兵制度的實施，誰也都感覺到好不容易成為完整的人而高興了」（158）。早期研究日據時期台灣文學的學者或許是因為尚未掌握張文環完整的資料，尤其是日語寫作的部分，而認為張文環的文字中「間接暗示皇民化運動之不當」，而此間接處理使得研究者「如霧中摸索，深思體會，方能漸曉其意」（許俊雅 257）。此種堅持自日據時期台灣文學中尋找直接間接抗議控訴的企圖，實際上卻讓研究者忽視了時代氛圍的整體結構。

獨的殼」的封閉蒙昧黑暗狀態的喜悅（周金波，〈我走過的道路〉281），[16] 參與神聖的高昂激情：「兩種血潮溶合為一而暢流」（張文環，〈燃燒的力量〉181），以及充分表現在「自動要赴戰場的熱情」的「作為男性的意慾」（張文環，〈一群鴿子〉103）。這種賦予完整、正當的「男性」特質的熱情，架構於洗淨血液、淨化意識、血液融合等等超越於現實與不計較實質存在狀態的想像之中，令人無法迴避其中的浪漫唯心投射的成分。而這種淨化完整的浪漫唯心投射，卻是皇民論述的根本。[17]

　　因此，從另一個角度來說，「皇民」論述可以說是使本島人從殘缺成為完整，[18] 從不純淨到「醇化」，從「不是」到

---

16 為了超越血緣的傳統，精神上的信仰變成為核心的支柱。這種支柱成為聯繫島民與內地人的紐帶：「志願兵制度宣佈，情況為之一變，大家的表情變得生氣勃勃，話也多起來，完全露出真實的性情。我們坦然相對地『緊密』在一起了。」

17 法西斯主義的浪漫唯心問題，在西方學界自從三〇年代以降，就已經展開了長期的反省與批判，例如班雅明、阿多諾、巴岱伊，以及二十世紀中後期的桑塔格、黑威特、儂曦、拉庫－拉巴特等。本人曾經在〈現代化與國家形式化——中國進步刊物插圖的視覺矛盾與文化系統翻譯的問題〉，以及〈三〇年代中國文化論述中的法西斯妄想以及壓抑——從幾個文本徵狀談起〉二文中深入討論過。有關亞洲法西斯主義的「浪漫唯心投射」如何在台灣藉著日本的法西斯脈絡而展開，是本文所要探討的核心問題，下文將慢慢展開。

18 柳書琴的研究中指出，張文環志願兵論述中「強調雄性特徵與男性復甦。由陰復陽，男性從殘缺而趨完整，這也是身分動員的一種策略」（柳書琴21）。這是很有意思的觀察，不過，此「身分動員」所隱含的意義大大超過此處所陳述的問題。本文主要意圖便在於深入思考台灣人的主體性如何被動員，何種主體被召喚與喚醒。

「是」，從「不同」到「同一」的論證過程。也就是說，此論證過程要解決的核心問題，便是台灣人與日本人血緣不同，「本島人」與「內地人」的差異有如「比目魚」與「鯛魚」的差別，[19] 被區隔界定為「本島人」的台灣人如何可能同樣成為「日本人」或是「皇民」？

　　主體如何「是／歸屬於」一個象徵系統中的某個特定位置呢？正如海德格在〈同一律〉（"Identity and Difference"）中所分析，當我們說「A等於A」時，A已經不是A本身。而當要建立A與A的對等時，便需要「思想」的介入。因此，巴門尼德（Parmenides）說，「思想和存在是同一的」，而存在被歸入、被歸整到一個共屬的統一秩序中，是須要透過思想的仲介的（海德格 649）。主體如何歸屬，如何被此象徵系統的統一性召喚呢？海德格說，這種歸屬需要有一種跳躍，「在沒有橋梁的情況下突然投宿到那種歸屬中」，跳躍到某一種使人與存在並立而達到其本質狀態的領域之中（海德格 653）。海德格也指出，人們所朝向的「座架」（Ge-Stell; frame, rack）向人們展示「呼求」，而且整個時代包括歷史與自然的存在，都處於此「呼求之中」，使人們處處「受到逼索」——「時而遊戲地，時而壓抑地，時而被追逐，時而被推動」，以至於轉而順應此座架，並「致力於對一切的規劃和計算」（海德格 654-55）。

　　此處，海德格對於「同一性」與「座架」的論點十分清楚

---

[19] 後藤新平以生物學的比喻，認為台灣人與日本人的差異，就有如比目魚與鯛魚眼睛長的部位不同，「要把日本國內的法治搬進台灣實施的那些人，無異是要把比目魚的眼睛突然變換成鯛魚的眼睛」，因此主張非同化政策。參考許極燉（《台灣近代發展史》267）。

的顯示出他注意到主體位置被建構與從而轉向的問題。他指出了語言與時代所構築出的框架如何召喚呼求與訂造主體，使主體「躍升」而進入此「座架」，並依照其意志執行此座架所制訂的所有規劃與計算。以這種理解出發來思考台灣人的身分認同，我們會注意到，當台灣人企圖朝向「皇民」認同，此「同一」由於並不建立於二物的自然等同或是同源，因此需要藉由思想與精神層次的躍升而達到等同，這就需要「心的改造」的工程。

躍升到哪裡？「心」如何改造？這便是我們要理解此皇民論述的第一個問題，也是提示我們有關認同之深層結構的管道。

「心的改造」：皇民教化與規訓

我們可以先從皇民論述所強調的精神提升，以及其中涉及的教化規訓開始談起。「皇民化」的政策，就其歷史意義來說，是在戰爭期間更為徹底的同化政策，針對「皇國所領有的皇土的人民推動」。1934年「台灣社會教化協議會」的教化要綱便清楚地提出幾項謀求「皇國精神」，與強化「國民意識」的指導精神，例如「確認皇國體的精華」、「感悟皇國歷史之中的國民精神」、「體會崇拜神社的本義」、「使國語普及為常用語」、「發揚忠君愛國之心」、採用「皇國紀元」。[20] 擔任總督的小林於1936年頒佈的法令，更強調以「皇民化、工業化、南進基地化」三項統治原則，將「皇國精神」貫徹的更為

---

20 參見井野川伸一（89）；許極燉（421-30）。

徹底，培養「帝國臣民的素養」，[21] 此企圖是要將台灣建立為大東亞共榮圈的南進基地。

徹底執行皇民化的工作，教育是最基本的管道。1937年文部省編《國體之本義》小冊子，發給全國學校與教化團體，清楚指出「萬世一系之天皇為中心的一大家族國家」便是日本國體，強調「君臣一體」。1941年文部省令第四號「國民學校令實施規則」第一條規定，奉體「教育敕語」之旨趣，全面「修練皇國之道」，加深對「國體」的信念（杜武志 33）。根據這個教育令所改正的初等教育制度之下的教材選擇強調了幾個原則，除了著重誠實、勤儉、聽話、規矩等「修身」方面的德育課程之外，還有皇國民精神的培養，所有年級都要有「天皇陛下」、「皇后陛下」、「我皇室」、「台灣神社」、「認真學國語」、「國旗」等課文。這些課文中便有「天皇陛下統治日本，疼愛我們臣子如同他的孩子——赤子般」的文字，反覆宣導日本是世界上最美好的國家，要本島人把「支那」作為對比，要每個小孩長大都希望能夠做阿兵哥，對天皇效忠。[22]

新國家需要有新秩序與新文化。這種對於新秩序與新文化的自我要求，在皇民論述中十分迫切。張文環便是相當激烈表示此要求的眾多呼籲者之一。他認為，文化是國家的基礎，文學運動會成為國家性的力量。沒有文化的地方，是不會有「國家性的思想」的。因此，他強調，要建立台灣的「新文化」，才能「把島民的思想，轉向為國家性的觀點」。[23] 對於張文環

---

[21] 小林在地方官演講中的言論。參見井野川伸一（70）。

[22] 參考杜武志（78, 80, 88）。

而言，台灣的文化是日本內地「這支樹幹伸出來的台灣樹枝」，台灣地方「文化的任務」相當重大，也因此必須積極加強「文化政策」(〈我的文學心思〉165)。

　　新文化與舊文化的現代性差異，落實於皇民化論述中，便架構在神聖與粗俗的落差之上。張文環曾經批評，大稻埕電影院中大人小孩都邊看邊吃東西、嗑瓜子，十分不符合皇民精神：「作為島都的人民，針對這種事也不感到羞恥？」[24] 他的理由是，在劇場演出的是皇民化劇，觀眾必須反省他們是「以怎樣的姿勢觀賞它？」因此，他要求「不要僅做形式，而不能從精神生活加以改變」(〈大稻埕雜感〉25)。依照這種區分邏輯，張文環也多次表達對於台北的感覺「不統一」、「暗潮洶湧」與「粗俗」的批評，而認為台北的藝妲與公娼私娼應該要集中在「偏僻的地方」營業(〈大稻埕雜感〉21-22)。我們看到皇民論述從日本精神轉入現代性論述，進而成為對於都市空間公私區隔的準則與自律。

　　其實，這些朝向「皇民化」的論述，自然並不僅始於戰爭

---

23 張文環所表現出來的「國民精神意識」，曾經出現於隈本繁吉的言論。他於1915年提出「台灣人如果要平等，除了〔在形式上和內地人過同樣的生活〕之外，還要具備身為母國人國民，和日本人完全一樣的國民精神」(引自陳培豐 8)。

24 台灣人在現代化的原則下，自覺文化落差而感到羞恥，是十分普遍的現象。從陳虛谷、蔡秋桐、朱點人、巫永福的作品中，我們已經看到作家筆下的台灣人充滿了這種矛盾心情。龍瑛宗的〈植有木瓜樹的小鎮〉中的陳有三對本島人的輕蔑感：「吝嗇、無教養、低俗而骯髒」(27)；王昶雄的〈奔流〉中仰慕日本精神而鄙夷自己母親的伊東；周金波的〈志願兵〉中明貴從日本返鄉後對於台灣文化缺乏教養與落後的蔑視，則是更為具體的例子。

開始的1937年。第一任台灣總督樺山的施政方針中,便有「雖然台灣是帝國的新領土,但還不受皇化之恩之地」的論斷,後藤新平也曾經表示,「將性格不同的人民以國語同化是非常困難的事,然而將台灣同化,使台灣人成為吾皇室之民,且接受其恩惠,無人反對」。1895到1898年在台灣總督府學務部任職的伊澤修二從統治初期,也就清楚確立以「國語」為中心的教育,「將本島人之精神生活,融入於母國人之中」(杜武志 10-17)。具體執行此種同化政策,除了國語教育、修身課程之外,每天更以儀式化的過程向「教育敕語」行最敬禮,要求學生背誦默寫,強調天皇的神聖,以及忠君愛國的重要:「奉戴天皇血統永不絕——萬世一系的天皇,而皇室與國民為一體,擁護國體之尊嚴,努力報效國恩」(杜武志 39)。

　　以建構論的方式切入,我們可以清楚看到特定歷史與文化脈絡所牽連的社會關係與管理技術如何導引「主體」之構成。主體透過長久的學習、背誦、教養,來服從皇民化的規訓,以便改變自身,並以自身的生活與生命來示範皇道精神的美、高貴與完善。主體在歷史過程中,如同佔據於句子中主詞位置的主體(subject),以其主動掌控的自主意願,積極執行其所被給予的功能。因此,被構造的主體在歷史過程之特定權力關係及規訓操作下,其實佔據的是一個被決定的從屬位置之臣民(subject)。

　　這種在歷史過程中完成的主體構造,也就是傅柯所說的「主體化過程」(the process of subjectification)。對於傅柯而言,所謂「主體」的慾望模式與倫理關係,是建立在權力機制的管理模式之上。傅柯在《愉悅之為用》(*The Use of Pleasure: The*

History of Sexuality, 1978）的序論中，很清楚地指出，他所探討的論述構成的「慾望主體」，是要呈現「個體如何被導引而朝向對自身以及對他人之慾望」，以及此種慾望如何被詮釋，如何被控制，如何被模塑（Foucault, "Introduction" 5-6）。傅柯進一步指出，他所討論的便是「倫理主體」（ethical subject），也就是個體如何構成他自身道德行為的規範，如何以忠誠來嚴格執行禁令與責任，如何服從規範與控管慾望之掙扎。這些倫理面向牽涉了個體「與自我關係的形式」（the forms of relations with the self），也就是傅柯所謂的「服從的模式」（the mode of subjection）。而這種服從，可以透過維護或是復興某一種精神傳統來展現，或是透過以自身的生活，或是生命，來示範特定範疇的美、高貴或是完善的標準，甚至會盡其所能地透過長久的學習、背誦、教養，來服從紀律，棄絕愉悅，嚴厲地打擊惡行（Foucault, "Introduction" 27）。在〈自我的技術〉（"Technologies of the Self", 1988）一文中，傅柯也指出「自我的技術」是自我管理技術中最為重要的一環：「使得個體得以透過他們自己的能力或是他人的協助，而操控他們自己的身體與靈魂、思想、行為與舉止，以便改變自身，進而達到愉悅、純淨、智慧、完滿與不朽的狀態」（18）。

　　這種「愉悅、純淨、智慧、完滿與不朽的狀態」，牽涉了一系列造就「主體／從屬」的規訓治理程序，也就是「日本精神」可以保障台灣人「神人一致」的完滿精神狀態。[25] 這種「主體化過程」可以使皇民主體坐落於現代國家之中，以有機

---

25 例如周金波的〈志願兵〉中明貴與高進六的爭論。

構成的模式成為皇國體之肢體。而這種將「修身」與國家主義合併的論述,也正是阿圖塞所強調的意識形態國家機器召喚主體之操作。阿圖塞強調,意識形態透過國家機器來規範主體的價值標準與行為尺度。主體自發與自由地接受其服從之戒律,透過此接合,主體才得以完成。在主體成為主體之前,「辨識」此意識形態的召喚,被大主體辨識,是個重要的過程(Althusser 321)。因此,大主體的存在先於小主體的出現。小主體需要先發現此「獨一」、「絕對」、「他者」之大主體,才能夠確認要如何找到自己的位置,成為「道」的「身體之一部分」(Althusser 321-22)。這種有機組織與機械關聯的概念,使主體與皇國得以結合為一。

　　阿圖塞與傅柯所討論的主體,清楚地解釋了台灣的「本島我」試圖與「皇國體」認同與「合一」的工程。此「合一」便成為皇民主體的慾望基礎。這種「找到自己的位置」,成為「道/皇道」的「身體/國體之一部分」的暗喻結構,描述出此慾望如何使主體持續朝向目標邁進,嚴格執行修身紀律,以養成皇民精神,甚至棄絕愉悅,以便改變自身的身體與靈魂,達到純淨、完滿與不朽的狀態。

　　然而,「改變自身」,與國體「合一」,都是暗喻系統。這種召喚與合一如何在主體身上發生?牽引了什麼樣的心理機制與無意識動力,以及「柔順身體」之外的經驗?[26] 若要討論日

---

26 霍爾(Stuart Hall)也認為傅柯的說法不足以說明身體的「物質殘餘」,以及身體之成為意符的現狀(Hall 11)。霍爾指出,馬克思、阿圖塞、傅柯一直都無法解釋個體如何被召喚到論述結構之位置中,也未解釋主體如何被構成。雖然晚期的傅柯指出了自我規範、自我模塑之自我技術,霍爾仍舊注

本在台灣的殖民時期所進行的規訓治理，以及此治理程序所模塑出的國民意識與身分認同，我們可以建立這個歷史聯結的總體架構，從不同的角度無限地擴大搜尋不同領域所可以累積的新材料，例如日本的思想史、政治史、近代化的過程、天皇體制的形成、台灣教育制度的沿革、台灣總督府的文化政策、皇民奉公會的動員過程、戰爭文學的各種活動等等，進而建立相互關聯而客觀並行的亞洲總體歷史。但是，這些歷史事實與社會事實卻無法說明主體位置的迫切激情。若要進入此處所談論的認同機制中牽引的近乎宗教狂熱的迫切，以及其中的無意識動力，我們就需要面對皇民論述中的「精神現實」。這是摻雜了宗教熱切情感的神祕而唯心的精神能量，以及意圖剷除不屬於「我們」的無意識激烈暴力。後文會繼續討論此處所提到的宗教熱切情感，以及神祕唯心的吸引力，不過，我們需要先繼續處理此神聖論述的操作技術，也就是「國語」的問題。

在皇民論述脈絡中，「心的改造」是核心步驟，而「國語醇化」則是必要的過程。長崎浩說，「國語是日本精神的血液，一定要使國語普及、純化不可」（周金波，〈關於徵兵制〉239-40）。陳火泉的〈道〉便強調，全面執行日本生活形態，從服飾、住居佈置、宗教儀式、茶道、花道、劍道等，所展現的「日本精神」仍舊是不夠的。除了「繼承日本族的生活形態」，「國語」的徹底內化更為重要。王昶雄的〈奔流〉中的

意到自我認同（或是不認同）的召喚機制的無意識層次未被討論。霍爾指出，傅柯對於知識權力的批判，使得他不願意進入精神分析，而無法進入無意識的討論（Hall 14）。

伊東便擔任國語教師，言語舉動完全變成了日本人，說話的腔調也令人完全無法辨識到底是日本人還是台灣人。所以，所謂「徹底內化」，便是「用國語思想，用國語說話，用國語寫作」，以便能夠實現「作為國民的自己」，以及期望「作為一個國民生命的生長發展」（陳火泉 33）。

國語是「精神血液」，這是當時普遍的認知。陳培豐的研究顯示出，昭和16年（1941）台南師範學校國民學校研究會所作成的「國民科國語」論文集中，大量出現了「大和魂」、「祖先」、「日本人的血與肉」、「國民如同一身一體」、「使用了日本語之後我們才能變成真正的日本人」等修辭。[34] 但是，國語普及以及國語的精神化問題，也並不是戰爭期間才開始的概念。昭和2年（1927）的《台灣教育》中一篇鈴木利信所寫的「國語普及問題」的文章中，出現了「國語的力量是民族的力量，國語是異民族教化的唯一且是最好的武器」，若不常使用國語，「國語便永遠不能成為自己的血肉，這個血肉便將一直處於不完全的狀態」（陳培豐 9）。台灣教育會會員李炳楠在昭和6年（1931）一篇「就有關國語普及問題」的文章中，也強調「心的無限定性」、「國語是同一國民所共有之物」、是「國民的血肉」、「國民精神的象徵」（陳培豐 9）。陳培豐也指出，這種以國語為「精神血液」、「國體的標識」的概念，是由上田萬年於1894年所提出的。上田萬年構築了「國語・國民・民族」三位一體的國語思想，使日本的國語成為大和民族「共同體意識的統合象徵」（陳培豐 6）。而這些有關國語是「精神血液」的觀念，普遍出現於日據時期的教育論述與人民意識層次中。

　　因此，「國語」原本屬於技術性的問題，但是，在「錬成」與「醇化」論述中所強調的「國語運動」，卻進入了觀念層次的唯心法則。我們注意到，其實這些修辭的背後，國語已經被賦予了超越其本身使用價值的精神意義。也就是說，國語運動論述所運作的，是其中的符號意義，牽引了意識形態的架構。此處所討論的意識形態屬性，隱藏了神學三位一體的神聖論述：民族／天皇／國家已經成為對等項，如同聖父，而國語則是聖靈，個體可以透過國語而獲得精神血液，如同擁有聖靈一般，而成為國民，並且參與日本民族的神聖體。在這種神學修辭的背後，更值得我們注意的，是架構於神聖論述之上的認同對象——上田萬年所說的「共同意識體」。此認同對象因為被神聖化而成為非實質化的精神構築，也因此可以不被限定，更為理想，無限擴大。同時，正因為此對象之無限與絕對，此對象也被固定，而不容許變化生成的異質成分。

　　這種精神建構所揭露的面向，在於精神的提升，也就是陳火泉在〈道〉中所說的「信仰」的問題。這個信仰，陳火泉說是一種「飛躍」，如同進入「神的世界」：「信仰日本神話，祭祀天照大神，獻身皈依於天皇」（24）。而且，這種信仰需要「自我消滅」：「拋棄人間一切東西，飛躍於神的世界」。這個飛躍「不需要時間，只要把過去的東西溶入於我們之中，使它變成無時間性的東西」，主體馬上就會成為皇民（陳火泉 23-24）。陳火泉又繼續提出，以「念通天」的原則，「用精神的系圖來和天賦的精神——大和精神交流」（31）。這個精神系圖的說法，超越了血緣系譜的限制；而這種飛躍與信仰所要求的是「誠心誠意」，也就是「心」的問題。此處，日本精神與皇

民精神的唯心與神祕性格便出現了。27

　　這種在民族／天皇／國家與「共同意識體」之間建立起來的對等式，使得「信仰」、「心」與「精神系圖」的工作所造就的，是一種具有明顯神聖論述性格的國家神話。陳火泉的〈道〉也指出，台灣的皇民運動正朝向「新的國家」與「新的神話」邁進，而參戰則是必要之途：「今天，在南方，新的『國家』在產生；新的『神話』在流傳著。除了此時此刻，我們六百萬島民悉數不變成『皇軍』，什麼時候我們才能作為『皇民』而得救呢？就在這時，為君捐軀，就在此時了。」(40)捐軀是得救的起點，原因是此捐軀，犧牲自己，是成為皇民的機會。此犧牲，除了奉獻生命之外，還需要清洗自身之內的不潔之心，以完成這個國家神話的論證邏輯：以「心」的淨化成就「日本精神」，以便建立「新的國家」，而大東亞共榮圈則是清除夷狄的聖戰。然而，這不只是清除非我族類，更是清除我自身之內的「夷狄之心」：「討夷、攘夷，而且非清除夷狄不罷休，這種精神，是的，這種為當代天皇攘夷，洗淨夷狄之心的精神，這就是日本精神。」(21)張文環更提出「皇民鍊成」的軍事訓練或是修鍊活動，可以「提升淨化」島民的意識，像是「過濾器」：「像一種漏斗，經過漏斗淨化後就成為乾淨的水」，如此，「污濁」的水流就會在此被「切斷」而成為「淨水」（張文環〈燃燒的力量〉 176）。「切斷」便成為改變自身的必要動作，而「乾淨」更是自我的理想形式。

---

27 此處，我們反覆看到小林善紀如何使日本與台灣三、四〇年代的論述在他的《台灣論》中復活。

因此，海德格所說的朝向現代技術之座架躍升，阿圖塞所說的成為「道」的「身體之一部分」，以及傅柯所說的「改變自身，進而達到愉悅、純淨、智慧、完滿與不朽的狀態」，在皇民論述中，都匯聚在「心」之改造，洗淨夷狄之心，以及「切斷」過去「污濁」的我，以便得以進入一個神性的世界，完成其國家神話。

皇民化神聖論述中的公與私、清潔與排除

國家統治權的神聖化論述所引發的心的改造，犧牲，其實牽涉了我他之分，也就是公私之分。因此，在皇民化論述中，精神狀態要靠改變自身而達到提升的力量。皇民化論述強調要透過「滅私奉公」的概念，以便參與日本精神，這也就是小林善紀所說的李登輝所展現的「捨私為公」。此處，日本精神的問題便銜接到了國民主體的認同問題。小林善紀說，對於「我是什麼人」，或是「我存在的基礎何在」的問題，就是「個人的歸屬所在」的問題，也就是被翻譯成「自己同一性」的認同問題：「如果沒有個人的歸屬感，人類如何才能夠掌握倫理的分際？」（小林善紀 58）對於小林善紀而言，個人的認同、存在與歸屬，以及個人與社會的倫理關係，只有在國家層次才會發生意義。「捨棄個人私利的自私心態，培養天下為公的精神，以國家利益為前提，才是日本需要的國族主義！」（小林善紀 59）因此，「日本精神」所強調的捨「私」奉「公」，提示著台灣人在日據時期所選擇的以「公」與「國家」為依歸的「現代性」主體位置——一個無我的「我」。

　　小林善紀這種以國家為個人認同的唯一對象，延續二十世紀初以降日本對於個人與國家關係的普遍認知。酒井直樹曾經指出，日本兩位主要的哲學家Kôyama與Kôsaka於1941年在一個討論歷史發展與國家道德的圓桌論壇中，清楚表達主體依附於國家的概念。Kôyama強調主體的道德力量應在國家，而不在個人。國家是所有問題的關鍵，無論就文化而言，或是政治而言，國家都是道德力量的核心。而Kôsaka也同意此種說法，並且認為民族本身並無意義；當民族擁有主體性時，自然便形成國家民族。沒有主體性或是自決能力的民族，是沒有力量的（引自Sakai, "Modernity and its Critique" 167）。

　　這種主體與國家的銜接，是必須經過「自我的死」之過程的，就像是《台灣論》中的李登輝所說：「個人如果想過有意義的生活，必須隨時思考死的問題。我所說的並非肉體的『死』，而是自我的徹底否定」（小林善紀 39）。從「自我的死」，躍升到朝向國家的歸屬，達到對國家的認同，是超越國家認同中「血緣」因素的必要項。小林善紀強調，形成今天日本人的主要因素，不是血緣，而是國土與語言：「血緣絕非民族認同最重要的因素，精神層面的傳承更為重要。」（小林善紀 78）

　　因此，小林善紀的《台灣論》中反覆出現的有關「日本精神」、「滅私奉公」、超越「血緣」、精神躍升等論調，其實反映出三、四〇年代日本國家主義論述的復甦，而這些國家主義論述在台灣的三、四〇年代也普遍活躍。回顧當時的論述形態與各種文化教育政策之後，我們可以理解在這套論述模式之下的主體是如何被形構的。而且，更引人注目的，在於「公」領域不可質疑的神聖性格，以及牽連「公」所對照出的必須捐棄

與排除的論述。

陳火泉在〈道〉刊出之前，在《台灣專賣》這份刊物上，也已經多次發表如何成為「皇民」，以及發揚「日本精神」的言論，例如：

> 日本精神的本質，就是以最高的、具有中心與絕對性之目的的價值的皇位為核心而發動，然後在這個核心中統合。而且這種精神的本質主體，非清明心莫屬。（〈勤勞賦〉，1939年10月〔引自垂水千惠79〕）

> 捨命生產為聖戰　　如此獻身亦殉國
> 淨邪氣除魔障　　灑熱血成聖業
> 天皇陛下萬歲聲　　專心稱頌是日本民（〈日本國民性讚歌〉，1940年10月〔引自垂水千惠81〕）

能讓日本國民為他生為他死的人，只有天皇。能高喊天皇陛下萬歲，慷慨就義的人，只有皇民。能以身殉國的人，只有日本國民（〈我的自省語錄〉，1940年11月〔引自垂水千惠82〕）。

國家的統治權，建立在一種「國體」與「天皇機關」的論述之上。天皇居於最高的、具有中心與絕對性的核心位置，有如首腦，而這個核心位置所發動的價值系統以同質化的運動統合了整個國家。皇民論述中的華夷之辨則攀附於神聖與魔障的對立修辭兩軸，並且牽連了清潔與污穢、正與邪、公與私、新與舊、秩序與混亂、剛強與陰柔、激烈與虛弱等一系列的區分

模式。對立軸的區分與執行，便成為了皇民論述中必要的正反兩面工作。

因此，我們也看到，皇民論述充斥著具有法西斯性格的參與聖戰、參與國體、和群體結合、成為群體之一部分、成為天皇手足並執行其排除夷狄意志的渴望。這種與群體結合的渴望，實在讓我們想起中國二、三〇年代的浪漫理想分子，例如郭沫若。[28] 在〈關於徵兵制〉的論壇中，神川清說，當「一億國民拜受宣戰的聖旨時，就感受到日本國家皇民體制。那就是超越政治上、思想上的對立，整個國民要一口氣地一起拋棄個人立場而來的一切言行舉動。不是個人管理自己規律，而是國民全體由高高在上的一人，在他的一聲之下規律全體的這種感動」（周金波 236）。

張文環也曾經表示，他參觀霞浦軍校而見到日本人集團生活時，十分感動，表示「本島人缺乏集團生活的規則、約束的美」，而他參觀新竹州與楊梅莊的青年運動時，也表示希望集團「軍事教練」的生活秩序能夠發展為「社會秩序」（〈燃燒的力量〉 176）。[29] 其實，若就當時整體社會所瀰漫的右翼思想，

---

28 見本書第六、七章。

29 柳書琴表示並不瞭解張文環所提出之「集團生活」發展為「生活秩序」與「社會秩序」的意思，並試圖藉由陳逸松事後口述的說法「我如果能夠把五千人的精神紀律訓練出來，將來有一天我們也可以自己組織軍隊，這是很好的磨練機會」來解釋，是不充分的。此外，柳書琴認為，「在被殖民地被要求『模仿』或『複誦』殖民者的敘述時，殖民地的「說話人」卻往往多多少少地夾帶了另類的小敘述」（22）。此處，柳書琴試圖尋找夾帶的另類小敘述，大概是徒勞無功的。張文環顯然對於軍事訓練的集團生活充滿了熱切的憧憬。

以及戰爭熱情來看，張文環的說法是可以理解的。他的論述中的法西斯傾向是十分明顯的，而他所指的「生活秩序」與「社會秩序」，也是具有烏托邦性質的法西斯想像，而要以有機體統合貫徹的方式組織社會，建立秩序。[30] 張文環甚至指出志願兵制度在短時間之內使得台灣「國民精神」昂揚，「島民意識」成為日本國家意識，這種清楚的國家意識是凝聚大眾意志的主要紐帶。因此，對於群體與集團生活的渴望，對於鋼鐵紀律的嚮往，是現代國家集結民眾熱情、建立國家意識，以及規範社會秩序的極端形式。

　　「國家」與「日本國體」成為所有集體想像的基礎，而天皇則是匯聚此集體力量的樞紐。張文環說，國家如同機械，需要有「靈魂」，才會活動。「大和魂」便是這個使機械活動的力量，而此力量，使得日本人鍛鍊成了「鋼鐵般的堅定意志」，而戰爭則成了「靈魂戰」（〈不沉沒的航空母艦台灣〉158）。個體熱切地渴求與「群」合一，與鋼鐵一般的力量貼近，共用「群」的意志，下一步則是依照此「群」的區分，打擊毀滅不屬於此「群」之系統的雜質。張文環的文字更呈現出了建立新文化的堅定激越，以及破壞舊有制度的激烈快感：「為了改建才要破壞的話，雖然必須聽到轟然倒下去的悲鳴，但是這原則還是快樂的。男人是不能因此而怯懦。要建設新的家庭，就要把舊家庭的污濁一掃而去」（〈一群鴿子〉104）。[31]

---

[30] 日本的法西斯，可參見林正珍的《近代日本的國族敘事》；楊寧一的《日本法西斯奪取政權之路》；以及近代日本思想史研究會的《近代日本思想史》卷一。

[31] 對於戰爭毀滅與殘酷的描寫，對於皇民文學來說是具有積極意義的。周金

這種破壞與建設，對於張文環而言，是屬於「男性」的必然責任。他說，「既然生為男人，與其死於精神衰弱或患病死在床上，不如扛著槍去戰場殉職，那是多麼雄壯又有生存的價值啊！」因此，「赴戰場的熱情」，是屬於「男性的意欲」，而那些可以於一夕之間把英美軍隊「從東洋趕走的我國皇軍」，則清楚地向世界顯示了「東洋人的科學力和精神力」（〈一群鴿子〉 104）。1942年當張文環談論女性的問題時，更直接指出，國家要求「國民總動員」，文化改革成為重要的問題，而「女性的文化運動比什麼都重要」，既需要「負有跟男性一樣的任務」，又仍舊需要有「強力母性愛」，「捨己奉公」，不能夠耽溺「虛榮」（〈關於女性問題〉 122）。

因此，要捐棄與泯滅的，是屬於羸弱、私人、陰柔、虛榮的舊世界，要建立與迎向的，是屬於剛強、公有、男性的新世界。張文環認為，徵兵制度實施後，青少年要被磨練得更為堅強，有著「剛進水的鋼鐵軍艦的威勢，不怕激浪而突進」，更需要「痛感於身為世界裡的一名日本人的使命」，「燃燒著替天打擊不義的火焰」（〈寄給朝鮮作家〉 190）。陳火泉的〈道〉也揭示：「生與死兩者之間擇其一，就是速速安頓死這方面而已。」而這選擇，是站在「歷史的關頭」，要創造「血的歷史」

波在〈皇民文學之樹立〉一文中便指出：「眾所周知的，我們台灣可以說是大東亞共榮圈的一個縮圖。大和民族、漢民族、高砂族之這三個民族，公平地在天皇威光之下共榮共存，現在就這樣，三位成一體達成聖戰而協力向前邁進。在文學的世界要揚棄以往僅有的外地文學，異國情趣的趣味性，由此亦可見文學欲描寫在殘酷的決戰之下之整個台灣的真正面貌的積極態度。」（231）

（40）。

此處，我們清楚看到了這些皇民意識中的「男性論述」是被架構於戰爭美學化，以及犧牲美學的思維模式之上的。這是一種從神聖到污穢的區別光譜。皇民論述很顯然地利用了神聖的修辭，將「國民」為天皇奉獻犧牲而捐軀的說詞正當化，進而戰爭也被美學化。其中，毀壞論述以及對於戰爭的期待開始浮現。在此毀壞論述中，戰爭可以帶來新的世界，新的組織與統合，文化的革新與躍進。陳火泉的〈道〉也呈現了這個透過毀滅與死亡而帶來新生的激情特質：「有些人擔心戰爭會拖長，但越拖長國內革新執行得越十全。」因為，那不僅光指統治與組織的強化這方面，甚至把每個國民作為「人的資源」的身體納入「人格的統一」而加以統合，也就對「文化革新躍進這方面可以見到新的開展」（35）。死亡、毀滅，是為了被納入統合同質的同一體，帶來另一種新生。

這種將戰爭美學化、浪漫化的論述，其實是鑲嵌於在日本的法西斯主義流派論述中的。保田與重郎（1910-1981）在三、四〇年代不斷鼓吹所謂「作為藝術的戰爭」，將戰爭看成是日本的「精神文化」，並視日本出兵中國是日本在二十世紀最「壯麗」、最「浪漫」的行動，而大陸是「皇軍的大陸」，是「嚴整的一體」，是「新的面向未來的混沌的母胎」。[32] 同時期的武者小路實篤（1885-1976）也透過《大東亞戰爭私感》發

---

[32] 保田與重郎擔任《新日本》雜誌社的特派員，旅遊中國東北、華北、北京、天津，寫下遊記《蒙疆》，發表了這種戰爭美學論點。可參考王向遠（〈日本文壇與日本軍國主義親華「國策」的形成〉11-14）。

表突襲、肉彈、捨身的死亡美學：「我讚美為了超越死亡的東西而從容赴死。這是最美的死，也是超越生的死」（王向遠〈日本文壇與日本軍國主義親華「國策」的形成〉17）。

張文環的文字清楚顯示出此種壯麗的戰爭美學。此外，皇民論述還凸顯出道德位置上的正確，對比於「不正的殘虛的英美」，以便更顯得出聖戰的「激烈」與「華麗」（〈燃燒的力量〉181）。這種將英國與美國放置於邪惡的論述位置，明辨正邪與善惡，區分光明與黑暗，而將敵軍惡魔化的論述，是四〇年代右翼而法西斯式烏托邦思想的特色。當時在日本盛行一時的反猶太思想的「猶太研」也呈現相當具有代表性的法西斯論述。從留日台灣學生葉盛吉在明善寮的日記中，我們清楚看到了這種法西斯心態的修辭模式。[33]「猶太研」主張「破邪扶正」和「尊王攘夷」，並強調建立「世界觀」，建立個人、社會、國家和世界的關係。猶太研將猶太教視為黑暗的敵人勢力，必然需要滅亡，而天皇則是光明：

> 不認識日本神道的體系，就看不清猶太教的面目。猶太教與神道是絕對絕緣的，但是因為其他宗教都不行，只有

---

[33] 這種法西斯式的思考模式，在同時期的日本更是思想主流。就以一個當時留學日本的台灣學生葉盛吉為例，葉盛吉1923年出生於台南新營，1941年留學日本。希特勒是他的英雄。在往東京的火車上，他寫下日記：「我要好好兒幹了。英雄希特勒。看吧。今後十年，我要大幹一場。」（楊威理43）當時，他加入了二高明善寮，當時正是皇民化運動在日本也如火如荼展開的時候，高中生激烈思考辯論閱讀的書，都是有關神道與納粹的書，以及《皇國日報》（楊威理109）。

從神道入手，才能看清猶太教的實質（楊威理 102）。

光明出現，黑暗就會消失。也就是說，黑暗原本是一種非存在。光明與黑暗的關係，猶若日本與猶太的關係。這個一個根本的問題（楊威理 101）。

日本是個絕對的存在。而猶太則是否定性的，因此它必定自行滅亡（楊威理 101）。

葉盛吉的日記中記載當時奧津彥重發表「這次大戰和猶太問題」的演講內容：

猶太人相信自己是神的兒子，而他族的人都是惡魔的子孫。

猶太人乃惡魔，非人也。

過去和現在的一切惡事都是猶太人幹的。太平洋戰爭也是猶太人陰謀策劃的。

猶太人通過共濟會等祕密組織控制著全世界。孫文、蔣介石都是共濟會的成員。孫文的三民主義只不過是共濟會的支那版（中國化）而已（楊威理 99-100）。

「猶太研」以善惡二分的方式將世界區分為正與邪，光明與黑暗，甚至孫文、蔣介石都被他們歸類為與猶太人互通的祕密組織。面對此惡魔世界，明善寮的學生都有一種激情，希望將「神州粹然之氣」都集中到明善寮，「形成左右全國的力

量。明善寮將為大東亞戰爭而以身相殉。」如此，就可以將粹然之氣，以及光明與仁道帶到世界（楊威理 117）。[34]

　　以神聖與惡魔對立所進行的清潔與排除工程，以及建立在浪漫化與美學化的戰爭修辭，以及滅私奉公的論述，牽涉了一種絕對信仰的邏輯，或者是施淑所謂的「中世紀意義」。施淑曾經指出，在滿州國擔負著「前衛作用」的大東亞文學，清楚呈現了「禮讚鮮血、民族仇恨、愛這塊土地」的熱情：「整個東亞的民族，在昨日結成了血的盟誓／殲滅宿敵！擊盡美英！／勿忘祖先們百餘年前忍受了的仇恨」，[35] 以及宣誓廓清「英美的毒氛」、剔除「腐敗的物慾」、歸復「健康的秩序」的精神意志。[36] 施淑因此指出，這種把自己的毀滅體驗為至上審美愉悅的法西斯政治，是具有「中世紀意義」的（631）。所謂中世

---

[34] 葉盛吉在1944年明善寮辯論大會獲得一等獎，他的講詞相當充分地呈現了當時普遍的氛圍：他強調弘揚求道精神，以及建設大東亞，推進這種精神：「這道，在我國來說，就是唯神之大道，天皇之大道。……明善大道，就是天皇之道，是由此而產生的護國精神、為國獻身的精神。我確信，只要具備這種精神，我們就一定能夠成功地建設大東亞共榮圈。我們要在大東亞各民族共同合作之下，意識到自己就是中心的推動力量。為了創造新的文化，先決條件是要讓東亞各民族自主地、自發地同我們合作。我確信，衝破目前這種困局，要在下一個時代中把火焰燒得高高的，那就需要一種動力。而只有闡明國體之意義，依信仰而活，為唯一真理勇往直前，生活在激昂壯闊的氣息中，只有這樣才能夠產生這種動力。」（楊威理 88）

[35] 見田兵的〈決戰詩特輯〉，原刊《藝文志》一卷二期（1943年12月〔康德10年〕25-39）；引自施淑（〈「大東亞文學」在「滿州國」〉625）。

[36] 見爵青、田瑯的〈談小說〉，原刊《藝文志》一卷一一期（1944年9月〔康德11年〕4-18）；引自施淑（〈「大東亞文學」在「滿州國」〉631）。

紀意義，其實就是一種不須要檢驗的絕對神聖命令。這種絕對
命令，可以承諾神聖，召喚犧牲。沒有任合理性思維可以介入
此絕對命令的領域。

神聖論述的犧牲與交換

因此，當我們面對有關犧牲的問題：面對歷史，面對選
擇，天皇子民的身體為何不屬於自己，而屬於君王？「一旦有
事，為君捐軀，是以此身，豈可虛度？」（陳火泉 23）若我們
要問：所謂「自我的死」為何必然要發生？為何有那種強烈的
熱情促成此精神的躍升？為何需要此主體為此崇高對象犧牲捐
軀？我們其實便面對了這個神聖經驗與絕對命令的問題。

這種朝向神聖的投射與犧牲自身，失去自身，是具有絕對
的吸引力的。牟斯（Marcel Mauss）曾經說，餽贈的行為「表
面上看似乎人人自動自發，全不在乎自己的好處，實際上卻是
出自身不由己的義務，而且是利己性的」（牟斯 12）。皇民的
犧牲捐軀，將自身贈與天皇，為何是身不由己的呢？為何是利
己性的呢？將自己捐贈出去，交換到了什麼利益呢？

有關宗教情感中的神祕激越狂喜的經驗，奧托（Rudolph
Otto）在《論神聖》（*The Idea of the Holy*, 1917）一書中曾經說
明這是相對於一種尚未命名、無法以理性語言界定的「神祕者」
（thenuminous）的主體經驗。這個神祕對象是一個「完全相異
者」（the Wholly Other），具有一切、完整、不可戰勝、無法抗
拒的特質，而使人產生立即的恐懼的，以及伴隨而來的自我泯
滅、我是「零」的感受。而此令人驚恐、畏懼、戰慄的對象更

會引發著迷、想要認同合一以達到狂喜的慾望（奧托 25）。我們注意到，奧托的論點明顯的反映了德國浪漫主義的痕跡，不過，奧托也說明，不同情感現象便是不同系統的圖示化（schematization）與圖解（elaborations）。皇民論述中的躍升與犧牲，也便是在此特定文化體系之下展開的類似模式。

至於神聖經驗中的犧牲，巴岱伊曾經更為精闢地分析過，犧牲的意義在於贈與，是將完整的自我贈與神／君主，以便透過離開此俗世，參與神／君主的世界，與此完整合一。因此，犧牲便是透過「失去」而捕捉「神聖」。巴岱伊說，人們所追求的，永遠不是實質的對象，不是聖杯本身，而是一種精神。人的根本狀態是處於虛無之中的，也因此而畏懼孤單，並渴求與某個精神對象溝通聯結。人在空間中投射出神聖與豐足的影像，便是為了滿足此渴求（"Labyrinth" 173）。因此，「神聖」是與更大的對象結合而達到宇宙一體的狂喜瞬間，是經歷共同整體的痙攣時刻（"The Sacred" 242）。若將主體對於統治者的臣服與犧牲放在這個脈絡，以及其中摻雜的宗教性狂喜，我們便可以理解台灣人身處皇民位置的內在精神過程。這種非功能性與非生產性的禮物贈與，尤其是透過參戰的行動而獻出自身，是一種揮霍，一種消耗，並且牽涉了一種毀滅與失去的慾望，以及要消耗棄置的快感。犧牲自己，失去自己，是神聖的起點，獲得的是與神聖結合的狂喜（"The Notion of Expenditure" 116-29）。

因此，在皇民化論述中，「滅私奉公」與「為君捐軀」是必要（陳火泉 23, 41）。在國家神話的架構下，加入志願兵，為天皇奉獻犧牲，對於台灣人而言，是一種象徵交換，可以獲

得「拯救之道」的恩賜（陳火泉 24）。張文環也表示，對於台灣人而言，這是一個「好不容易成為完整的人」的機會（張文環，〈不沉沒的航空母艦台灣〉 159）。[37] 志願兵制度與徵兵制度是天皇所賜與的禮物，當天皇機關辨識出了台灣人之為「皇民」的身分，台灣人也因此被辨識而感恩。因為台灣人有機會參與聖戰，捐贈自身，透過死，重新獲得的，是成為皇民、參與神聖的機會。「領袖」或是「天皇」便是無盡給予的神聖豐足的理想替身。

「皇民我」之心的改造工程便在這種神聖體驗中達到此理想的溝通，而主體的身分認同亦於此完成。

---

[37] 大東亞戰爭的爆發，對於多數人而言，戰爭情勢反而更為明朗而樂於接受。因為，這便將日本的參戰從侵略者轉變為將英美從亞洲驅逐的聖戰。一貫反對日本侵略中國的竹內好卻表示支援大東亞戰爭，便是一個清楚的例子。見孫歌〈竹內好的悖論〉中的討論（143-292）。

第三部分

精神的形式

第九章
吸納與排除
——法西斯現代性的精神形式

　　中國二、三〇年代與台灣三、四〇年代文化場域所呈顯的法西斯衝動，以及「正常模式」與「排除動作」之並存，其實與德國三〇年代納粹政權所發展出的種種政治修辭策略有高度類同。我們可以對照閱讀西方學者如何反省此極權主義所牽連之複雜問題，以便回過頭來再次重新檢討中國與台灣在現代化過程中所發生的集體化衝動與排除機制。

德國納粹政權之下的文化清潔運動

　　希特勒於1933年2月27日取得政權，不久便於3月23日在柏林發表演說，宣稱要將德國大眾的生活清潔化，並徹底執行道德淨化，因此，整個教育體制、劇場、電影、文學、新聞媒體與廣播系統都需要為此目的服務（Adam 10）。1935年9月11日，希特勒在納粹黨代表大會發表演說，攻擊現代派藝術，稱之為「有毒的花朵」（Giftbluten）。納粹德國「藝術協會」第一任主席戈爾施密特（Goldschmidt）甚至說：「將那些有傳染

危險的腐敗霉菌（Faulnisschwann）從覺醒的德國藝術中清除出去」。希特勒將現代派藝術、猶太民族、同性戀、國際藝術、腐朽、文化布爾什維克與大城市資本主義都一樣視為「有毒的花朵」（趙鑫珊 62）。1937年，納粹政權舉辦「退化藝術展」，公開污蔑現代藝術，當時現代藝術被納粹貼上 "Entartet" 之標籤，意即退化、變質、不屬於此物種之範疇、無法歸類，通常被翻譯為 "degenerate"（decadent）。1937年7月19日在慕尼黑開幕的「退化藝術展覽會」（Entartete Kunst）被希特勒稱為「藝術上的神經錯亂狀態」的作品。[1] 第三帝國同時舉辦「德國藝術展覽」，凸顯「土地」與「血統」之藝術標準，這是極權藝術政策獲得絕對優勢的分水嶺。

這種透過藝術形式與文化政策進行區分異己、界定「正確」或「正常」的立場，是建立權力集中，以及內群認同的基礎。德國納粹政權當時新聞局的發言人表示，「正確的思想是正確行動的基礎。國家社會主義的革命是思想的革命。其偉大處正

---

[1] 此次展覽會選了五千多件作品，包括諾德（E. Nolde）、黑克爾（E. Heckel）、克爾赫納（E. L. Kirchner）、貝克曼（M. Becmann）、布拉克（G. Braque）、奇里科（G. de Chirico）、德洛涅（R. Delaunay）、德朗（A. Derain）、阿爾西品科（Archipenko）、德艾斯堡（Theo von Doesburg）、恩索（J. Ensor）、梵谷（Van Gogh）、高更（Gauguin）、孟克（Munch）、馬蒂斯（Mattisse）、畢卡索（Piccasso）、康丁斯基（Kantingsky）、雷捷（Leger）、利斯茲基（Lissitzky）、麥綏萊勒（Masereel）、晶基（Moholy-Nagy）、蒙德里安（Mondrian）、盧奧（Rouault）、佛拉旻克（Vlamink）等。有意思的是，參觀展覽的觀眾人數有兩百萬，是「大德意志藝術展覽會」的三倍。1939年3月大戰爆發前半年，納粹將未拍賣的五千幅作品在柏林焚毀。可參考趙鑫珊（62-68）或白隆所編《退化藝術》。

在於它杜絕了個人的思想，而以集體思想替代」（Dr. Otto Dietrich, *Revolution des Denkens*. Dortmund/Leipzig, 1939, p. 9；引自 Adam 16）。此處，我們可以清楚看到，以「正常」來與「正確」對等，便意謂納粹政權在所有藝術政策之下所須「肅清」的準則。納粹政權對於現代主義藝術的禁止、污蔑而至於焚燒，便說明了它對於現代藝術的「不正常」與「不正確」採取深惡痛絕的立場，致使再現藝術與抽象藝術之間的論爭成為恐怖的政治鬥爭。

在「德國藝術展覽」的參展作品中，我們看到藝術家在作品中凸顯土地、農民與勞動的崇高地位，強調無私而全心地呵護家庭的母親、健美的女性、英勇的戰士等絕對價值。1934 年希特勒以「血統與文化」（Blut und Kultur）為題所發表的演講可以說明他對於男女形象的看法：

> 男子的形象必須精確體現出男性的最大力度，按他的本性和按其本性所要求的體型，這無疑是正確的；而女子的形象則必須突出生命的成熟，使其母親的形象光輝奪目，因為他的最高目的是作母親。（Adam 140）

因此，我們會看到當時德國第三帝國藝術作品中，充滿了頌揚土地、勞動、母親的圖像。我們也看到更多歌頌英勇戰士、愛國精神，以及集體力量的作品。

這種理想典型的聚焦處則是神格化的國家領袖。為了要強化大眾對於國家與領袖的忠誠愛戴，納粹的說辭一再強調人民必須追求最好的理想，訴諸高貴的靈魂，並且清楚強調領袖的

圖一：救援組織的海報。描繪充滿母性
光輝的母親。 1932年。取自亞單，
《第三帝國藝術》。

圖二：Werner Peiner，《德國土地》。取自亞單，《第三帝國藝術》。

圖三：電影海報。英勇的軍人。
1933年。取自亞單，《第三帝國藝
術》。

圖四：紐倫堡前紀律森嚴的年輕黨員。取
自亞單，《第三帝國藝術》。

人格最為崇高純潔。第三帝國藝術教師協會的主席伯特荷
（Robert Bottcher）說：「現在全國都結合起來，一致走向光
明。光明是從哪裡來的？是從德國人民的深處，從老一輩的人
民，從血液與土地結合的農民身上，更重要的，是從一個人，
一個靈魂如此純潔，不曾被污染過，那人就是希特勒」（Robert
Bottcher, *Kunst und Kunsterziehung im neuen Reich*, Breslau, 1933, p.
61；引自 Adam 21）。因此，建立德國民族主義的基礎始於血
統與土地，具體呈現於健康的男女、勞動的人民、全心奉獻的
母親，力與美的結合，最終皆聚焦於國家這一抽象概念，以及
神格化的領袖身上。當這種將領袖神格化的論述推到極致，便

是全國人民都心甘情願地為領袖捐軀的信念。英雄式的死亡是最高的榮譽。正如納粹第三帝國當時流行的歌詞：「我們追隨旗幟，它比死亡更為重要。」集體宣示忠誠的儀式，時常會將群眾帶入狂熱的高潮。每一個人都被動員，與集體融合而一，而不再是分別的個體。[2]中國三〇年代的革命論述與同時期的電影文本，以及台灣四〇年代的皇民化論述，也一再顯露出這種為集體獻身之熱情。

第三帝國藝術中，布雷克（Arno Breker）的雕塑最具有代表性。在他的作品中，力量取代了感性，堅硬取代了光線中的流動。他的雕像彷彿在說：「我是人類力量的集中！我是對抗懦弱的憤怒！我憎恨我同胞的敵人。你應該像我一樣。」（Arno Breker Film中的旁白；引自Adam 197）因此，人們會以「嚴謹」、「清醒」、「北方精神」、「自制力」、「嚴厲的美感」（"austere", "sober", "Nordic", "self-willed style", "severe beauty"）來描述第三帝國的藝術作品（Adam 227）。這種對自己的嚴厲節制，與基於此「正常模式」而排除異己之嚴格尺度，是屬於同樣的壓抑基礎。

亞單在《第三帝國藝術》中指出，在這一系列的「健康」與「光明」的圖像中，我們看到的是一種唯心理想典型的追

---

[2] 這種神格化的論述效應，在任何希特勒主持的集會或是演講場所都可以清楚。只要看看幾位希特勒所寵幸的建築師所建築的大會堂，尤其是史畢爾（Albert Speer）的建築，例如1937年在巴黎的世界博覽會中推出的德國建築館（the German pavillion），或是紐倫堡（Nuremberg）的齊柏林運動場（Zeppelin Field）的正面建築與此運動場的內部，我們都可以立即發現這種如同教堂一般製造敬畏效應與儀式劇場的性質。

圖五：布雷克，守衛。取自亞　　　　圖六：布雷克，同志情誼。1938。取自
單，《第三帝國藝術》。　　　　　　亞單，《第三帝國藝術》。

求。同時，我們也看到了集體對於未來的烏托邦式樂觀信念：
期待新的而且是更好的人類、世界與秩序（Adam 140-45）。亞
單此書結尾處，提出他對於納粹政權下第三帝國藝術的看法：
他認為問題不在於這些藝術作品中的法西斯性格，而在於其中
之「正常」，一種讓大眾安心喜悅的「正常」，沒有絲毫擾亂常
態的騷動或是不安分的質疑（304）。也就是說，納粹第三帝國
的藝術所呈現的，是一種絕對的「正常」。亞單曾經指出：在
史達林、墨索里尼、西班牙與納粹等極權國家所發展出的藝術
都具有清楚的相似性（129）。

　　亞單指出，根據德雷森（Adolf Dresen）在1938年所說，

這種大眾藝術描繪出一種「形而上的渴望」（metaphysical longing）。亞單質問：為何這種「形而上的渴望」會導致集體的退化，而容許集體屠殺的行為發生？亞單亦指出，雖然許多文化研究學者，例如賴希、馬庫色、阿多諾等人，對於希特勒的現象提出持續思考，但是，奧斯維辛（Auschwitz）集中營大屠殺的問題仍舊存在。他認為我們必須注意到：這些擁護「中間路線藝術」（middle-of-the-road art）的人同時也容許集體大屠殺發生，這是值得我們思考的問題（Adam 305）。

亞單的討論到此結束。或許我們可以延續他的思考，繼續探討此「正常」與「極權」之銜接點的重要問題，而且，我們還是要回到賴希、馬庫色、阿多諾，甚至佛洛依德，檢視他們如何反省西方群體暴力與極權的問題，並且指出，所謂「正常」的形而上渴望，其實正是法西斯式區分異己的起點。西方學者反省納粹政權時，已經指出「正常」與「極權」屬於同一脈絡的思維方式，對於「正常」之外的無法容忍，正顯示出以一己之體系貫徹於他人的獨裁性格。當集體論述以「正常」或是「正確」為名排除異己，貫徹體系的內在單純與一致性，法西斯的獨裁性格，以及內在暴力便立即出現。

集體服從背後的神祕主義

為何對於「形而上的渴望」會導致集體的退化？為何一個文化會容許集體屠殺的行為發生？賴希曾經指出，法西斯主義不分國家種族，它存在於每一個人的性格中，是在我們威權機制文明中被壓抑的人的基本情感態度。賴希強調，性的壓抑過

程使得性不能得到自然的滿足，那麼性就要尋求各種各樣的替代式的滿足。因此，性壓抑不僅加強了政治反動的保守勢力，並使群眾個體成為消極而非政治性的。此外，性壓抑也在人的性格結構中產生了第二種力量：一種積極支持威權主義秩序的人為興趣。[3]

　　賴希指出，人們在無意識地抵制自身性慾的鬥爭中產生了神祕的形上學思想。「從群眾的角度看，民族主義的元首是民族的人格化。由於群眾個體同元首的認同作用，他感到自己是民族傳統的維護者。而在維護民族的同時，也會無視於自己對元首盲目的忠誠地位」（Reich 56）。賴希曾引述一本談論日本聖戰的書，[4] 此書認為日本是人類和世界文明的發源地，天皇是處在絕對的宇宙中心的太陽女神的直接後裔，天皇的責任是將「偉大的正義事業推進到地球的盡頭，以使世界成為一個大家庭」，因此天皇正要進行一場聖戰，恢復此「絕對的宇宙中心」，「重建曾在遙遠的古代在各民族中盛行過的基本的垂直統治秩序，……改造目前的無法律而且混亂的弱肉強食的世界，使它成為一個大家庭，在這個大家庭中實行完全一致和盡善盡美的和諧」（122）。

　　賴希說，將元首神格化，甚至放置於絕對的宇宙中心，正是法西斯主義內宗教神祕主義的本質。法西斯主義將古老父系

---

[3] 賴希所舉的例子是由自然的攻擊性被扭曲成野蠻的虐待狂，例如帝國主義戰爭的群眾心理基礎。他也指出軍國主義的效果基本上是建立在一種力比多機制上的，例如軍隊穿著的制服，以及軍人踢正步的性刺激效果（Reich 27）。

[4] 奧托・托里蘇斯（Otto D. Tolischus）根據藤澤親雄之言所寫，於1942年2月出版。施淑在〈「大東亞文學」在「滿洲國」〉一文中對此有精采的討論。

宗教要求受難的被虐性格轉化為虐待式的宗教，由「另一世界」的受難哲學轉移到「這個世界」的虐待式謀殺（Reich xv）。賴希繼續指出宗教神祕主義與施虐狂式的殘忍有密切關係：「這些相反情感的產生可歸因於同一種根源：由性禁錮而產生的並且不能得到自然滿足的、不可遏制的植物性渴望。因此，一方面這種強烈的渴望很容易成為肉體的施虐狂的發洩，另一方面（由於存在著內疚感）又表現為神祕的宗教經驗。」（126）

> 性高潮激動現象同從最簡單的虔誠屈從到總的宗教狂熱一系列宗教激動現象之間有一種相互聯繫。宗教激動的概念不應只是指篤信宗教的人在參加宗教活動時幻想產生的感覺。我們應該把所有以一種確定的心理和肉體激動狀態為特徵的激動都包括在內。換句話說，我們應把順從的群眾在聆聽一位可愛的領袖演說時所體驗到的激動，把一個人在情不自禁地被驚人的自然現象所征服時所體驗到的激動包括在內（Reich 132）。

賴希的分析使我們理解到群眾熱情之下與神祕宗教經驗同質的性激動本質。此外，我們也理解，無論是德國納粹黨對希特勒的絕對服從，或是日本聖戰中對於日本天皇之絕對中心的確信，都含有此種宗教性的神祕本質。

賴希理論中發展出社會結構與本能結構的關係，並且強調統治與剝削所進行的性壓抑，以及由性壓抑轉而增強並且再生產的統治與剝削。種族意識形態是對於高潮無能者的性格結構中一種純粹生理病態的表現（Reich xiv）。因此，賴希認為，解

決個體與社會疾病的方案便是性解放。對此性解放的說法，馬庫色在《愛欲與文明》（*Eros and Civilization*, 1988）中提出駁斥。馬庫色認為，賴希反對佛洛依德晚期理論中發展出的死亡本能論點，因而也忽視了「性本能及其與破壞衝動相融合的歷史原動力」（馬庫色 215）。此處，馬庫色所提及的死亡本能與毀壞衝動，是一個精神分析揭示的重要心理狀態。馬庫色認為，社會中的攻擊性可以化身於官僚體系之內，透過權力層級化而施展其施虐與受虐的關係，此攻擊性也會轉而朝向那些「不屬於整體的人」，「其生存為整體所否定的人」。這種「敵人」是一種隱蔽與邪惡的力量，可以藉由任何面目出現，無所不在。戰爭便是以全國總動員的方式，釋放此攻擊性，使社會退回到了施虐與受虐的狀態（101-102）。

　　馬庫色的討論進一步說明了攻擊性與死亡本能的內在本質，但是，無論是賴希所提議的性解放，或是馬庫色所提議的朝向一個無壓抑的理想社會，都不見得是可行的解決方案。面對人類社會反覆出現的法西斯衝動，我們必須透過精神分析的解釋，更深入的了解壓抑之不可避免，以及此法西斯心態的根本動力基礎。

認同機制與賤斥排除

　　阿多諾於1951年〈弗洛依德理論和法西斯主義宣傳的程式〉一文中指出，法西斯心態對於等級的區分以及內外群的區隔，有其原始施虐／受虐雙重慾望的性格。阿多諾根據佛洛依德的《集團心理和自我分析》（*Group Psychology and the Analysis of* the Ego）對於極權政體與群眾心理的討論，指出透過對領袖的認同，「等級制度的結構和施虐被虐狂性格的願望一起完全保留了下來」（196）。[5] 強制壓抑自身的立即慾望，排除自我原初的愛戀對象，推離、清除自身內在的不潔與病態，亦會產生主動的受虐快感。而將自身內部的不潔向外投射，構築出妄想的外界敵人，以施虐的方式排除，則是法西斯妄想下的實踐行動。

　　這種將異質元素妖魔化、驅逐不潔、製造對立，在佛洛依德所提出的妄想案例，有極為類似的心理狀態。佛洛依德指出，「妄想」是起因於愛的對象的失去，而以強烈的精力貫注建構出一個虛構的烏托邦，此烏托邦有內在完整自足的系統與秩序，嚴厲的排斥外來具有威脅性的異質。佛洛依德指出，所以會有「妄想」秩序的出現，是由於自我遭遇外在世界之輕視與拒絕，[6] 因而撤離它原本對於外在世界以及內在主觀世界投注之愛，故此內在世界的災難隨之發生。為了修復內在災難所造成之毀滅，主體之欲力因而自世界撤離，主體透過「投射」（projection）的心理機制，將內在觀點外化，以便重建一個新的妄想世界，使它可以居住其中（"Notes on a Case of Paranoia" 71）。《國風》中的張蘭與《大路》中的丁香迴避眼前現實，將目光投注於遙遠超越而透明的對象，便具有此種投射特質。

---

5 《國風》中的張蘭便顯示出此種道德層級化之下受虐的主動快感。《大路》中阿金、小羅等人在地牢中備受折磨拷打，卻面露微笑，亦有同樣的為更高秩序受苦而感受快感的內在動力。

6 佛洛依德明白指出，妄想的症狀是由於社會羞辱與輕蔑的刺激，加上同性情慾受阻，然後才產生的（"Notes on a Case of paranoia" 60）。

從文化場域來看，這種論點可以說明國家主體面對被外在國際世界否定時，所可能發生的反應。因此，當國家主體迫切而激越地建立全部精力投注的新秩序與新世界，也含有此偏執投射的性質。[7]

　　對於納粹政權以及希特勒研究的學者多半指出，希特勒的法西斯性格具有明顯的妄想特質，更指出此妄想特質與被壓抑的同性情慾有所關聯。[8] 在此妄想新世界中，「太陽神話」（solar myth）時常出現於人民對國家或是領袖的愛的模式中。主體構築出來自於「神」的世界觀與宇宙秩序，「神」透過「太陽」或是「光芒」向主體顯示訊息。[9] 佛洛依德的解釋是，在集體秩序的幻想中，「神」與「太陽」的出現，說明了妄想症背後的「父親情結」。但是，佛洛依德亦說明，妄想症狀之形成，是由於「父親情結」所發展的同性情慾，以及相對的壓抑機制所導致（"Notes on a Case of Paranoia" 59）。[10] 也就是

---

[7] 三〇年代德國處於戰後之破敗處境，與中國之受列強環伺、分崩離析的狀態，皆與此處所討論的國家主體受到拒絕威脅的狀態相似。

[8] 例如羅賓斯（Robert S. Robins）、波斯特（Jerrold M. Post）兩人合著的《政治妄想：仇恨的心理政治》（*Political Paranoia: The Psychopolitics of Hatred*, 1997），或是黑威特的《政治的內轉：同性戀、法西斯與現代主義想像》。

[9] 佛洛依德指出，妄想症者時常看到「神的光芒」，或者將「太陽」、「光芒」與「神」之對等，實際上是他的本能投注的外向投射，並且取得合理性的基礎（"Notes on a Case of Paranoia" 78）。薛瑞伯（Dr. Shreber）的例子便是「神」要他成為「淫蕩的女人」（voluptuous），而他的說法甚至使此「肉慾」成為和宇宙協調一致的一整套系統（"Notes on a Case of Paranoia" 48）。

[10] 佛洛依德說明，情慾最初展開時，是由於自我個體愉悅之自戀，發展到在對象身上尋找類似的生殖器的同性戀，然後才轉向異性戀的對象選擇。然而，雖然找到了異性對象，同性情慾仍然存在，但是會與自我本能，以及

說，當主體對於父親的同性的愛因發現對象而被引發，並且必須被壓抑時，透過妄想投射的機制，此同性戀對象轉移為「神」，如此便可解決自我內在的衝突，消除抗拒；但是，同時，此同性戀對象亦被轉化為施加迫害而要抵制的妖魔，而被深深痛恨。因此，佛洛依德的妄想理論所揭露的，不在於同性情慾本身，而在於自我否認，並將內部的分裂投射到外界。

其實，由希特勒對於文化清潔運動的執著，對於同性戀者的排斥，對於種族不潔之無法容忍，我們都看到其妄想之下的潔癖以及對他者的敵意：這是對於曾經屬於自己原來擁有的內在屬性，卻因為更為超越的訴求而無法統合，因此開始陌生化，並且以強化的敵意堅決排除摧毀。此外，真正引起我注意的，是妄想秩序以及妄想世界之內必然產生二元對立，凸顯領袖之神格化，以及敵人的妖魔化的兩種機制，以及「正常」與「異常」或是「神聖」與「淫邪」的兩極化。《國風》中對外來、西化、都市化之「淫邪」論述，便是此二元化所使然；《大路》中批判封建傳統以及資本階級之邪惡性質，亦是出於類似邏輯。至於二〇年代的革命論述或是台灣四〇年代的皇民化論述，亦皆如此。這種對「敵人」的想像與抗拒，導致主體對於此對象產生了強烈的痛恨，並視其為威脅與迫害者。此迫害者背後卻同時隱藏了主體的慾望投注。[11] 由於此排斥抗拒的

社會本能結合，在友誼與同志情誼之間尋求滿足，甚至擴展為人類愛（friendship and comradeship, esprit de corps, and to the love of mankind）。因此，對於人類之愛其實是同性情慾的昇華表現（"On the Mechanism of Paranoia" 61）。

[11] 佛洛依德十分清楚的指出：妄想症的病源來自於患者對於自身同性戀傾向

機制如此強烈，使得主體的「恨」充斥於此妄想世界之中。[12]

　　由以上對於妄想機制的討論，我們了解到，關於集體論述對於性壓抑，以及排斥不潔元素的修辭衝動，我們要問的問題不僅是有關「壓抑」的問題：為什麼他們這麼厭惡變態或是多元的慾望？而更應該問有關「慾望」的問題：他們為什麼以如此堅決的意志力來欲求他們自身的壓抑？所謂「壓抑」，是自我從原來的愛戀對象撤回原欲，轉折後以替代物繼續投注。投注的能量依舊巨大，然而投注的對象已經改變。對於中國三〇年代的文化場域而言，種族與國家所匯聚的統一整體，以及其

的抗拒："The exciting cause of his illness, then, was an outburst of homosexual libido . . . and his struggles against the libidinal impulse produced the conflict which gave rise to the symptom"（"Notes on a case of Paranoia" 43）。佛洛依德在1922年一篇談論同性戀、妄想與忌妒之關聯的文章中，指出強烈的忌妒會將競爭對手轉變為愛的對象，因此，當母親將其他同齡男孩當做模範要求小男孩時，小男孩在受挫與羞辱之下，產生忌妒之心，然而當攻擊性的衝動被壓抑，此敵手將立刻轉變為愛的對象，因而兄長時常成為小男孩第一個同性戀的愛的對象，而小男孩與母親的認同便因此退居到背景（"Some Neurotic Mechanisms in Jealousy, Paranoia and Homosexuahity" 231-32）。同性戀者因此對於同性同伴以至於社區（community）都會產生高度的興趣，也因此同性戀者的社會感會較高。

12　為何此愛恨關係會轉換，佛洛依德說明原本是「我（一個男人）愛他（另一個男人）」，但是由於壓抑，此愛會轉變為四種對立面，其中最常見的，便是此愛被排斥而轉變為「我不愛他，我恨他」，但是此內在觀點（internal perceptions, feelings）被外化投射（projected），而轉變為「他恨我，他迫害我」（"On the Mechanism of Paranoia" 63）。「我愛他」的其他三種對立轉換是：(1)「我不愛他，我愛她」，而經過投射後，轉變為「我愛她，因為她愛我」，而成為色情狂（erotomania）；(2)妒忌之妄想；(3)我不愛任何人。（"On the Mechanism of Paranoia" 63-65）

所強調的新秩序、進步、正確與一致，成為絕對的「文化陽具」，是當時吸引所有個體強烈投注的替代對象。此外，組織化、認同與賤斥是理解之問題的關鍵。

德勒茲與瓜達里（Félix Guattari）在《反伊底帕斯》（Deleuze and Guattari, *Anti-Oedipus: Capitatism and Schizophrenia*, 1983）一書中，曾經運用「精神分裂式分析」（schizoanalysis），將「社會場域」（socius）視同為「無器官的身體」（body without organ），說明社會如何以集體陽具（Phallus）來組織慾望，從而集結個體：

> 他們達成一種統一，透過服從多數決的法律而將個別分子力量有效的累積與統合。這種統一性可以是物種的生物性統一，也可以是社會場域的結構性統一：無論是社會的或是生命的有機組織體，如今被構成一種整體，成為完整的對象。面對這個新的秩序，任何一個分子秩序所追尋的部分對象（partial objects）都呈顯為一種匱乏，而同時此整體本身亦是部分對象所欠缺的對象（Deleuze and Guattari 342）。

德勒茲與瓜達里指出，在法西斯式的妄想機制下，種族與國家有效地匯聚為統一整體，強調新秩序、進步、正確與一致性，從而吸引所有分子個體的強烈投注。正因如此，個體才會欲求其自身的壓抑，而將所有慾望昇華而轉移到此新的部分對象，新的陽具，以便建立一個具有妄想本質的新秩序、新宇宙。

無論是國家、旗幟、黨徽、元首，或是「新秩序」、「新

國家」、「健康寫實」等論述，都是被特定文化選擇而強調的文化符號，是其他文化動力替換的交換籌碼。這些被選擇的文化符號，或是更具有強勢位置的文化陽具，是建立國家認同的超我替代物。佛洛依德在討論集體心理學時，也曾指出：個人與群體的感情關係的內在聯繫是「認同」（identification）機制，也就是自我在群體的領袖身上看到「自我理想」的成分，而發展出如同認同父親一般的認同心理（"Group Psychology" 105-10）。自戀力比多大量流向對象，對象成為我們所無法企及的自我理想的替身，而且變得越來越崇高可貴，最後完全佔有自我的自愛，而自我亦樂意犧牲奉獻自己（"Group Psychology" 112）。這種對於領袖的認同紐帶起源於對於「原始父親」（primal father）的認同：「群體希望受到沒有制約的力量支配，這是對權威的極端熱情，對於服從的渴望」（"extreme passion for authority" ["a thirst for obedience" 127]）。這種與「集體」結合的情慾推到了極致，便是妄想秩序、與群體「融化」、「結合」之渴望，以及獻身捐軀的熱情。

　　佛洛依德指出，建立認同超我的同時，必須排除本我原始投注的對象。雖然超我是自我之內新形成的優勢事物，超我卻是原始感情依戀作用的繼承者，也因此，認同作用必然含有推離對象、排除自我內在原有一部分的動作。[13] 也就是說，一個

---

[13] 佛洛依德指出，超我源自於失去之物，失去的對象被認同的對象替代，導致自我的內在變化，而引發超我（Freud, "The Ego and the Id" 28）。年幼的小孩是非道德的，他們追求快樂的本能，完全不具有禁止抑阻的功能。而超我是一種外在力量的塑造，如父母的權威。自我成長發展過程中，超我接受了那些取代父母地位的人，例如教育家，老師等理想模範人物，超我

小孩若放棄了伊底帕斯情結，而開始建立超我之認同，他必須先放棄以前對其父母所保有的強烈對象感情依附作用（object-cathexes），以及發展因這對象之喪失所形成的補償作用（《精神分析新論》495）。[14] 我們因此了解，超我不只是早期本我對象選擇的殘留痕跡，超我也是透過對這些對象選擇的大力抗拒而形成。因此，認同作用因此同時具有改變自我，排除內在雜質的推離作用。這就是克莉斯蒂娃在《恐怖的力量》一書中所依據而發展的賤斥理論。

　　克莉斯蒂娃所討論的「推離」理論是指在主體還未進入象徵系統之前，潛意識中發生的原始壓抑：推離母體、分開、抗拒。沒有分離，主體便無從建立。然而，這種推離雖然暴烈，卻是笨拙的，因為主體隨時仍然可能會掉回母體堅固而令人窒息的掌控（*Powers of Horror* 13）。此處的「母體」自然不是現實生活中的母親，而是潛意識壓抑作用中第一個與自我區分的象

越來越與本來的父母遠離，而更加非人格化（《精神分析新論》495）。超我代表道德禁制，追求完美的維護，以及其他抽象的概念，因此，超我是一種結構關係的人格化（《精神分析新論》495）。超我之起點源自於幼年最初的認同對象，亦即個人史前的父親（雙親）。此認同直接而立即，尚無替代，亦不是對象投注。此原初認同經過「完整伊底帕斯情結」（complete Oedipus complex）的正面、反面三角關係，再加上每人的雙餓結構，將導致各種複雜的性取向、性認同以及超我建立的發展。

14 超我在其成長苗壯過程中，如果不能完全成功的克服弒父戀母情結，則會遭到阻礙而萎縮。認同作用若成功的發展，此種作為早已放棄之對象感情依附作用之沉澱物的認同作用，在孩童時代的晚期會重複出現。不過，它會完全依照此原初的轉型作用，其所產生的情感的重要性在自我中亦有特殊地位。

徵化對象：這「母體」是潛意識中既慾求又令人害怕、既能生養又能吞噬主體，而主體必須排除體外的「母體」，而這被排除的母體又寄生於各種「他者」之中，以致主體永遠尋覓（*Powers of Horror* 54）。將母體內化，而成為可以排洩清除的穢物，是一種推離的方式（*Powers of Horror* 2-4）；將母體形式化，成為一種食物或是思想的禁忌，也是一種推離（*Powers of Horror* 17）；以文字與論述代替母體，更是一種推離（*Powers of Horror* 37, 45）。

　　此推離賤斥需要以施虐破壞之暴力行之，亦需要以受虐之動力以便自我執行清除動作。這便是超我之形成機制本身所含有的壓抑，以及施虐／受虐並存的動力。佛洛依德在〈驅力及其變化〉（"Instincts and their Vicissitudes", 1915）一文中說明，受虐等於施虐，只是自己讓位於自我之外的另一個主體，成為被動，由另一個主體施行主動施虐，而自己承受虐待。自虐屬於自我懲罰，仍是主動；受虐則是被動。伴隨痛苦產生的性興奮是施虐的主要原因。[15] 主體本身可以與承受痛苦的客體達到認同，因此施虐者可以在施虐同時達到快感，而由痛苦造成的性快感則是受虐的基本目的（"Instincts and their Vicissitudes" 127-28）。因此，道德性的受虐快感，源自於主體主動的採取受虐的位置，壓抑自身的慾望，延遲慾望的完成，從而自此受虐位置得到快感。

---

[15]「被虐狂的滿足仍然來自虐待狂的本能。是主動反身的虐待，而不是被動的等待」（"Instincts and their Vicissitudes" 128）。「被虐的快感，不是痛苦本身，而是痛苦引發的性刺激」（"Instincts and their Vicissitudes" 129）。

法西斯形式美學

上述認同／排斥的雙向動力，可以協助我們深入理解法西斯衝動建立「正常模式」與「排除動作」的根本動力基礎，也可以作為我們觀察形式徵狀的起點。我們理解到因認同機制所牽引的反向自我壓抑必然同時釋放排除暴力，以及認同／推離同時產生的施虐與受虐慾望。我們也更清楚地看到此認同／推離的雙向運動正是妄想機制下建立烏托邦新秩序、太陽神話，以及妖魔化對象的基礎。然而，若要進一步討論此法西斯之妄想衝動為何與國家主義，以及現代化過程有如此密切之關聯，我們便進入了所謂法西斯美學的問題。

桑塔格指出，法西斯美學牽涉了兩種對立的狀態：統治與奴役，其中含有明顯的政治策略與轉化性慾，而這是極權社會的藝術表達形式有共通的美學修辭，也是國家主體進行形式化所牽連的過程。桑塔格藉由德國第三帝國女導演麗芬絲塔的作品，說明我們其實可以辨識文字教條之外的法西斯形式美學：也就是情勢的控制，順服的行為，誇張的努力，痛苦的忍受等特質，例如攝影鏡頭在旋轉運動與靜止特寫之間輪替交換，以便製造出群眾力量與單一熱情之間的對照張力；此外，群眾可藉由盛大陣容、軍事化的準確而設計僵化的形式，以便展現自身。因此，法西斯美學可以輕易的誇大領袖與教條的神格化與催眠式的召喚，強調群眾的服從，以及為領袖而死的光榮（Sontag 316-17）。桑塔格也指出，法西斯式的烏托邦美學暗示了一種理想的情慾形式：性能量被轉化為精神能量，朝向領袖

的磁場，以及追隨者的喜悅發展（317）。雖然桑塔格以麗芬絲塔的作品為例做說明，但是，她也清楚指出，在極權政體之外亦有此法西斯美學修辭的電影文本，如迪士尼（Walt Disney）的《幻想曲》（*Fantasia*）、巴斯比柏克萊（Busby Berkeley）的《大夥都在此》（*The Gang's All Here*）、庫柏力克（Kubrick）的《二〇〇一太空漫遊》（*2001: A Space Odyssey*）（Sontag 316）。桑塔格的見解提醒我們，法西斯美學可以不在文字之中呈現，而存在於影像的隱藏話語之中，例如鏡頭的銜接縫合，或是目光交錯的模式。

周蕾在〈我們之間的法西斯渴望〉（"The Fascist Longings in Our Midst", 1998）一文中曾經指出，法西斯衝動是「對於一個透明而理想化形象的渴求，以及向此形象之認同與順服」（Chow 32）。[16] 當我們重新檢視中國三〇年代的電影，我們卻注意到特定歷史時期的文藝作品或是電影作品會有不同於其他時期電影語言的原因，不僅只是科技文明的發展而已，其中還有某種內在文法呈現出此心態規則。此規則透過《國風》的新生活運動促進者與聆聽的群眾之間蒙太奇跳接而出現，也透過《大路》中號召群眾築路的小金，以及跟隨者之間的蒙太奇跳接中出現，我們因此知道此規則屬於某種追尋崇高對象的唯心觀視位置。

討論中國電影美學的林年同也曾經指出，中國三、四〇年

---

[16] 但是，當周蕾引用史考特（Joan Scott）之說法，將電影科技所帶來的知識視覺化，透過光，達到自我的顯現，等同於法西斯與極權主義所企圖完成的工程，周蕾實際上將電影此文類完全放置於無歷史時期區分的法西斯範疇之內。

代的電影美學傳統是「單鏡頭—蒙太奇美學」：除了利用蒙太奇美學，凸顯社會上生產力與生產關係等矛盾之外，並利用中遠景和全景的較大空間與較長時間，凸顯連續的時間與空間內的矛盾，使矛盾「激化」，表現「對立的思維」（林年同 12, 25）。林年同所指出的矛盾對立，是三、四〇年代中國社會所面對的「落後的、封建的、帝國主義的」，以及「進步的、民主的、社會主義的」兩種對立而衝突的社會關係與意識（林年同 14）。林年同顯然僅注意到了左翼影片的企圖，而忽略了右翼影片也具有同樣的特質。在回顧三〇年代左翼與右翼電影，以及同時之文化論述之後，我們無法否認，左翼電影激烈凸顯階級對立，以及新舊社會矛盾，右翼電影揭櫫現代與傳統之衝突，以及西方與民族之不容的同時，我們同樣注意到此呈顯對立矛盾的急切意圖背後更急切地彰顯新秩序與理想認同對象的法西斯衝動。無論是鏡頭跳接所產生的目光錯移，或是造成的價值對立，我們看到這些鏡頭差距指向了隱藏的不在場第三度空間，一個超越的空間。此超越空間說明著群眾的匱乏與欲求，召喚著人民與觀影者的渴求。我們可以更進一步指出，這個超越的空間模塑了左翼思維中傳統思想化與進步改革的對立，右翼思維中現代混亂與傳統素樸之間的對立，更同時銜接了《國風》中張蘭與《大路》中丁香的超越現實的精神目光。在銜接縫合處，我們也都再再看到法西斯美學式的唯心超越投注，以及個體服從的喜悅。

　　對於法西斯形式美學的討論，使我們得以將行動與再現形式區隔，而在行動與文字之外，看到形式內在呈顯的圖像模式與能量動力起點。甚至，我們看到法西斯原則是國家主義實踐

自身、確立主體之時，所採取的形式邏輯：以領袖之意志為國家形式之有機組織原則，以核心控制所有部分個體，建立主體認同之同時，也建立排除不屬於此系統的基準，以便實踐此系統之生產效率。

班雅明在1930年〈德國法西斯主義的理論〉一文中便指出，第一次世界大戰充分展現了德國法西斯主義將政治美學化的作為，並且「透過戰爭毫無保留的翻譯了為藝術而藝術的原則」（"Theories of German Fascism" 122）。對於這句乍看之下似有蹊蹺而令人難以理解的講法，班雅明所提出的解釋是：德國人在戰後對於戰爭失敗的哀悼反映出此戰爭實際上是一種「集體崇拜的戰爭」（"cultic war"），是德國國家主義的最高展現形式」（122）；德國人藉由「歇斯底里式」告解罪疚的方式泛轉（pervert）而成為內在的勝利感（123）；此外，此科技戰爭再度創造出德國唯心主義的英雄主義特徵，因為它以燃燒的旗幟以及以壕溝蝕刻地景，而使得自然地景整體被改變（126）。因此，班雅明強調：此戰爭證明「社會現實還未準備好將科技作為其器官，而科技亦未強大到足以主控社會的基本動力」（120）。

這篇〈德國法西斯主義的理論〉發表的時候，希特勒尚未掌握政權。但是，班雅明已經在第一次大戰後德國的整體氣氛中，觀察到了此法西斯性格的潛在動力。該文同樣的概念被他再度用於1936年的〈機械複製時代的藝術作品〉一文之中。在此文的「後記」中，班雅明寫道：

　　法西斯主義並不將權利給予大眾，相反的，法西斯主義

給他們的是一個表達自己的機會。……法西斯主義的邏輯
便是將美學引入政治領域。……戰爭便是政治美學化的最
終結果。……戰爭的毀滅性進一步證明，社會還沒有成熟
到能夠把技術向自己的器官一樣與自己結合為一體，而技
術也未充分發展到能夠與社會的基本力量協調一致。（班
雅明 246-48）

班雅明此處的「政治美學化」是針對布萊希特（Brecht）當時
所主張「美學政治化」的說法而發展的對話。布萊希特的「美
學政治化」顯而易見是以左翼的立場，強調藝術必須介入政
治，介入人民的生活，以企圖造成改革。而班雅明的「政治美
學化」，卻是一個較難理解的概念。

　　為何班雅明認為戰爭是法西斯主義翻譯了「為藝術而藝術
的原則」，是政治美學化的極致表現？為何戰爭是國家主義的
最高展現形式？為什麼他指稱科技為社會的「器官」（organ）？
對於班雅明的「政治美學化」的論點，希拉克（Ansgar Hillach）
的說法是：對於法西斯主義者而言，「政治」或是「戰爭」只
是「再現的形式」，而不是「行動」本身。行動的對象是可以
替換的。當國家成為資本階級，以極權之方式管理生產管道，
以不自然的方式使用科技，使得科技生產的力量過剩，社會自
然尋求最短的路徑爆發毀滅的快感。拖延過久的戰爭使得戰爭
的行動目標並不是原本的敵人，而轉嫁為發洩內在憤怒的形
式。戰爭因此成為行動的暗喻，成為再現表達之形式，而被
「美學化」。戰爭真正完成的，是對立的解除，以及從而發洩的
內在衝動的釋放（Hillach 104-105）。

　　班雅明注意到，戰爭是國家主義採取形式化的過程；戰爭本身只是再現形式，而不是行動本身。這與拉庫－拉巴特所言十分相似。他們都清楚看到，法西斯思維的唯心傾向是將主體絕對化，而主體與形式之間形成有機組織的關聯；「心」即是形式的內涵，主體之「心」的擴大與實踐，便是有機而一致的國家形體。阿多諾曾經指出，唯心主義「其實是現實主義」，其所謂「純粹主觀精神的昇華」，或是「先驗主體」，早已經被社會機器內在的意識形態所決定。因此，此唯心之先驗主體是被「構成」的（〈主體與客體〉 211-12）。阿多諾也指出，自身客體化的同時，便會開始向外產生反作用，排斥外界客體（〈主體與客體〉 213）。也就是說，當有機的國家形式發展到了極致，國家主體成為「先驗」而「唯心」的精神主體，區分我／他，以及內群與外群，便成為必要的動作。區分的同時，排他性暴力亦隨之而生。戰爭科技的器官對象不僅只是原本要摧毀的敵人，而是替換之後要發洩的敵意與憤怒，以及要消滅客體以便摧毀對立的狀態。中國三〇年代的力行社與新生活運動亦以此唯心思維之基礎，發展出生活組織化、藝術化與軍事化的論述策略，以力行實踐內在一致的集體性主體，便是此理。

　　對於此區分我／他，以及同質／異質的法西斯結構，巴岱伊在〈法西斯主義的心理結構〉的說法是：一個要求生產力以及效率的社會，必然朝向同質性發展，因此，不事生產的無用物質，例如瘋子或是詩人，便必須被排除（"The Psychological Structure of Fascism" 127）。法西斯的專制與權力集中便建立於對同質社會的完全組織與控制，對於個體自然需求的棄絕，以

超越之原則建立領袖之神聖性（129）。被壓抑而受控制的被動
群眾一則以自我施虐的方式排除個人之不潔與情慾，以便達到
「純淨」，再則亦以施虐之方式主動排除團體之中的「不潔」，
以便促成團體的同質性（131）。因此，同質化的簡約過程便導
致毀滅異質與鞏固基礎的雙向發展（134）。由於此同質化的訴
求，以及領袖之神聖化，排除異質的行為亦被賦予道德之高尚
理由以及必然性（136）。巴岱伊注意到，社會的組織化與同質
化的過程，正是國家主義實踐自身的過程。在此過程中，不具
有效率以及不事生產者，必然會被排除，而此排除的行為亦會
被賦予高尚道德的解釋。

國家形式與歷史同質化過程：吸納與排除

　　當國家以某種抽象價值為核心進行整體統合，並排除異質
物，以執行系統性同質化而建立絕對主權，這些問題都指向了
文化體系同質化的歷史過程之內在邏輯。巴岱伊曾經十分透澈
地分析過歷史同質化過程的吸納與排除作用。巴岱伊指出，人
類活動經常建立於吸納與排除的系統性運作。吸納，如同口腔
的吞噬含納。人們所吸納的物品不僅只是食物而已，還包括了
衣服、家具、住屋、生產工具、土地及其他活動。這些吸納以
同一性為原則，也就是說，人與使用物之間的關係建立在一種
同質的基礎之上，不屬於此系統的異質物便會被排除。同樣的
道理，宗教、詩歌、哲學、科學、常識等思想工作也延續著建
立同質社會的工作。同質化的過程必然會造成異質物的運作，
以及過剩廢棄物之生產；此外，異質物會以更高的真實來抑制

粗俗卑劣的現實，而使得最粗俗者以排洩物的方式出現（"The Use Value of D.A.F. de Sade" 95）。巴岱伊所分析的現象，可以讓我們將所有的思想工作視為歷史的巨大吸納系統，在此系統之下，歷史過程會完成其所謂的美學的同質化。

　　巴岱伊指出，吸納與排除時常是根據某種抽象觀念而區分同質與異質的。但是，這種區分層級卻是違反物質的真實屬性的。[17] 巴岱伊所說的「物」，或是「低賤物質」（base matter），是援引諾斯替教義（Gnostic）中二元論的概念，而黑暗與邪惡是創造的力量。[18] 正是由於物質本身不區分善惡，精神與形體不應分離，所以任何以抽象概念、理性與意志所展開的價值秩序必然會脫離物質本身，而成為唯心觀念的結構。這種觀念結構會以無限擴大的吸納系統，自成一套權力體系，而將任何異質物劃分為必須排除的他者。巴岱伊所強調的反叛與革命，起點就在於被壓抑之物質的顛覆跨越。這種跨越與顛覆，是追求「失去」（loss）的快感滿足。[19] 巴岱伊說，犧牲與失去自己，

---

[17] 在〈物質主義〉（"Materialism", 1929）一文中，巴岱伊清楚指出，唯物主義其實預設了某種抽象概念的秩序，以至於「物」再次陷入一種唯心理想形式的框架（"Materialism" 15）。對巴岱伊來說，這種唯物主義其實是另外一種唯心而具有神祕主義的宗教！

[18] 此二元論正好與古希臘的一元論對立。依照巴岱伊的看法，一元論是悲觀的，因為一元論將黑暗與惡視為善的墮落形態，也因此限制了許多創造的生命力（"Base Materialism and Gnosticism" 47-49）。

[19] 在〈耗費的概念〉（"The Notion of Expenditure", 1993）一文中，巴岱伊強調傳統的功利原則無法充分解釋人類行為，因為，所謂的生產、有用、保存的目的，完全無法說明人類的活動。有更多的人類行為是為了追求非功能性的「失去」而完成（116-29）。

是神聖的起點。[20] 犧牲是透過「失去」而捕捉「神聖」。巴岱伊清楚指出「神聖」這種瞬間的經驗，是經歷共同整體的痙攣時刻，而犧牲的意義便在於贈與，將完整的自我贈與神／君主，以便透過離開此俗世，參與神／君主的世界（"The Sacred" 242）。

　　犧牲與神聖的概念牽涉了巴岱伊理論中相當根本的問題，這個論點說明了人們為何想要進入共同體，求取結合，以便進入權力的問頭。這種朝向神聖的投射與犧牲自身，失去自身，是具有絕對的吸引力的。[21] 因此，「領袖」或是「天皇」便是這種可以無盡給予的神聖豐足理想替身。然而，此神聖豐足的影像其實卻映照著自身的匱乏。正因為這種根本的匱乏與分裂狀態，所以，當任何「主體」要出現，便需要以絕對命令式的整體狀態主控情勢，並且攜帶著具有威脅力的壯麗，以更為暴力的方式投射於此黑暗虛無之中（"Labyrinth" 176）。這種投射的基礎，便是建立於尋求絕對存在的神聖結合為共同體的慾望。然而，政治權威的原則往往使得此愛的結合被丟回到實用生活的層次，並且導向具有道德訓令的壓抑狀態（"Sacrifices" 133）。也因此，巴岱伊認為，與社會共同體的溝通與聯結正是

---

20 此處，巴岱伊的犧牲與贈與概念是受了牟斯所討論的原始部落的誇富宴（potlatch）慶典。這種非功能性與非生產性的禮物贈與，是一種揮霍，一種消耗，並不要求交換與回報，並且牽涉了一種毀滅失去的慾望以及要消耗棄置的施虐快感。

21 巴岱伊說，人們所追求的，永遠不是實質的對象，不是聖杯本身，而是一種精神。人的根本狀態是處於虛無之中的，也因此而畏懼孤單，並渴求與某個精神對象溝通聯結。人在空間中投射出神聖與豐足的影像，便是為了滿足此渴求（"Labyrinth" 173）。

建立封閉系統與權力的起點（"College of Sociology" 252）。因此，他會問：「這種社會的自主性（autonomy），是共同體的最終形態，還是只是一場錯誤？」（"Labyrinth" 173）

我發現，巴岱伊所討論的共同體的絕對吸引，以及個體的犧牲熱情，相當清楚地釐清了國家整體化與歷史同質化的內在邏輯。當我們討論中國二十世紀上半期以「煙囪掃除」與「革命換血」的實踐方式，排除障礙，以釋放生命能量，或是要求與「群」結合融化，建立新秩序與新國家，或是以領袖的意志為全民的意志與行動準則，進行全國軍事化，生活藝術化，全面要求組織、紀律與生產，或是以日本精神為最高價值的認同對象、依附、躍升，並且自我淨化，甚至依此準則將異質對象妖魔化，或是將不符合精神高點的自我貶抑為病變殘缺者，我們都面對了在情感高峰狀態的主體以吸納與排除的歷史邏輯，來要求「自我」出現的過程。主體要求形式化的起點，便是建立區分我他的界線，並且以此區分來進行同質化的吸納統合，同時也執行對於異質物的排除推離。設立界線與區分我他，是為了圍繞出精神狀態的整體與一致，也區隔了系統內與系統外的範疇。

納粹政權下的宣傳部長戈培爾（Goebbels）曾經說：「政治是藝術的最高而完整的形式，我們這群為現代德國製造政策的人覺得我們就像是藝術家，藝術的工作是賦予形式，除去病態者，創造健康者的自由」（引自Sontag 317）。這就是為什麼納粹第三帝國的藝術都強調強壯、健康、和諧、完美的身體，也以同樣的方式要求藝術精確和諧的形式結構。透過前文的討論，我們卻更清楚的理解到，此「藝術化」的過程，是清除系

統內的異質物，以便趨近新理想的國家主體形態。這種國家主體無限擴張而絕對化的過程，促成了服從與熱情、受虐與施虐、壓抑與暴力、鞏固基礎，以及排除異己的雙向運動。黑威特曾經指出，並不是在現代化的過程中完成了國家社會的認同，而是在現代化過程中國家社會開始反省自身，要求自主性，同時它也開始組織自身，建構認同，這也就是國家的形式化過程（Hewitt 44-45）。

因此，以具體形式集結所有個體的動力，轉換其原初對象，以集體共有的超越理念作為代替物，正是建立妄想秩序的起點。除了權力集中，以及民族復興的論述策略之外，主體絕對化，以及形式的組織化控制，也都透露出法西斯衝動內在的控制與服從並存。其中追求超越與排斥異己的衝動，隱含了以神聖與犧牲為絕對價值的宗教式非理性神祕訴求，以及內在的攻擊性。中國二、三〇年代，以及台灣三、四〇年代對於新秩序與新生活的烏托邦式想像，或是生活藝術化的要求，皆具有內在的法西斯衝動，以及政治美學化的模式。我們也注意到，在國家主體受到威脅之際，此時代焦慮成為一個基本的發言位置。因此，並不是「文以載道」或是「現代化」造成中國現代文學與文化論述場域遠離現代主義的實驗，而是國家主體展開形式化的過程所使然。這種急切追尋國家主體與新秩序的動力，使得個人放棄眼前之直接對象，壓抑個人之私人慾望，轉而投注於集體的慾望對象；同時，無法有效生產、不屬於健康進步的異質物，便必須被排除於「正常模式」之外。這就是為何反組織化、反僵化政治身分的現代主義文學藝術，成為現代化與國家主義形式化過程中所不容的異端。

第十章
心的形式
──精神的實體化問題

有關文化體制的虛構與真實

當我們研究文學，時常會受到文本的誘惑，而以實證的方式進入文本所宣稱的真實世界，相信這些真誠的陳述，卻忘了這些文本中的世界是如何受到了重重交錯的文化脈絡所構成，而且，構成的模式是扭曲而間接的。思考這些文本的構成邏輯，其實是文學研究者與文化研究者需要進行的工作。

在〈大東亞文學共榮圈──《華文大阪每日》以及日本在華佔領區的文學統治〉一文中，施淑以「文學帝國」的概念，討論滿州國《華文大阪每日》從1938年11月到1945年5月之間發刊到停刊的程中呈現的文化論述，她也指出，戰爭期間的滿州國、重慶、延安、台灣與上海租界區，可以構成很好的對照例子。的確如此。對照閱讀某一歷史時期之內不同地區的文藝活動，可以讓我們思考整體文化史的問題，並且可以探討不同的文化版圖與文化心態是如何被當時的文化體制所構成。

文化體制會透過各種教育制度、刊物編輯、視覺圖像、論

戰、社論、專輯規劃、文學獎，以及文藝座談會而展現其關注
體系。無論是官方或是民間，無論是戰爭期間或是非戰期間，
只要是企圖對思想進行主體位置的召喚，這些文化體制都會如
同傅柯所談論的博物館或是圓形敞視監獄，執行展示與規訓的
機制。戰爭期間尤其如此。具有聲望的文學家、藝術家、文化
人士與知識分子被邀請安排發言，處於公眾觀看檢查的位置，
他們必然已經不自覺地先將自身置於此發言機器之中，有可以
說者，有不可以說者，更有真誠認定為真實甚至含有迫切情感
的斷言。他們的言論刊登在廣為發行的報紙或是雜誌上，特別
能夠引發大眾之信任與效法，而強化了體制的真實性。

可是，更重要的，我們可以觀察到不同的文化版圖中的心
態，或是意識形態，如何透過文學想像與文化論述而全面擴
散，構成了人民生活的真實感。所謂「真實」，牽涉了人們所
感受到的主體性、國家、國民、公私、我他，甚至善惡、美醜
與品味等根本範疇。

這些「真實」感，會透過各種神話而被建構。中國二、三
〇年代以及台灣四〇年代的「新國家」便是一種「神話」。雖
然歷史處境與政治立場不同，我們卻觀察到了類似的國家神
話，一種以民族新生為訴求的想像，期待民族的換血、更新、
建立新秩序、新體制。這些所謂的「新秩序」或是「新體
制」，支撐了當時的社會階層、尊卑意識與認同系統。我們甚
至看到，政治觀點與意識形態以機構的形式支持出整個社會的
層級區分，成為現實的社會條件，而人們的想像便會設法依此
法則填充此機構所撐出的內部空間。

身體所感受的蔽痼殘缺、不像是男子漢，或是與身體相關

聯的不乾淨、不純淨、腐爛惡臭、化膿生蛆的意象，以及文字中洗淨血液、淨化意識、與群體融合為一的浪漫熱情，都是真實的存在感受。而以文學想像構築出的「主觀位置」，更是隨著不同的文化體制而有巨大的改變。中國二、三○年代不同位置的革命論述或是清黨論述，呈現了主觀位置的差異。而日據時期戰爭期間台灣文學顯著出現的「東洋想像」、「興亞」、「亞洲意識」，更呈現了想像中的新版圖與新疆界，也製造出了擊滅英美、建立東亞新秩序的思維結構。當張文環說，青少年要痛感於身為世界裡的一名日本人的使命，而「燃燒著替天打擊不義的火焰」，以及他認為相對於「不正的殘虛的英美」，聖戰的「激烈」與「華麗」顯示出道德位置上的正確。這些說法讓我們看到，所謂國家已經被納入或左或右或是「東洋」的想像。此處，疆域的重組使得所謂「我們」的內部也因此而改變。

　　我們可以進一步討論，中國與台灣在二十世紀前半期不同文化體系之內的身體想像、群與公的界定、私與公的區分、清潔與污穢的概念、社會有機體的暗喻、國民與國家的神話、戰爭美學化與浪漫化的論述等等，如何都鑲嵌於有關「心」的實體化論述。

有關「心」的實體形式

　　本書中探討中國三○年代法西斯論述動力的章節中，我們看到了蔣介石在力行社創立時所發表的「心法」革命。他的「革命心法」清楚呈現了組織化之下，以領袖為核心而達成的

權力集中之論述模式。此權力集中是建立在組織的身體化想像之上：「黨員的精神，黨員的信仰要集中，……黨員的一切都要交給黨，交給領袖，領袖對於黨的一切，黨員的一切，也要一肩負起來。」日本十九世紀明治時期發展出來的絕對主義思想，以及明治23年（1890）頒佈的「教育敕語」，也充分展現此種實體化組織關係的天皇信仰。「教育敕語」中提出以天皇為家長、以國民為「赤子」之家族國家觀念，將天皇與日本全國人民放在一個有機體的結構之內。天皇是首腦，人民是手足，天皇的意志成為全國人民的意志。井上哲次郎的《敕語衍義》中更提出「國家和有機體相同」的說法：「國君之於臣民，猶如父母之於子孫」，「君主比如心意，臣民比如四肢百骸」。[1] 我們在此更清楚的看到這種首腦與肢體有機關聯的政治實體修辭。

　　這種以生理為暗喻的修辭，以及強調系統的同質統合，提供了國家元首或是政府權力核心與人民之間有機聯繫的想像圖式。此生理實體想像中，政治權力核心為首腦，或是心，人民為肢體手足，其實正是典型的集權統治所擅長的論述。當國家主體要再現自身，此國家論述便會援引建構主體所需要的觀念性「精神核心」，或是精神本質，作為此主體出現的自然有機形式。語言、血緣、土地、傳統，都可以成為此核心。

　　在國家政局混亂而秩序進行重組的時刻，最有可能產生新設立的精神核心。政治論述會試圖建立精神核心，匯聚群眾的

---

[1] 井上哲次郎的《敕語衍義》當時發行據說達數十萬冊，甚至被用作為教科書。見《近代日本思想史》（161-62）。

情感投注，而在此投注過程中，群眾也參與了某種神聖的經驗。此參與是激烈而迫切的，而獻身也是具有熱情與快感的。透過此精神的召喚，共同體也被賦予了一種共屬的形式。而這種以內在的精神本質作為共同體形式的論述之危險處，便在於此抽象觀念會以片面的方式終止主體的多元與變化。正如儂曦曾經說過的，當歷史主體以形上學的方式追求「觀念」（idea）的可見性時，此觀念的「內容」（content）也被引用而作為所有內容之形式，因此會阻礙了其他自由生成發展的空間（"Finite History" 148）。同樣的，國家論述以語言建構的觀念做為國家主體出現的形式，也便落入了此封閉的系統。儂曦在《解構共同體》（La Communauté Désoeuvrée）一書便指出，當任何政治實體跟隨著一位首腦或是領導核心，直接呈現、暴露並實現其本質，將其發揚光大並成為共同體最適切的作品，這就是所謂的「集權主義」，而儂曦認為，集權主義更恰當的定義應該是以內在精神決定外在形式的「內在主義」（immenantism）。[2]

　　於是，政治如同藝術品，可以被體制化與形式化。當拉庫－拉巴特討論政治有如造形藝術，從構成型塑（Gestaltung），到成形、機構、組織、教育、文化（Bildung），都會延續這個以政治完成形式的計畫。政治的形式化，牽涉了有關技術（techné）與本質（physis）的問題：內在自然本質決定了外在的形式。以技術可以展露本質的論證為基礎，政治便可以使人民的「自然本質」躍升成形為「美麗的形式」與「美麗的身體」，而身體則成為「精神的器官」（Heidegger, Art and Politics

---

[2] 可參考蘇哲安翻譯的《解構共同體》（7）。

67）。這裡所依循的，是模擬論的原則。國家是人民的形式，政府則是展現此型式的技術。透過技術所展現的，其實是已經被語言所決定的形式。

　　但是，依此論證發展，便發生了政治的有機論（organism），也便是極權統治（Totalitarianism）的核心論證基礎。政治的有機性意指共同體的有機性，也就是說，以生物有機體的模式想像國家。政治的有機性是國家要呈現自身與組織自身的必要工作。有機論的說法會輕易導致以種族作為形式條件的發展。因此，拉庫－拉巴特指出，種族主義便是美學化的論證過程。有機論與技術論的結合，必然導致種族區隔，甚至滅族屠殺（*Heidegger, Art and Politics* 69）。

　　於是，當我們論及生命衝動的形式，或是民族國家的形式，若以代表「內在精神」的「心」的抽象概念作為主導原則，此「心」便會具有如同康德（Immanuel Kant）所說的「絕對命令」（categorical imperative）的性質，也會擴大而具有神聖性。個體自我規範、約束、禁制，以便可以與此絕對的理念同一。此種與共同體合一、進入體系的渴望，是一種與大我融合的欲求，也是取得神聖經驗之管道。因此，當「心」成為國家主體的內部性，國家形體成為有機而一致的整體，國家之主體／主權亦會因此而擴張與絕對化。而當主體與形式之間形成了有機組織的關聯，有機的國家形式發展到了極致，區分我／他，以及內群與外群便成為必要的工程，排他性暴力也會隨之發生。

　　此外，當「心」無限擴大而具有絕對命令時，此「心」便會與不需驗證、無法質疑的「公理」聯結。此「公理」是國家

原則之下的公理，是不同立場之下的理性。溝口雄三在1998年與孫歌繼續討論「知識共同」的可能性時所提出「以整個東亞這個視角來把握朱子學」的議題，其實並不在於他所說的探究東亞現代化過程中以道德為基礎的政治體制在世界史上具有什麼特殊的意義，政治與社會有什麼樣的共通性，牽涉了什麼樣的歷史特殊條件（〈「知識共同」的可能性〉 116），[3] 而在於此種「以道德為基礎」的政治與社會操作如何援用「心即是理」的修辭邏輯，追求不同正義與不同理性之下的「公理」。溝口雄三說，對於亞洲人民而言，「公理」是結合「散沙之民」的聯結紐帶（〈「知識共同」的可能性〉 118）。[4] 但是，此「公理」可以被不同的方式定義。

汪暉曾經十分犀利地指出中國歷代有關「天理」的概念在復古的論述中被用來進行道德辯論與政治實踐的工作，而所謂三代之理想境界以及三代以下禮樂崩毀的斷裂感，都顯示了「理」在論述中反覆被自然化與去自然化，以及歷史過程中政權再次被確立的道德化與正統化工作。至於現代國家所強調的公理，其實也重複了此種透過「理」的道德化而將政權再次正統化的論述模式。[5]

---

[3] 溝口雄三指出，朱子學對於東亞各國的政治哲學、社會構造有深遠影響，因此他建議可以探討中國宋代（九世紀以後）、朝鮮李氏王朝（十四世紀以後）、日本德川幕府時代（十七世紀以後）各自展開的政治與社會有什麼樣的共通性，牽涉了什麼樣的歷史特殊條件。

[4] 本書第一章已經提及，有關「公理」與「天理」論述的內在政權合理化運作，應該參考汪暉精闢而繁複的討論。見汪暉，《物與理》（2004）。

[5] 汪暉在2004年出版的新書《帝國國家的中國認同》及《物與理》中，對此「天理」的自然化與去自然化過程，有極為犀利的分析。

　　天理是在道統或理想的秩序已然中斷的語境中成立的，
宋代儒者試圖通過這一概念重新理解歷史的變化與理想秩
序或本然秩序之間的關係。由於斷裂的意識是通過禮樂與
制度的分化這一方式來表述的，從而圍繞著天理和如何理
解天理的激烈辯論總是與政治制度和日常生活問題密切相
關。正是在這個意義上，天理成為宋代以降儒學士大夫的
政治／倫理意識的核心（汪暉，《帝國國家的中國認同》）。

　　當「心」等同於「理」，「理」等同於「公」，「公」等同
於「共」，在此對等式的演算之中，個人之私便自動消失，這
就是問題之所在。中國三〇年代的電影《國風》中女主角所宣
導的「廓清內心的淫邪污穢」，「用禮義廉恥來修飾我們的內
心，用真理公義來潔淨我們的靈魂，讓我們重生一個新生命」
是一種典型的時代邏輯。[6]台灣四〇年代皇民化運動中所講求
的「滅私奉公」，或是尊皇攘夷、洗滌自身內心夷狄之心，捨
私奉公、以國家為個體認同依歸的現代性主體位置，其實也是
以這種因「公」而「共」的邏輯展開的。[7]這些公共的想像，
以及對於「主體／國民」的定位模式，其實仍舊以不同的形貌
頑固地扎根於我們當前不同文化論述的角落中。

　　當「公」獨大而「私」不存之時，會有什麼問題發生呢？
當「公」或是「國家」、「黨派」的邏輯全面擴大，而展開同

---

[6] 這是力行社於1934年在南昌為了要發展「民族復興運動」所發起「新生活
　　運動」中的普遍論述模式。可參考本書第五章的討論。

[7] 可參考本書第六章。

質化的思維結構與價值判斷時，「私」便會自行放棄倫理判斷，進而積極執行「公」的旨意。當「公」的理性價值內在含有「惡」之時，「私」也會執行此被合理化的「惡」，卻賦予其「善」之名義。日本政治思想家丸山真男曾經犀利地分析日本的法西斯主義天皇制之下公私之際的弔詭。他指出，為什麼日本發動戰爭，多數人是在「不知不覺中，被什麼東西所推動，糊里糊塗的舉國捲進戰爭的漩渦」？原因是，每個人都被最高實體（天皇）的絕對價值所束縛，自覺與此最高的價值直接相連，以至於「強硬論必然出自民間」（〈超國家主義的邏輯與心理〉13-14）。以民粹的訴求，期待民間的倫理判斷，而結果卻時常出現群體的暴力，原因也在此。

　　這種以內在精神作為民族認同的模式，也讓我們思考：為何日本現代國家凸顯「心學」的宗教性，其背後其實牽連了非理性成分？丸山真男指出，此非理性的唯心思想基礎在於「大和魂」與「大和心」的追求。[8]「大和心」原本是十八世紀日本「國學」興起之時，為了要把日本人的生活從儒佛之思想解放出來而提出的，以便與「虛偽」的「唐心」和「佛心」有所區別。「唐心」就是儒家思想與中國精神，而「大和心」則是日本精神。根據當時的國學家所言，「大和心」是日本古典本身的感性，是「真情實意」、「親密無間」、「纖細優美之情趣」，是真實生活的思想情感。[9]但是，日本「國學」到了篤胤所強調的「古學」，就展現了不只是感性層面，而還有天皇制

---

[8] 這也令我們注意到當前十分流行的「台灣心」與「台灣魂」之各種說法。

[9] 日本「國學」是由戶田茂睡、僧契沖、荷田春滿等人所創，由賀茂真淵，本

之合理性，以及日本是「萬國的根本之國，崇高的祖國」之論。[10] 這種神祕主義與排他思想，更與主張「尊皇攘夷」的水戶學聯結起來。[11] 丸山真男指出，朱子學的特性在於其「合理主義」，國學為了要分解此「合理主義」，卻弔詭地召喚出「非合理主義」的思維結構（《日本政治思想史研究》 147）。[12] 這種論述上的轉折，成就了作為「真善美之極致」的天皇國體。

居宣長集大成，再由平田篤胤、伴信友等人發揚。見近代日本思想史研究會（13-14）。

[10] 丸山真男曾經指出，日本近世的「富國強兵」論與「尊皇攘夷」論兩大潮流會合，便是早期國家主義形成的基本因素。富國強兵論基本概念包括「大日本國」、「皇國」、「世界第一最大豐饒富強的國家」、「世界第一的上國」、「混同世界」、「將全世界悉為我之郡縣」，以至於使日本的主權者「得使日本全國如手足之自由」，並依此來改革社會。丸山真男清楚的看出，此種富國強兵論與理想國家的構想，是受到了國際威脅而展開的。而其中內在需求的精神支柱，必須從本國的歷史傳統之內尋求。因此，尊皇論順勢而生（近代日本思想史研究會〔275-78〕）。松陰所提出的尊皇攘夷概念，例如「今之世界有若老屋頹廈，是已為人所共見」，「尊攘之事，設非一變現今之世界，將絕無可能」，「四海皆王土，兆民仰太陽，歸朝君莫問，到處講尊攘」，其實改革破舊之企圖心躍躍然於字裡行間。而丸山真男指出，此時朝向國家主義發展的尊攘之論「已經走完了它在歷史範疇內當走的里程」（近代日本思想史研究會〔287〕）。

[11] 有關篤胤的「古學」，可參考近代日本思想史研究會（17）；至於水戶學的攘夷思想，可參考永田廣志《日本哲學思想史》（244-46）。日本近代的「尊皇攘夷」之說，原本承襲於朱子的名分論，區分有關中華與夷狄之別，後來發展為抗拒歐美資本主義侵入的鎖國心理，進而形成討幕府，「一變現今之世界」的論述。

[12] 酒井直樹在〈國民共同體的「內」與「外」——丸山真男與忠誠〉一文中批評丸山真男建構了「西方近代」的假想同一性，也建構了日本獨特性的敘事，以至於他以間接的方式協助了西洋排他與「自戀」的自我建構。不

　　丸山真男對於日本國家主義的批判更為尖銳的部分，在於他所指出的政治虛構與實體之弔詭關係。他認為，近代組織與制度發展到極端的時候，會產生使自身的「虛構」機能「實體化」的影響，這就是官僚體制的產生。丸山真男說，所謂「創造」，出自於拉丁語 "fictio"，就是「形成與策劃」，本來的意思是指人類「為了某一目的與現實而廣泛地創造某種東西」。對丸山真男而言，政治也必然是虛構的。他說，近代發展出的社會契約說，是高度的「創作（虛擬）」。人愈傾向於將社會環境當做為自然的「賦予」而接受，愈容易將創作固定下來，而本來為方便所設立的制度、組織，就會脫離效用而「實體化」。丸山真男認為日本的天皇制便是近代制度「實體化」最典型的例子：天皇制背負著長久的傳統，無法探問其存在之理由，自居「一切社會價值的根源，具有最堅固的實體性」（〈「政治的產物」及其極限〉364-69）。

結語：有關「心」的政治與再現的藝術

　　這些政治實體化與虛構的問題關鍵在於：當我們談及生命衝動與形式，必然必須思考此潛在生命衝動的現實化如何可能不被以「心」為修辭的理性意志吸納？如何不被賦予如同身體一般的實體而被同質僵化？此潛在的實現如何可能不被線性發展的運動所局限，而能夠隨著多樣而異質的分叉點自由發展？

過，誠如孫歌所指出，酒井直樹似乎將丸山所要解決的問題脫離了歷史與時代的脈絡，無法碰觸丸山與他同時代的知識分子所要解決的問題（《亞洲意味著什麼？》108）。

我們能夠談論所謂「民族」的生命衝動與形式嗎？

　　當我們說「潛在」時，已經預設了「現實」既存，以及未完全出現的「原初」。此「潛在」是「現實」的反面，是沒有發生而將要發生的衝動。此「潛在」預設了發展的方向，以及必然會完成的面向。因為尚未出現，所以會有尋求出現的衝動。那麼，尚未出現的，是單一的潛在，還是多元的潛在呢？廚川白村引用柏格森的創造進化理論，而認為人類必須始終不斷的奮鬥邁進，不可畏縮退卻，要在「時間、空間的前後左右奔馳疾走，而嘗試共同協力以排除一切障礙的大部隊」（《西洋近代文藝思潮》274）。但是，這種邁進與排除障礙，在中國與台灣的接受場域中，卻不見其「時間與空間的前後左右」的發展，而轉變為進步路線上的邁進。

　　1920年《台灣青年》創刊號的卷頭辭寫道：為了台灣「文化的落伍」，必須要有「自新自強」的志氣。因此，呼籲台灣青年「一同起來，一同進行罷！」[13] 張我軍提醒台灣青年不能持續酣睡，要「改造社會」，要使台灣文學界能達到世界文學的「現代化」與「一致化」。[14] 1934年的《先發部隊》的序詩也表示，為「開發新世界」而「血肉奔騰」的「先發部隊」，呼籲大家「齊集於同一戰線」，要以凝固海洋、遷移大山的意志，實現新世界的願望。[15] 這種修辭與情感與郭沫若為楊漢笙導演的《生之哀歌》（藝華出產）的主題歌〈生之哀歌〉所作

---

[13] 李南衡主編，《文獻資料選集》（1-2）。

[14] 張我軍，〈致台灣青年的一封信〉，收錄於《文獻資料選集》（57）；〈糟糕的台灣文學界〉，收錄於《文獻資料選集》（64）。

[15]《文獻資料選集》（146-47）。

之詞有共通之處：「我們必須向生活戰線肉搏，肉搏，把戰歌代替哀歌，前進！前進！兄弟們！改革我們的舊生活，前進！前進！創造我們新的生活！」[16] 這些前進衝動的情感，顯然採取的是廚川白村與柏格森模式的修辭。

可是，時間與空間的「前後左右」的發展，為何不是多種方向的可能性呢？為何不能夠接受正相與負相，或是多向的正負相發展，而必須轉變為進步路線上共同方向的邁進呢？其實，根據德勒茲詮釋柏格森的說法，此潛在的原初之「一」已經是「多」，因此必然分化。此分化，不是「一」的分裂，而是「一」的多樣異質展開。[17] 但是，當中國與台灣在現代化進程中以某種單一而抽象的精神價值置換此「潛在」生命能量，甚至以一種身體化的實體作為想像的模式時，此潛在精神或是生命能量的現實化便會採取一種整體化與系統化的工作進行。

丸山真男曾經嚴厲批判日本三〇年代自然主義作家正宗白鳥寫實主義「肉體文學」所採取的無媒介的立場，而這種無媒介的寫實立場與政治「實體化」，其實是從同樣的邏輯出發的。丸山真男指出，「作家的精神有如牡蠣般黏著於感情的自然賦予，而欠缺想像的真正自由的飛翔」，都是「肉體文學」，以為「實話」便可以忠實報導現實，卻不知現實都是經過媒介而出現（《現代政治的思想與行動》 362）。日本無產階級文學的公式化傾向，也是依照寫實主義之理論而發展的書寫模式。[18] 他

---

[16] 此處有關「新」與「改革」的問題，可參考我在〈變異之惡的必要〉一文中的討論。

[17] 可參考德勒茲，《康德與柏格森解讀：柏格森主義，康德的批判哲學》（*Le Bergsonisme, La Philosophie Critique de Kant*, 2002）。

因此指出，日本政治思想發展出理論可以無限涵蓋對等關係，以至於「大政治」等同於「日常政治」，政治的「無限的責任」，以及「正確的實踐」便隨之而展開。天皇制則是這種實體化的極致。

丸山真男所要強調的是，正如文學的虛構性必須被承認一般，政治的虛構性也必須被承認。由於制度是虛構的，所以需要處於不斷開放與調整的疆界處，必須居於「邊界」：「一方面與內在的居民分享實在的感受，一方面又不斷與外界保持交通，不斷積極的摧毀內部意象的自我累積的固定化」（《現代政治的思想與行動》 449）。

當文學的虛構性不被承認時，文學就會被要求貼近現實，指涉現實，反而開始呈現僵化而固著的概念化傾向，並且以實體的修辭承載唯心的觀念。當政治的虛構性不被承認時，同樣的，政治制度便會開始以肉體組織的想像，將政治層級以首腦與肢體的關係固定下來。這兩種情形背後共通的邏輯是：當精神被形式化與實體化時，十分弔詭地，精神反而與肉體分離，而成為超越經驗的主導形式原則，成為一種迫切的絕對命令。因此，中國與台灣現代化進程中所強調的精神躍升，心的改造與淨化，是將「心」對等於「精神概念」，企圖完成精神系統的同質化。文化的淨化與改造，同樣的，也是將「文化」對等於「意識形態」，進行意識形態的肅清。

---

18 但是，丸山真男指出，日常生活之事物，例如藝術、文學或是情緒，其實時常可能會以非理性的方式攜帶出被體系化理論所排斥壓抑而沉潛於無意識中的非合理性情緒，而對於大眾有更強大的影響力。可參考孫歌對於丸山真男的精采分析（〈丸山真男的兩難之境〉 108-24）。

　　丸山真男所說的邊界的不固定，是內部的不斷流動出現，同時一邊與外界保持溝通，一邊摧毀內部意象的固定化。佛洛依德指出，當自我通過某種途徑的壓抑過程，也就是取消與隔離，而成功地進行自我保護，必然也同時抑制並且破壞本我中相關的特殊部分，而賦予此部分以症狀形成之衍生物某種如同治外法權一般的獨立性，因此也就放棄了自身的某些主權。[19]巴岱伊所說的「絕對主權」，也便是讓此被驅逐排除的極限之外的他者出現。[20]海德格所說的 "ek-stase"，「步出自我之外」，「忘我」，「出神」。正是在離開了理性座架的意識形態規範之時，「非我」的「我」才會湧現。儂曦也指出，當我們討論主體性時，若要避開被片面局限之僵固，便要以「使主體成為自身」的方式思考，也就是在離開自己固有身分之時成為自己。這些「成為自己」的論點，不再是排除他者而成為自我，而是要能夠放鬆「我」的立場，讓「他」能夠出來的思考。

　　那麼，「心」的顯現，生命衝動的形式，要以什麼方式出

---

[19] "If the ego succeeds in protecting itself from a dangerous instinctual impulse, through, for instance, the process of repression, it has centainly inhibited and damaged the particular part of the id concerned; but it has at the same time given it some independence and has renounced some of its own sovereignty." "Inhibition, Symptons and Anxiety," *SE*, XX, 153.

[20] 巴岱伊所討論的「對象的解消」、「知識之外」、「無」、「思想終止」、「境外」(ecstasy) ("Knowledge of Sovereignty" 302-306)、「非我之我」("The schema of Sovereignty" 314)、「不知」("Un-knowing and its Consequences" 322)、遊戲與革命 ("Un-knowing and Rebellion" 328)，其中與海德格的關聯都能夠更為清楚的顯現。

現呢？這種使生命出現的「藝術」，是如何發生的呢？海德格討論藝術作品時已經十分清楚的釐清了這些關聯：他指出，「自然」（"nature" 或是 "physis"，Φνσιζ）是一種露面與湧現的整體。作品不是被制造規定的，而是透過作品而開啟存在者的解蔽狀態，是真理的出現，是無蔽的發生（〈藝術作品的本源〉277）。至於藝術（art）或是技藝（technique），希臘文是相同的字 "τεχνη"，意思是「知道」，「看到」，是對於在場者之在場的覺知，也就是使在場者出於遮蔽狀態：「把它帶入其外觀的無蔽狀態」。因此，海德格解釋，希臘人的 "τεχνη" 意思不是「制作活動」，而是「存在者的生產」（〈藝術作品的本源〉280）。所謂外觀（aussehen, outlook），就是在「湧現」（open, burst）中發生。因此，藝術家不是一個工匠，而是透過生產而使得存在者以其外觀而出現於在場中。

　　我們要問：「心」的湧現與形式化何時會被政治的制作而規範？何時是不斷湧現而解蔽的發生？

　　在本書漫長的討論過程中，我們觸及了中國早期現代化過程中「心」如何在歷史過程中以結構的方式被模塑、誘發而固著，以及生命衝動如何朝向國家民族而貫注的問題。我們注意到：在歷史線性發展的想像中，生命衝激力是針對單一體系的優勢位置而產生的相對動力，是企圖彌補匱乏而生的慾望。現代化過程中對於線性發展的預設，引發了比較之下所產生的落後感與苦悶沉鬱，以及因落後感而生的進步慾望，因苦悶匱乏而生的對「群」與「公」的強烈情感投注。

　　因此，什麼是「心傷」或是「精神創傷」的論述？其實正是由語言所構成的匱乏感。「心」是語言的構築。二〇到四〇

年代中國青年與台灣青年在歷史關鍵時刻，透過論述的模式，展開了他們所處時代的民族的「心」或是「心的創傷」的想像模式。這個逐漸激動的「心」，正是導致日後的立場衝突與認知差異的起點。

不同時期的中國與台灣的知識分子，以及整體文化論述，以不同的方式呈現此線性史觀與生理主義的組織慾望，並且進行以「正常」為準則的文化想像，以及吸納與排除的政治操作。當「心」的生命衝激力被聯結在「群」、「領袖」與「國家」，並且以生理有機論與線性模式被架構時，「心」便被綁束。在此過程中，個人生命力被移置為民族國家之生命力，並且以一種身體想像統合此形式，以力行實踐完成此形式。於是，以語言所構築的抽象概念便成為了配合生理主義修辭的民族的「心」，而作為支配國家肢體整體形式的法則。現代性的精神形式便以實體之樣貌成立，「心」也因此而固著，不同時期的身分認同工作也於焉確定。

如何能夠使「心」的不同存在狀態露面，解開歷史技術的遮蔽？

或者，我們也可以退一步問，為何此問題是重要的？

可能我們必須理解，「我」的固著就是對於「他」的區分與排除。針對抽象理念而附著的「心」所進行的系統性排除動作，可以發生在二、三〇年代的清黨運動、四〇年代的內戰、五〇年代以降的台灣的文化清潔運動與中國大陸的文革，也可以發生在八〇年代末期的天安門的六四事件，或是九〇年代持續至今的台灣的選舉場域。2004 年的凱達格蘭大道出現了激烈的立場分化，全民動員，群眾的心為之激動。是為了什麼而

使得立場的選擇成為正義之代稱？使得我們只看得到「我」的觀點而看不到我們所共同生活的「他」？

　　我們從陳界仁自我斲傷肢解的影像，以及影像中傷口闇黑的深淵，看見了歷史同質化與排除工程的起點。排除工程的主觀操作，是如何發生的？如何成為迫切的必要？被排除壓抑而鈍化的死亡痛感，如何可以進入意識層次而被理解？或者，被否認的暴力，是否也可以被書寫與理解？回到歷史碎片中情感激昂的時刻，或許可以讓我們透過徵狀揣摩一些情感的痕跡。我們觀察這些文本如何以各種合理化的方式展演出對於烏托邦的種種文學想像，如何鋪陳論述結構或是敷設視覺細節，也觀察這些主觀位置如何同時也以非理性方式進行法西斯式的組織、區分、清潔與排除。這些文本中意識與無意識的悖反並存，理性與非理性的共構共生，正是我所說的文化徵狀的形成邏輯。

　　因此，以精神分析式的探問，透過回溯歷史時刻的主觀狀態，不斷地面對此激動昂揚狀態背後的文化體制或是政治作為的建構性，檢視各種「團結」、「信仰」、「情感紐帶」、「我是誰」的系統性論述，或許可以使我們面對認知體系之外部的不可見與不可知的狀態，或許我們可以開放自身，由「非我」的立場理解「我」與「他」之主體位置如何各自被歷史過程所構成，而使此僵化的主體立場鬆脫，使得「我—他」得以並存。如此，文化主體或許也得以不斷湧現，而使得各種文化生機成為可能。

後記

　　這本書是透過國科會所支持的專題研究計畫「台灣╱中國現代主義文學與變異」以及中央研究院中國文哲研究所主題計畫「正典的生成」之子計畫「台灣現代性與文化主體性：一個精神分析的文化詮釋」而完成的，我要在此特別致謝。

　　研究計畫的經費補助，解決了外部條件的問題；但是，研究問題的內部，卻需要慢慢走過。

　　這是個漫長的過程。

　　八〇年代中後期直到1994年的台北市長選舉，台灣社會浮蕩於街頭巷尾與各級議會的叫囂怒氣與省籍對立，大約是我開始進行前一本書《孤兒、女神、負面書寫》的隱隱動機。我試圖思索在認同對立的背後到底是什麼問題。我進入了有關孤兒與女神兩種心態的糾結思維結構，以及負面書寫的可能性。

　　那本書中的〈變異之惡的必要〉是這本書的伏筆。在那篇文章中，我討論了在中國與台灣極權政體展開之前，三〇年代的文化論述場域中為何出現了以肉體症狀展現具有極權性格的國家主義論述。我當時提出的問題是：相對於組織化而集中統一的「正常」模式，中國與台灣於二十世紀早期的「變態意識」

在哪裡？為何在那裡？文化場域內不被組織化，以及不被「正常性對象」吸引的精神能量如何以多向泛轉之精力投注展現自身？

在該書完成時，我知道問題還沒有結束。因此，這本書反過來探討有關「正常」的問題。其實，現代性的「組織」與「正常」是另外一種變態：朝向國家集中而固著的變態。

1999年7月到12月之間，我在中央研究院中國文哲研究所以短期訪問學者的身分進行研究，完成了〈三○年代中國文化論述中的法西斯妄想以及壓抑——從幾篇文本徵狀談起〉這篇文章，後來改寫為此書的第七章〈群的結合——三○年代的烏托邦想像〉。這篇文章便是本書的核心起點，也引發了我一系列探討有關中國與台灣早期現代性過程中所浮現的法西斯心態之研究。我要特別謝謝彭小妍女士的邀請，以及中國文哲研究所於此期間慷慨提供的研究資源。本文完成後，當時曾經分別在中央研究院中國文哲研究所，以及近代史研究所發表，二所同仁對於此文所提出的討論意見，以及《中國文哲研究集刊》審查人的修改建議，都對本文的修正與發展有莫大助益。

延續上述的問題，我在2000年到2003年間，同時進行了從當代台灣來觀看此法西斯歷史所殘留的痕跡，以及回溯二○年代到四○年代的文化環境的幾個研究。

研究陳界仁，一則成為了我的方法論暗喻架構，再則也提供了我回應中國早期排除系統的當代詮釋起點。第三、四章的英文論文 "The Gaze of Revolt: Chen Chieh-Jen's historical images and his aesthetic of horror" 曾經於2000年華沙「變遷社會文化困境」國際研討會（Cultural Dilemmas During Transitions）發表，

經大幅度修改擴展後，在新竹清華大學社會所與該所同仁討論，並於2001年國立暨南國際大學第二十五屆中華民國全國比較文學會議發表。

　　本書第二部分是對於二〇年代到四〇年代文化環境的研究，第五章改寫於〈壓抑與復返──精神分析論述與台灣現代主義的關聯〉，以及〈心的翻譯──廚川白村與中國／台灣現代性的實體化論述〉；前者發表於國立政治大學中國文學系於2001年舉辦的「現代主義與台灣文學學術研討會」；後者發表於國立東華大學中國語文學系於2003年舉辦的「文學與傳播科際整合：文學的傳播與接受國際學術研討會」。第六章〈開刀、刺戟與煙囪掃除──二〇年代中國的前衛精神〉受邀發表於中央研究院近代史研究所文化思想史組於2001年所舉辦的「近代中國的視覺表述與文化構圖，1600迄今」學術研討會，以及在上海復旦大學於2001年舉辦的Association of Chinese & Comparative Literature Biennial Conference 雙年會。第八章〈從「不同」到「同一」──台灣皇民主體之「心」的改造〉再度發表於國立政治大學中文系於2003年舉辦的「二十世紀台灣男性書寫的再閱讀」學術研討會。

　　這本書所拓展的問題，無論是理論層面，或是問題意識，都是最初所沒有預料到的。撰寫過程中，能夠在這些研討會發表，聽取會場評論人及聽眾的回應，是刺激我繼續思考的主力。在此期間，學術上的朋友針對不同的章節給予的回應，更是讓我不斷自我挑戰的動力，我要特別謝謝張小虹、廖朝陽、陳光興、汪暉、許綺玲、奚密、周蕾、宋文里、朱元鴻、陳芳明、邱貴芬、沈松僑、彭小妍、向陽這些朋友先後提供的意

見，以及前前後後幾位匿名審查者的建議。我也要謝謝交通大學社會與文化研究所讓我在全書完成的階段，在所內有個開放討論的空間，讓我能夠面對同仁與學生再一次地退一步觀看自己所完成的工作。我知道問題還是沒有結束，也只有日後慢慢繼續處理。

這段過程中，我從輔仁大學比較文學研究所轉到了交通大學語言與文化研究所，然後到了社會與文化研究所。環境的變動，讓我感覺好像因為搬遷或是地層移位而致根脈動搖了的老樹，需要花許多的時間與精力安定下來，平撫受了傷的大小根莖枝葉，重新思索與調整定位。過去的學生漸漸遠去，自己開拓了一片天地，慢慢也有一些新的學生開始陪著我討論這些複雜的問題，例如林封良、王維資、方婉禎、張安琪；另外也有一些學生跟著一段時間便離開了，或許是為了我所研究的題材而驚駭不安，或許是因為我走了太遠的路而猶豫遲疑。思考與閱讀，會令我希望退回到完全隔絕的角落，但是，學術是需要有對話的。這本書的絕大部分，都是在對話中探索而緩慢發生的。我的學生都十分熟悉這種過程，他們也分享了我的探索與焦慮。我的助理林郁嘩，更是有效的分擔了我許多事務上的瑣事，也特別謝謝麥田出版的胡金倫的專業校正。對於以上所有的機緣，我都充滿了感激。

最後，我還是要謝謝我的先生宋文里教授。每一篇論文的過程，許多念頭或是理論的推進，都是我和他在山中散步時發生。連同我寫作的焦躁，他都概括承受。他是我與兒子書珩的穩定支柱，我珍惜這一切。

2004 年 7 月 20 日於山湖村

論文出處

第三章〈陳界仁的歷史肢解與死亡鈍感〉與第四章〈症狀－賤斥－恐懼——另外一種觀看的方式〉擴充改寫自〈「現代性」的視覺詮釋——陳界仁的歷史肢解與死亡鈍感〉，《中外文學》三〇卷八期（2002 年 1 月）：45-82。

第五章〈心的翻譯——自我擴張與自身陌生性的推離〉擴充改寫自〈壓抑與復返——精神分析論述與台灣現代主義的關聯〉，*Journal of Modern Chinese Literature in Chinese* (JMLC). Hong Kong: Lingnan University. Vol. 4, No. 2 (2001): 31-61，以及〈心的翻譯——廚川白村與中國／台灣現代性的實體化論述〉，《文學研究的新進路：傳播與接受》。花蓮：東華大學中文系，2004，頁 581-610。

第六章〈開刀、刺戟與煙囪掃除——二〇年代中國的前衛精神〉改寫自〈現代化與國家形式化——中國進步刊物插圖的視覺矛盾與文化系統翻譯的問題〉，《畫中有話：近代中國的視覺表述與文化構圖》。黃克武主編。台北：中央研究院近代史研究所，2003，頁 359-93。

第七章〈群的結合──三〇年代的烏托邦想像〉改寫自〈三〇
　　年代中國文化論述中的法西斯妄想以及壓抑──從幾個文
　　本徵狀談起〉。《中國文哲研究集刊》一六期（2000年3
　　月）：95-149。

參考書目

一、外文部分

Adam, Peter. *Art of the Third Reich*. New York: Abrams, 1992.

Althusser, Louis. "Ideology and Ideological State Apparatuses," *Visual Culture: the Reader*. Ed. Jessica Evans and Stuart Hall. London, Thousand Oaks, New Delhi: Sage, 1999. 317-23.

Barron, Stephanie ed. *Degenerate Art: The Fate of the Avant-Garde in Nazi Germany*. Los Angeles: Los Angeles County Museum of Art, 1991.

Barthes, Roland. *Image-Music-Text*. Trans. Stephen Heath. New York: Noonday Press, 1977.

——. *Camera Lucida: Reflections on Photography*. Trans. Richard Howard. New York: Hill & Wang, 1981.

——. "Rhetoric of the image," *Visual Culture: the Reader*. Ed. Jessica Evans and Stuart Hall. London, Thousand Oaks, New Delhi: Sage, 1999. 33-40.

Bataille, Georges. *Inner Experience*. Trans. Leslie Anne Boldt. New York: State U of New York P, 1988.

——. *The Tears of Eros* (*Les larmes d'Eros*, 1960). Trans. Peter Connor. San Francisco: City Lights, 1989.

——. "Base Materialism and Gnosticism," *Visions of Excess: Selected Writings, 1927-1939*. Ed. and Introd. Allan Stoekl. Trans. Allan Stoekl. Minneapolis: U of Minnesota P, 1993. 45-52.

——. "Labyrinth," *Visions of Excess: Selected Writings, 1927-1939*. Ed. and Introd. Allan Stoekl. Trans. Allan Stoekl. Minneapolis: U of Minnesota P, 1993. 171-77.

——. "Materialism," *Visions of Excess: Selected Writings, 1927-1939*. Ed. and Introd. Allan Stoekl. Trans. Allan Stoekl. Minneapolis: U of Minnesota P, 1993. 15-16.

——. "Sacrifices," *Visions of Excess: Selected Writings, 1927-1939*. Ed. and Introd. Allan Stoekl. Trans. Allan Stoekl. Minneapolis: U of Minnesota P, 1993. 130-36.

——. "Sacrificial Mutilation and the Severed Ear of Vincent Van Gogh," *Cocuments*, second year, 8 (1930): 10-20. Rpt. in *Visions of Excess: Selected Writings, 1927-1939*. Ed. and Introd. Allan Stoekl. Trans. Allan Stoekl. Minneapolis: U of Minnesota P, 1993. 61-72.

——. *The Accursed Share: An Essay on General Economy*. New York: Zone, 1993.

——. "The College of Sociology," *Visions of Excess: Selected Writings, 1927-1939*. Ed. and Introd. Allan Stoekl. Trans. Allan Stoekl. Minneapolis: U of Minnesota P, 1993. 246-56.

——. "The Notion of Expenditure," *Visions of Excess: Selected Writings, 1927-1939*. Ed. and Introd. Allan Stoekl. Trans. Allan Stoekl. Minneapolis: U of Minnesota P, 1993. 116-29.

——. "The Sacred," *Visions of Excess: Selected Writings, 1927-1939*. Ed. and Introd. Allan Stoekl. Trans. Allan Stoekl. Minneapolis: U of Minnesota P, 1993. 240-45.

——. "The Use Value of D. A. F. de Sade," *Visions of Excess: Selected Writings, 1927-1939* Ed. and Introd. Allan Stoekl. Trans. Allan Stoekl. Minneapolis: U of Minnesota P, 1993. 147-59.

——. "Knowledge of Sovereignty," (1933). *The Bataille Reader*. Ed. Fred Botting and Scott Wilson. Oxford and Massachusetts: Blackwell, 1997. 301-12.

——. "The Psychological Structure of Fascism," (1933). *The Bataille Reader*. Ed.

Fred Botting and Scott Wilson. Oxford and Massachusetts: Blackwell, 1997. 122-46.

——. "The Schema of Sovereignty," (1933). *The Bataille Reader*. Ed. Fred Botting and Scott Wilson. Oxford and Massachusetts: Blackwell, 1997. 313-20.

——. "Un-knowing and its Consequences," (1933). *The Bataille Reader*. Ed. Fred Botting and Scott Wilson. Oxford and Massachusetts: Blackwell, 1997. 321-26.

——. "Un-knowing and Rebellion," (1933). *The Bataille Reader*. Ed. Fred Botting and Scott Wilson. Oxford and Massachusetts: Blackwell, 1997. 327-29.

Benjamin, Walter. "Theories of German Fascism: On the Collection of Essays War and Warrior," Ed. Ernst Jünger. 1930. Trans. Jerolf Wikoff. *New German Critique* 17 (Spring 1979): 120-28.

Bhabha, Homi K. "DissemiNation: Time, Narrative and the Margins of the Modern Nation," *The Location of Culture*. New York: Routledge, 1994. 139-70.

Bryson, Norman. "Semiology and Visual Interpretation," (1987). *Visual Theory: Painting and Interpretation*. Ed. Norman Bryson, Michael Ann Holly and Keith Moxey. New York: Harper Collins, 1991. 61-73.

Călinescu, Matei. *Five Faces of Modernity: Modernism, Avant-garde, Decadence, Kitsch, Postmodernism*. Bloomington: Indiana UP, 1987/1996.

Caruth, Cathy. *Unclaimed Experience: Trauma, Narrative, and History*. Baltimore and London: Johns Hopskins UP, 1996.

——. ed. *Trauma: Explorations in Memory*. Baltimore and London: Johns Hopkins UP, 1995.

Chow, Rey（周蕾）. "The Fascist Longings in Our Midst," (1995). *Ethics after Idealism: Theory-Culture-Ethnicity-Reading*. Bloomington and Indianapolis: Indiana UP, 1998. 14-32.

Day, Gail. "The Futurists: transcontinental avant-gardism," *The Challenge of the Avant-Garde*. Ed. Paul Wood. New Haven and London: Yale UP, 1999. 204-25.

Deleuze, Gilles and Félix Guattari. *Anti-Oedipus: Capitalism and Schizophrenia*. Trans. Robert Hurley, Mark Seem, and Helen R. Lane. Minneapolis : U of Minnesota P, 1983.

Derrida, Jacques. "Freud and the Scene of Writing," *Tel Quel*, 26 (Summer 1966). *L' ecriture et la différence* (1967). Trans. Alan Bass. *Writing and Difference*. Chicago: U of Chicago P, 1978. 196-231.

Eastman, Lloyd E. "The Blue Shirts and Fascism," *The Abortive Revolution: China under Nationalist Rule, 1927-1937*. Cambridge: Council on East Asian Studies, Harvard University, 1990. 31-84.

Elkins, James. *The Object Stares Back: On the Nature of Seeing*. San Diego, New York, London: Harcourt, 1996.

Felman, Shoshana and Dori Laub. *Testimony: Crises of Witnessing in Literature, Psychoanalysis, and History*. New York: Routledge, 1992.

Fenichel, Otto. "The Scoptophilic Instinct and Identification," *Visual Culture: the Reader*. Ed. Jessica Evans and Stuart Hall. London, Thousand Oaks, New Delhi: Sage, 1999. 327-39.

Foster, Hal. *The Return of the Real: The Avant-Garde at the End of the Century*. Cambridge: MIT P, 1996.

Foucault, Michel. "Introduction to 'The Use of Pleasure'," *The History of Sexuality: The Use of Pleasure*. Trans. Robert Hurley. New York: Pantheon. 1978. 1-32.

——. "Technologies of the Self," *Technologies of the Self: A Seminar with Michel Foucault*. Ed. Luther H. Martin, Huck Gutman, and Patrick H. Hutton. London: Tavistock, 1988. 16-49.

Freud, Sigmund. "Project for a scientific psychology," 1887-1902. *SE*, I, 173-397.

——. *Studies on Hysteria*. 1895. *SE*, II.

——. *The Interpretation of Dreams*. 1900. *SE*, IV-V, 3-621.

——. *The Psychopathology of Everyday Life*. 1901. *SE*, VI.

——. "Psycho-Analytic Notes on an Autobiographical Account of a Case of Paranoia," 1911. *SE*, XII. 1-82.

——. "Instincts and their Vicissitudes," 1915. *SE*, XIV, 111-40.

——. "The Unconscious," 1915. *The Standard Edition of the Complete Psychological Works of Sigmund Freud.* Trans. under gen. ed. James Strachey, in colaboration with Anna Freud, assisted by Alix Strachey and Alan Tyson. London: Hogarth and the Institute of Psycho-Analysis. XIV, 161-215.

——. "On Transformations of Instinct as Exemplified in Anal Erotism," 1917. *SE*, XVII. 125-34.

——. "Beyond the Pleasure Principle," 1920. *SE*, XVIII, 1-64

——. "Group Psychology and the Analysis of the Ego," 1921. *SE*, XVIII, 65-143.

——. "Some Neurotic Mechanisms in Jealousy, Paranoia and Homosexuality," 1922. *SE*, XVIII, 221-34.

——. "The Ego and the Id," 1923. *SE*, XIX, 3-66.

——. "Inhibition, Symptons and Anxiety," 1926. *SE*, XX, 153.

——. "Fetishism," 1927. *SE*, XXI, 149-57.

——. "New Introductory Lectures on Psycho-analysis," 1932. *SE*, XXII, 3-82.

——. "Construction in Analysis," 1937. *SE*, XXIII, 155-270.

Green, André. "Sublimation," *The Work of the Negative*. Trans. Andrew Weller. London and New York: Free Assn. 1999. 215-56.

Guberman, Ross Mitchell ed. *Julia Kristeva Interviews*. New York: Columbia UP, 1996.

Hall, Stuart. "Who needs 'identity'?" *Questions of Cultural Identity*. Ed. Stuart Hall and Paul du Gay. London: Sage, 1996. 1-18.

Hewitt, Andrew. *Fascist Modernism: Aesthetics, Politics, and the Avant-Garde.* Stanford: Stanfort UP, 1993.

——. *Political Inversions: Homosexuality, Fascism, and the Modernist Imaginary.* Stanford: Stanford UP, 1996.

Hillach, Ansgar. "The Aesthetics of Politics: Walter Benjamin's 'Theories of German Fascism'," Trans. Jerold Wikoff and Ulf Zimmerman. *New German Critique* 17 (Spring 1979): 99-119.

Huang, Chih-Huei（黃智慧）. "The Yamatodamashi of the Takasago Volunteers of Taiwan: A Reading of the Postcolonial Situation," *Globalizing Japan: Ethnography of the Japanese Presence in Asia, Europe, and America.* Ed. Harumi Befu and Sylvie Guichard-Anguis. London and New York: Routledge, 222-50.

Huyssen, Andrea. *After the Great Divide: Modernism, Mass Culture and Postmodernism.* London: Macmillan, 1986.

Krauss, Rosalind. "Photography's Discursive Spaces," *Visual Culture: the Reader.* Ed. Jessica Evans and Stuart Hall. London, Thousand Oaks, New Delhi: Sage, 1999. 193-210

Kristeva, Julia. *Powers of Horror: An Essay On Abjection* (1980). Trans. Leon S. Roudiez. New York: Columbia UP, 1982.

——. *Kristeva Reader.* Ed. Toril Moi. Oxford: Basil Blackwell, 1986. 89-136.

——. *In the Beginning was Love: Psychoanalysis and Faith.* Trans. Arthur Goldhammer. New York: Columbia UP, 1987.

——. *Black Sun: Depression and Melancholia.* Trans. Leon S. Roudiez. New York: Columbia UP, 1989.

——. *Nations without Nationalism* (1990). Trans. Leon S. Roudiez. New York: Columbia UP, 1993.

——. *New Maladies of the Soul.* Trans. Ross Guberman. New York: Columbia UP, 1995.

——. "A Conversation with Julia Kristeva," Interviewer: Ina Lipkowitz and Andrea Loselle. *Julia Kristeva Interviews.* Ed. Ross Mitchell Guberman. New York: Columbia UP, 1996. 18-35.

——. "Feminism and Psychoanalysis," Interviewer: Elaine Hoffman Baruch. *Julia Kristeva Interviews.* Ed. Ross Mitchell Guberman. New York: Columbia UP, 1996. 113-21.

——. "On New Maladies of the Soul," Interviewer: Catherine Francblin. *Julia Kristeva Interviews.* Ed. Ross Mitchell Guberman. New York: Columbia UP,

1996. 85-91.

——. *Crisis of the ~~European~~ Subject* (1999). Trans. Susan Fairfield. New Hampshire: Alpha Graphics of Pittsfield, 2000.

——. *The Sense and Non-Sense of Revolt* (1996). Trans. Jeanine Herman. New York: Columbia UP, 2000.

——. *Intimate Revolt: The Powers and Limits of Psychoanalysis* (1998). Trans. Jeanine Herman. New York: Columbia UP, 2002.

Lacan, Jacques. *Écrits: A Selection.* Trans. Alan Sheridan. New York: Norton, 1977.

LaCapra, Dominick. *Writing History, Writing Trauma.* Baltimore and London: Johns Hopkins UP, 2001.

Lacoue-Labarthe, Philippe. *Heidegger, Art and Politics: The Fiction of the Political.* Trans. Chris Turner. Oxford: Basil Blackwell, 1990.

Lane, Christopher. "The Psychoanalysis of Race: An Introduction," *The Psychoanalysis of Race.* Ed. Christopher Lane. New York: Columbia UP, 1998. 1-37.

Le Goff, Jacques. "Mentalities: A History of Ambiguities," *Constructing the Past: Essays in Historical Methodology.* Eds. Jacques le Goff and Pierre Nora. Cambridge: Cambridge UP, 1985. 166-80.

Leyda, Jay. *Dianying / Electric Shadows: An Account of Films and the Film Audience in China.* Cambridge, Mass.: MIT P, 1972.

Liu, Lydia H.（劉禾）*Translingual Practice: Literature, National Culture, and Translated Modernity China, 1900-1937.* Stanford: Stanford UP, 1995.

Margat, Claire. *Esthetique de l'Horreur: du Jardin des supplices d'Octave Mirbeau (1899) aux Larmes d'Eros de Georges Bataille (1961).* These en Doctorat. Universite de Paris I. Pantheon - Sorbonne. 1998.

Nancy, Jean-Luc. "Corpus," *The Birth to Presence.* Trans. Brian Holmes and Others. Stanford: Stanford UP, 1993. 189-207.

——. "Finite History," *The Birth to Presence.* Trans. Brian Holmes and Others. Stanford: Stanford UP, 1993. 143-66.

——. "The Heart of Things," *The Birth to Presence*. Trans. Brian Holmes and Others. Stanford: Stanford UP, 1993. 167-88.

Nordau, Max. *Degeneration* (1895). Lincoln and London: U of Nebraska P, 1993.

Penney, James. "Uncanny Foreigners: Does the Subaltern Speak through Julia Kristeva?" *The Psychoanalysis of Race*. Ed. Christopher Lane. New York: Columbia UP, 1998. 120-38.

Reich, Wilhelm. *The Mass Psychology of Fascism* (the third edition, 1942). Trans. Mary Boyd Higgins. 1946. New York: Noonday Press, twelfth printing, 1998.

Richards, Barry. *Images of Freud: Cultural Responses to Psychoanalysis*. London: Dent, 1989.

Ricoeur, Paul. "Technique and Nontechnique in Interpretation," *The Conflict of Interpretations*. Evanston: Northwestern UP. 1974. 177-95.

Robins, Robert S. and Jerrold M. *Political Paranoia: The Psychopolitics of Hatred*. New Haven: Yale UP, 1997.

Rorty, Richard. *Contingency, Irony, and Solidarity*. Cambridge: Cambridge UP, 1989.

Sakai, Naoki（酒井直樹）. "Modernity and Its Critique: The Problem of Universalism and Particularism," *Translation and Subjectivity: On "Japan" and Cultural Nationalism*. Minneapolis and London: U of Minnesota P, 1997.

——. "'You Asians': On the historical role of the West and Asia binary," *The South Atlantic Quarterly*, special issue "Millennial Japan" 99. 4 (Fall 2000): 789-817.

Shaw, George Bernard. "The Sanity of Art," (1902). *Major Critical Essays: The Quintessence of Ibsenism, the Perfect Wagnerite, the Sanity of Art*. London: Penguin, 1986. 309-60.

Sontag, Susan. "Fascinating Fascism," (1974). *A Susan Sontag Reader*. New York: Farrar, 1982. 305-28.

Syberberg, Hans-Jürgen. *Hitler: A Film from Germany*. Preface by Susan Sontag. Trans. Joachim Neugroschel. New York: Farrar, 1982.

Tuohy, Sue. "Metropolitan Sounds: Music in Chinese Films of the 1930s," *Cinema and Urban Culture in Shanghai, 1922-1943*. Ed. Yingjin Zhang. Stanford:

Stanford UP, 1999. 200-21.

Wood, Paul. "The Early Avant-Garde," *The Challenge of the Avant-Garde*. Ed. Paul Wood. New Haven and London: Yale UP, 1999. 35-55.

——. "The Revolutionary Avant-Gardes: Dada, Constructivism and Surrealism," *The Challenge of the Avant-Garde*. Ed. Paul Wood. New Haven and London: Yale UP, 1999. 226-56.

Xiao, Zhiwei. "Constructing a New National Culture: Film Censorship and the Issues of Cantonese Dialect, Superstition, and Sex in the Nanjing Decade," *Cinema and Urban Culture in Shanghai, 1922-1943*. Ed. Yingjin Zhang. Stanford: Stanford UP, 1999. 183-99.

Young, Robert. "Colonialism and the Desiring Machine," *Postcolonial Discourses: An Anthology*. Ed. Gregory Castle. Oxford: Blackwell, 2001. 73-98.

Zhang, Jingyuan（張京媛）. *Psychoanalysis in China: Literary Transformations 1919-1949*. Ithaca: East Asia Program, Cornell University, 1992.

二、中文部分

1.

KS生。〈文藝上的醜穢描寫〉。《南音》一卷八號（1932年5月）：3-4。

丁文江（丁在君）。〈玄學與科學——評張君勱的「人生觀」〉。《學藝晨報》，1923年5月3－5日。

人間編輯部。〈台灣皇民文學合理論的批判〉。《台灣鄉土文學・皇民文學的清理與批判》。曾健民主編。台北：人間，1998。頁3-4。

中國國民黨中央第四組編。《文藝政策彙編》。台北：中國國民黨中央第四組，1968。

中國電影家協會電影史研究部編。《中國電影家列傳》輯二。北京：中國電影，1982。

井手勇。《決戰時期台灣的日人作家與皇民文學》。台南：台南市立圖書館，2001。

井野川伸一。〈日本天皇制與台灣「皇民化」〉。台北：國立台灣大學政治
　　學研究所碩士論文，1990。

方孝謙。〈一九二○年代殖民地台灣的民族認同政治〉。《台灣社會研究
　　季刊》四○期（2000年12月）：1-46。

方長安。〈中國三○年代現代派小說發生論〉。《人文雜誌》一○七期
　　（1997年）：118-22。

王　拓。〈是「現實主義」文學，不是「鄉土文學」〉。原刊《仙人掌》二
　　期（1977年4月）；後收錄《鄉土文學討論集》。尉天驄編。台北：遠
　　景，1978。頁100-19。

王　健。《「神體儒用」的辯析：儒學在日本歷史上的文化命題》。河南：
　　大象，2002。

王　瑤。《中國新文學史稿》。上海：新文藝，1953。

王之平。《聶耳：國歌作曲者》。上海：上海教育，1999。

王永寬。《中國古代酷刑》。台北：雲龍，1991。

王向遠。〈胡風和廚川白村〉。《文藝理論研究》九七期（1998年3月25
　　日）：58-64。

———。〈廚川白村與中國現代文藝理論〉。《文藝理論研究》九七期
　　（1998年3月25日）：39-45。

———。〈日本文壇與日本軍國主義親華「國策」的形成〉。《「筆部隊」
　　和侵華戰爭：對日本侵華文學的研究與批判》。北京：北京師範大
　　學，1999。頁11-14。

王明珂。〈過去、集體記憶與族群認同——台灣的族群經驗〉。《認同與
　　國家：近代中西歷史的比較》。台北：中央研究院近代史研究所，
　　1994。頁249-74。

王金林。《日本天皇制及其精神結構》。天津：天津人民，2001。

王振寰、錢永祥。〈邁向新國家？——民粹威權主義的形成與民主問
　　題〉。《台灣社會研究》二○期（1995年8月）：17-55。

王德威。《如何現代，怎樣文學？：十九、二十世紀中文小說新論》。台
　　北：麥田，1998。

王獨清。〈平凡與反抗〉。《洪水》三卷三四號（1927年）：417-19。

王昶雄。〈奔流〉。《翁鬧、巫永福、王昶雄合集》。台北：前衛，
　　1990。頁325-64。

田　兵。〈決戰詩特輯〉。《藝文志》一卷二期（1943年12月〔康德10
　　年〕）：25-39。轉引自施淑。〈「大東亞文學」在「滿州國」〉。《文
　　學、文化與世變》。李豐楙主編。台北：中央研究院中國文哲研究
　　所，2002。頁625。

田　漢。〈看尹雪曼民族意識的逆轉〉。《鄉土文學討論集》。尉天驄編。
　　台北：遠景，1978。頁721-30。

石厚生。〈畢竟是醉眼陶然罷了〉。《創造月刊》一卷一一期（1926
　　年）：117-22。

吉明學、孫露茜編。〈真理之檄〉。原刊《文化評論》創刊號（1931年12
　　月25日）；後收錄《三〇年代文藝自由論辯》。上海：上海文藝，
　　1988。頁3-5。

成仿吾。〈從文學革命到革命文學〉。《創造月刊》一卷九期（1926年11
　　月）：1-7。

———。〈完成我們的文學革命〉。《洪水》三卷二五號（1927年）：1-
　　6。

———。〈文藝戰的認識〉。《洪水》三卷二六號（1927年）：137-38。

———。〈文學家與個人主義〉。《洪水》三卷三四號（1927年）：413-
　　16。

朱光潛。〈福魯德的隱意識說與心理分析〉。《東方雜誌》一八卷一四號
　　（1921年7月25日）：41-51。

———。《變態心理學》（1933）。台北：台灣商務，1966。

朱壽桐主編。《中國現代主義文學史》。江蘇：江蘇教育，1998。

朱謙之。《日本的朱子學》。北京：人民，2000。

———編著。《日本的古學及陽明學》。北京：人民，2000。

牟宗三。《中國哲學的特質》。台北：台灣學生，1976。

何　邦。〈戰時的心理神經病〉。《東方雜誌》三五卷二二號（1938年11

月11日）：51-54。

何大白。〈文壇的五月〉。《創造月刊》二卷一期：105-16。

何其芳。〈詩歌欣賞〉（節錄）。《中國當代文學研究資料：郭沫若專集
　　1》。成都：四川人民，1984。頁489-94。

余文偉。〈佛洛特派心理學及其批評〉。《民鐸》七卷四號（1921年4月1
　　日）：1-10。

余伯泉。〈寄《心靈的激情》——弗洛伊德全集再出發〉。《島嶼邊緣》
　　七期（1993年4月）：15-30。

吳公儃。〈物心神概觀〉。《東方雜誌》一一卷五號（1904年）：4-12；
　　一一卷六號（1904年）：1-6。

吳心怡。〈「文字畫」抑或「視覺詩」？——談義大利未來主義中文字與
　　視覺圖像之間的流動關係〉。http://www.complit.fju.edu.tw/Interart/
　　Futurism.htm。

吳立昌。〈馬克思與弗洛伊德之間——談弗洛姆的《愛的藝術》〉。《哲學
　　雜誌》九期（1994年7月）：80-96。

吳頌皋。〈精神分析的起源和派別〉。《東方雜誌》二〇卷一一號（1923
　　年1月19日）：82-90。

吳興文。《圖說藏書票》。台北：宏觀，1996。

呂正惠。〈殖民地的傷痕——脫亞入歐論與皇民化教育〉。《殖民地經驗
　　與台灣文學：第一屆台杏台灣文學學術研討會論文集》。江自得主
　　編。台北：遠流，2000。頁45-62。

呂同六。〈義大利未來主義試論〉。《未來主義‧超現實主義‧魔幻現實
　　主義》。柳鳴九主編。台北：淑馨，1990。頁3-44。

李　牧。《三〇年代文藝論》。台北：黎明，1972。

李何林編著。《近二十年中國文藝思潮論1917-1937》。上海：生活書店，
　　1939。

李晉生、徐虹、羅藝軍編選。《中國電影理論文選：20-80年代》（共二
　　冊）。北京：文化藝術，1992。

李歐梵。《現代性的追求：李歐梵文化評論精選集》。台北：麥田，

1996。

杜　荃。〈文藝戰上的封建餘孽〉。《創造月刊》二卷一期（1928年3月）：142-50。

杜武志。〈教育敕語與教育體制〉。《日治時期的殖民教育》。台北縣：台北縣立文化中心，1997。頁5-138。

杜雲之。《中華民國電影史》。台北：行政院文化建設委員會，1988。

沈　冰。〈未來派文學之現勢〉。《小說月報》一三卷一〇號（1922年10月10日）：1-5。

汪　暉。《物與理》。北京：北京三聯，2004。

———。〈亞洲想像的譜系〉。《帝國國家的中國認同》。北京：北京三聯，2004。

卓　琴。〈略論郭沫若與中國現代化〉。《郭沫若學刊》（1996年1期）：15-21；後收錄《中國現代史》（1996年6月）：124-30。

周先庚。〈心理學與心理技術〉。《獨立評論》一一一號（1934年9月）：7-12。

周全平（全平）。〈撒但的工程〉。《洪水》創刊號（1924年8月）：1-5。

周作人（仲密）。〈沉淪〉。《晨報副刊》，1922年3月26日。

———。〈苦茶隨筆〉。《現代》四卷一期（1933年）；原上海現代書局發行，上海書店再印，1984。頁11-15。

周金波。〈水癌〉。原載《文藝台灣》二卷一期（1941年3月1日）。許炳成譯；後收錄《周金波集》。台北：前衛，2002。頁3-12。

———。〈志願兵〉。原載《文藝台灣》二卷六期（1941年9月20日）。周振英譯；後收錄《周金波集》。台北：前衛，2002。頁13-36。

———。〈我走過的道路〉。原載《台灣文學》二三期（1997年夏季號）。邱振瑞譯；後收錄《周金波集》。台北：前衛，2002。頁273-98。

———。〈皇民文學之樹立〉。原載《文學報國》三期（1943年9月10日）。詹秀娟譯；後收錄《周金波集》。台北：前衛，2002。頁231-

32。

───。〈關於徵兵制〉。長崎浩、周金波、陳火泉、神川清1943年10月 17日夜,於昭和炭礦。原載《文藝台灣》三七期(1943年12月1 日)。詹秀娟譯;後收錄《周金波集》。台北:前衛,2002。頁233- 46。

林正珍。《近代日本的國族敘事》。台北:桂冠,2002。

林年同。〈中國電影的藝術形式與美學思想〉(1979)。《中國電影美 學》。台北:允晨,1991。頁7-38。

林志明。〈記憶、歷史、系譜──陳界仁藝術導論〉。《藝術新聞》四二 期(2001年4月號):67-71。

林曼麗。〈館長序〉。《凝視與形塑:後二二八世代的歷史觀察》。台北: 台北市立美術館,1998。頁6。

林基成。〈弗洛伊德學說在中國的傳播── 1914-1925〉。《二十一世紀》 四期(1991年4月):20-31。

林惺嶽。〈從裸體的素描說起〉(1964)。《文星雜誌選集》。蕭孟能編。 台北:文星,1965。頁691-708。

林瑞明。〈兩種台灣文學史──台灣vs.中國〉。「台灣文學史書寫」國際 學術研討會宣讀論文。行政院文化建設委員會主辦。國立成功大學台 灣文學系承辦。台南:國立成功大學,2002年11月22-24日。

侯立朝。〈聯經集團三報一刊的文學部隊〉。尉天驄編。《鄉土文學論 集》。台北:遠景,1978。頁23。

前鋒月刊社。〈民族主義文藝運動宣言〉。《前鋒月刊》創刊號。上海: 現代書局,1930。頁266-77。

契可親。〈耶的卜司錯綜與文藝〉。《北新月刊》二卷一四號(1928 年):103-106。

姚辛編著。《左聯畫史》。北京:光明日報,1999。

施　淑。〈「大東亞文學」在「滿州國」〉。《文學、文化與世變》。李豐楙 主編。台北:中央研究院中國文哲研究所,2002。頁589-632。

───。〈大東亞文學共榮圈──《華文大阪每日》與日本在華占領區的

文學統治〉。「楊逵文學國際學術研討會」宣讀論文。國家台灣文學館、國立文化資產保存研究中心籌備主辦。靜宜大學台灣文學系承辦。靜宜大學中國文學系、日本語文學系協辦。台中：靜宜大學，2004年6月19-20日。

施並錫。〈為了不讓歷史事件重演——重塑歷史現場與圖像的策展思考〉。《歷史現場與圖像：見證、反思、再生》。台北：台北市立美術館，1999。頁10-20。

柳書琴。〈殖民地文化運動與皇民化——張文環的文化觀〉。《殖民地經驗與台灣文學：第一屆台杏台灣文學學術研討會論文集》。江自得主編。台北：遠流，2000。頁1-43。

———。〈他者之眼或他山之石——從近年日本的日治時期台灣文學研究談起〉。《現代學術研究》專刊一一號（2001年2月）：83-107。

玲　子。〈奇里訶的夢〉。《筆匯》一卷一一期（1960年3月）：19-20。

胡秋原。〈阿狗文藝論〉。《文化評論》創刊號（1931年）。

———。〈中國人立場的復歸〉。《鄉土文學討論集》。尉天驄編。台北：遠景，1978。頁1-44。

郁達夫。〈黃面志（*Yellow Book*）及其作家〉。《創造週報》二一號－二二號（1923年9月）：496。

唐　納。〈清算軟性電影論〉。《中國電影理論文選：20-80年代》上冊。李晉生、徐虹、羅藝軍編選。北京：文化藝術，1992。頁269-80。

唐文標。〈天國不是我們——評張曉風的《武陵人》〉。《中外文學》一卷八期（1973年1月）：36-56。

———。〈詩的沒落——台港新詩的歷史批判〉。《現代文學的考察》。趙知悌（尉天驄）編。台北：遠景，1978。頁46-94。

唐正序、陳厚誠主編。《20世紀中國文學與西方現代主義思潮》。成都：四川人民，1992。

孫　文（孫逸仙）。〈大亞洲主義〉。《孫中山全集》卷一一。廣東省社會科學院歷史研究室、中國社會科學院近代史研究所中華民國史研究

室、中山大學歷史系孫中山研究室合編。北京：中華書局，1981-1986。頁401-409。

孫　歌。〈再生現在的歷史〉。《讀書》1997年7月：29-37。

———。〈論壇的形成〉。《讀書》1997年12月：124-31。

———。〈實話如何實說〉。《讀書》2000年3月：12-21。

———。〈在理論思考與現實行動之間〉。《讀書》2000年11月：116-22。

———。〈丸山真男的兩難之境〉。《亞洲意味著什麼？：文化間的「日本」》。台北：巨流，2001。頁99-142。

———。〈竹內好的悖論〉。《亞洲意味著什麼？：文化間的「日本」》。台北：巨流，2001。頁143-292。

———。〈亞洲意味著什麼？〉。《亞洲意味著什麼？：文化間的「日本」》。台北：巨流，2001。頁23-98。

———。〈導言〉。《亞洲意味著什麼？：文化間的「日本」》。台北：巨流，2001。頁1-22。

———。〈直面相互纏繞的歷史〉。《讀書》2001年5月：19-26。

———。〈中日戰爭——感情與記憶的構圖〉。《世界》（2004年4月）：158-70。

徐宗懋編。《中國人的悲歡離合（1935-1949）》。台北：漢聲雜誌社，1996。

袁荻涌。〈論魯迅的文學翻譯思想〉。《五邑大學學報》八卷五期（1994年5期）：58-64。

———。〈獨到的見地，深切的會心——廚川白村為何會得到魯迅的讚賞和肯定〉。《日本學刊》（1995年3期）：140-48。

———。〈郭沫若對未來派的認識和評述〉。《文史雜誌》七三期（1998年1月）：34-36。

郝亦民。〈《女神》與「俄狄浦斯情節」及其他〉。《郭沫若與東西方文化》。中國郭沫若研究會編。北京：當代中國，1998。頁375-76。

馬　鹿。〈未來派跳舞〉。《東方雜誌》一八卷九期（1921年5月10

日）：69-70。

高覺敷譯。〈心之分析的起源與發展〉。《教育雜誌》一七卷一〇－一一
　　期（1925年10、11月）：1-13；1-17。

高覺敷（高卓）。《心理學之哲學的研究》。上海：商務，1925。

———。〈所謂獸性問題〉。《一般》一卷一一號（1926年）：339-45。

高覺敷（覺敷）。〈談談弗洛伊特〉。《一般》六卷七號（1928年）：182-
　　88。

———。〈弗洛伊德說與性教育〉。《中學生》二二號（1932年2月）：
　　69-76。

高覺敷。〈心理學的現狀〉。《學生雜誌》一七卷一號（1930年）：68-
　　71。

———。〈弗洛伊特的心理學〉。《學生雜誌》一七卷六號（1930年3月
　　20日）：17-25。

———。〈心理學與自然科學〉。《教育雜誌》二二卷三期（1930年3
　　月）：17-25。

———。〈弗洛伊特及其精神分析的批判〉。《教育雜誌》二三卷三期
　　（1931年3月）：1-15。

———。〈弗洛伊特主義怎樣應用在文學上〉。《文學百題》。鄭振鐸、傅
　　東華編。上海：生活書店，1935。頁263-66。

———。〈從心理學觀點解釋中國悲慘的現狀——中國民族心理的五種缺
　　陷〉。《觀察》二卷一八期（1936年6月28日）：8-10。

———。〈心理學的向量〉。《東方雜誌》三四卷一二期（1937年6
　　月）：55-64。

———。〈心理學家的動員〉。《東方雜誌》三五卷一三期（1938年7
　　月）：5-11。

———。〈法西斯蒂主義與心理測驗〉。《東方雜誌》三五卷一六期
　　（1938年8月）：78-81。

尉天驄。〈對現代主義的考察——幔幕掩飾不了污垢——兼評歐陽子的
　　《秋葉》〉。《現代文學的考察》。趙知悌（尉天驄）編。台北：遠景，

1978。頁1-24。

———。〈對個人主義的考察——站在什麼立場說什麼話——兼評王文興的《家變》〉。《現代文學的考察》。趙知悌（尉天驄）編。台北：遠景，1978。頁33-45。

———主編。《鄉土文學討論集》。台北：遠景，1978。

———（趙知悌）編。《現代文學的考察》。台北：遠景，1978。

張之傑總纂。戴月芳主編。《二十世紀中國全記錄》。台北：錦繡，1992。

張文環。〈一群鴿子〉。原載《台灣時報》，1942年2月號。陳千武譯；後收錄《張文環全集：隨筆集（一）》卷六。陳萬益主編。台中縣：台中縣立文化中心，2003。頁102-105。

———。〈三種喜悅——張文環氏談〉。《張文環全集：隨筆集（一）》卷六。陳萬益主編。台中縣：台中縣立文化中心，2003。頁67。

———。〈大稻埕雜感〉。原載《台灣日日新報》，1938年12月25-27日。陳千武譯；後收錄《張文環全集：隨筆集（一）》卷六。陳萬益主編。台中縣：台中縣立文化中心，2003。頁21-26。

———。〈不沉沒的航空母艦台灣〉。原載《台灣公論》，1943年7月號。陳千武譯；後收錄《張文環全集：隨筆集（一）》卷六。陳萬益主編。台中縣：台中縣立文化中心，2003。頁157-59。

———。〈台灣文學的自我批判〉。原載《新文化》（1941年8月）。陳千武譯；後收錄《張文環全集：隨筆集（一）》卷六。陳萬益主編。台中縣：台中縣立文化中心，2003。頁68-70。

———。〈台灣的衣食住——桃色內衣〉。原載《週刊朝日》三九卷二七號（1941年6月15日）。陳千武譯；後收錄《張文環全集：隨筆集（一）》卷六。陳萬益主編。台中縣：台中縣立文化中心，2003。頁68-70。

———。〈我的文學心思〉。原載《興南新聞》，1941年8月。陳千武譯；後收錄《張文環全集：隨筆集（一）》卷六。陳萬益主編。台中縣：台中縣立文化中心，2003。頁164-69。

———。〈寄給朝鮮作家〉。原載《台灣公論》，1943年12月號。陳千武譯；後收錄《張文環全集：隨筆集（一）》卷六。陳萬益主編。台中縣：台中縣立文化中心，2003。頁190-92。

———。〈燃燒的力量〉。原載《新建設》，1943年10月。陳千武譯；後收錄《張文環全集：隨筆集（一）》卷六。陳萬益主編。台中縣：台中縣立文化中心，2003。頁173-83。

———。〈關於女性問題〉。原載《台灣公論》，1942年8月號。陳千武譯；後收錄《張文環全集：隨筆集（一）》卷六。陳萬益主編。台中縣：台中縣立文化中心，2003。頁120-22。

張文薰。〈論張文環〈父親的要求〉與中野重治〈村家〉——「轉向文學」的觀點〉。「台日研究生台灣文學學術研討會」宣讀論文。行政院文化建設委員會主辦。國家台灣文學館、國立中山大學中文系主辦。高雄：國立中山大學，2003年10月4-5日。

張君勱。〈人生觀〉。《學藝晨報》，1923年5月2日。

———。〈再論人生觀與科學并答丁在君〉。《學藝晨報副刊》，1923年5月6－10日、13－14日。

張我軍。〈致台灣青年的一封信〉。《文獻資料選集》。李南衡主編。台北：明潭，1979。頁57。

———。〈糟糕的台灣文學界〉。《台灣民報》二卷二四號（1924年11月21日），頁6；後收錄《文獻資料選集》。李南衡主編。台北：明潭，1979。頁63-66。

———。〈研究新文學應讀什麼書？〉。《張我軍評論集》。秦賢次編。台北縣：台北縣立文化中心，1993。頁44-45。

張東蓀。〈論精神分析〉。《民鐸》二卷五號（1922年12月）：1-6。

張恩和。〈論郭沫若小說創作的現代文化品格〉。《中國現代、當代文學研究》（1994年6月）：180-87。

張振宇。〈館長序〉。《回顧與省思：二二八紀念美展專輯》。台北：台北市立美術館，1996。頁6。

曹伪千。〈變態心理學在教育上的價值〉。《中華教育界》一九卷七期

（1932年）：29-41。

梁自強。〈文藝界的反動勢力〉。《創造月刊》二卷一期（1928年）：
　　151-55。

現代文學社。〈發刊詞〉。《現代文學》一期（1950年3月）：2。

———。〈幾句話〉。《現代文學》四七期（1972年6月）：4。

莊　喆。〈超現實主義的繪畫及文學〉。《筆匯》一卷一一期（1960年3
　　月）：13-18。

許俊雅。《日據時期台灣小說研究》。台北：文史哲，1994。

許極燉。《台灣近代發展史》。台北：前衛，1996。

郭天留。〈創作方法に對する斷想〉。《台灣文藝》二卷二號（1935
　　年）：19-20。

郭沫若。〈密桑索羅普之夜歌〉（1921）。《少年中國》二卷九期（1921
　　年3月15日）。Retrieved at http://rwxy.tsinghua.edu.cn/rwfg/ydsm/ydsm-
　　qw/j05/005.htm。

———。〈批評與夢〉。《創造》季刊二卷一期（1923年5月）：1-9。

———。〈未來派的詩約及其批評〉。《創造週報》一七號（1923年9月2
　　日）：4-5。

———。〈盲腸炎與資本主義〉。《洪水》周刊一期（1924年8月20
　　日）：5-8。

———。〈窮漢的窮談〉。《洪水》一卷四期（1925年11月1日）：91-
　　94。

———。〈共產與共管〉。《洪水》一卷五期（1925年11月16日）：127-
　　31。

———。〈革命文學與他的永久性〉。《創造月刊》一卷四期（1926年6
　　月16日）：1-4。

———。〈新國家的創造〉。《洪水》一卷八期（1926年1月1日）：227-
　　33。

———。〈社會革命的時機〉。《洪水》一卷一○期、一一期合刊（1926
　　年2月5日）：331-43。

———。〈孤鴻〉。《創造月刊》一卷二期（1926年4月16日）：127-39。

———。〈文藝家的覺悟〉。《洪水》二卷一六期（1926年5月1日）：133-40。

———。〈革命與文學〉。《創造月刊》一卷三期（1926年5月16日）：1-11。

———。《沫若文集》。北京：人民文學，1959。

———。〈中國少年兒童國際歌〉（1950）。《郭沫若全集・文學篇》卷四。北京：人民文學，1982。頁82。

———。〈太陽的禮讚〉（1921）。《郭沫若全集・文學篇》卷一。北京：人民文學，1982。頁100。

———。〈太陽沒了〉（1924）。《郭沫若全集・文學篇》卷一。北京：人民文學，1982。頁322。

———。〈們〉（1936）。《郭沫若全集・文學篇》卷二。北京：人民文學，1982。頁3。

———。〈集體力量的結晶〉（1949）。《郭沫若全集・文學篇》卷三。北京：人民文學，1982。頁10。

———。〈高舉起毛澤東思想的紅旗前進！〉（1960）。《郭沫若全集・文學篇》卷四。北京：人民文學，1982。頁384。

———（沫若）。〈生命底文學〉。原載《時事新報・學燈》（1920年2月23日）；後收錄《郭沫若論創作》。上海：上海文藝，1983。頁3-5。

———。〈文學革命之回顧〉（1930）。《郭沫若研究資料》（上）。王訓詔等編。北京：中國社會科學，1986。頁251-62。

———。《創造十年／創造十年續編》。收錄《郭沫若作品經典》卷五。郭平英編。北京：中國華僑，1997。

陳　申、胡志川、馬運增、錢章表、彭永祥編。《中國攝影史》。台北：攝影家，1990。

陳　播。〈中國左翼電影運動的誕生、成長與發展〉。《當代電影》四三卷四期（1991年）：4-13。

陳水扁。〈市長序〉。《凝視與形塑：後二二八世代的歷史觀察》。台北：
　　台北市立美術館，1998。頁4。

陳火泉。〈道〉。《台灣文藝》六卷三號（1943年7月）：1-47。

陳光興。〈台灣論效應的回應與批判──日本右翼思想的台灣效應〉。
　　《台灣社會研究季刊論壇》，Retrieved at 2003.10.6。http://www.bp.
　　ntu.edu.tw/WebUsers/ taishe/frm_twl_chenguangxing.htm。

───。〈為什麼大和解不／可能？──《多桑》與《香蕉天堂》殖民／
　　冷戰效應下省籍問題的情緒結構〉。《文化研究月報》四期（2001年
　　6月15日），http://www.ncu.edu.tw/~eng/csa/critic_forum/forum_41.
　　htm。

陳安湖主編。《中國現代文學社團流派史》。武漢：華中師範大學，
　　1997。

陳芳明。〈皇民化運動下的四〇年代文學〉。《聯合文學》一六卷七期
　　（2000年5月）：156-65。

陳信元。〈播下文化啟蒙種子的先覺者──張我軍〉。《中央日報·中央
　　副刊》，2002年10月11日。http://www.cdn.com.tw/daily/2002/10/11/
　　text/911011e6.htm。

陳建忠。〈徘徊不去的殖民主義幽靈──論垂水千惠的「皇民文學觀」〉。
　　《聯合報·聯合副刊》，1998年7月8、9日。

陳映真。〈精神的荒廢〉。《台灣鄉土文學·皇民文學的清理與批判》。曾
　　健民主編。台北：人間，1998。頁5-19。

陳界仁。〈招魂術：關於作品的形式〉（未出版）。可參閱英文版：
　　http://www.asa.de/Perf_konf/Reader2/Reader2-1.htm#ChenAbout。

陳培豐。〈走向一視同仁的日本民族之「道」──「同化」政策脈絡中皇
　　民文學的界線〉。「台灣文學史書寫」國際學術研討會宣讀論文。行
　　政院文化建設委員會主辦。國立成功大學台灣文學系承辦。台南：國
　　立成功大學，2002年11月22－24日。

陳傳興。〈不可能的語言──精神分析或心理分析〉。《當代西方思想先
　　河：十九世紀的思想家》。葉啟政主編。台北：正中，1991。頁170-

217。

陳鼓應。〈評余光中的頹廢意識與色情主義〉。原載《中華雜誌》一七二
　　期（1977年）；後收錄《鄉土文學討論集》。尉天驄主編。台北：遠
　　景，1978。頁379-402。

陳綏祥編。方霖、北寧收藏。《舊夢重驚：清代明信片選集》。南寧：廣
　　西美術，1998。

陳器文。〈斯人也有斯疾也──論歐陽子的《秋葉》〉。《現代文學》四八
　　期（1972年11月）：63-75。

章錫琛譯。〈風靡世界之未來主義〉。《東方雜誌》一一卷二號（1914年
　　8月）：6-8。

彭瑞金。《台灣新文學運動四十年》。台北：自立晚報社，1991。

曾健民主編。《台灣鄉土文學・皇民文學的清理與批判》。台北：人間，
　　1998。

───。〈台灣「皇民文學」的總清算〉。《台灣鄉土文學・皇民文學的
　　清理與批判》。曾健民主編。台北：人間，1998。頁20-37。

游勝冠。〈轉向？還是反殖民立場的堅持？──論張文環的〈父親的要
　　求〉〉。「張文環及其同時代作家學術研討會」宣讀論文。國家台灣文
　　學館、國立文化資產保存研究中心籌備處主辦。靜宜大學中國文學
　　系、台灣文學系承辦。台中：靜宜大學，2003年10月18-19日。

湯澄波。〈析心學論略〉。《東方雜誌》二〇卷一號（1923年3月）：71-
　　77。

無　名。〈序詩〉（1934）。原載《先發部隊》；後收錄《文獻資料選
　　集》。李南衡主編。台北：明潭，1979。頁146-47。

程石泉。〈「人性」和「道德」──福勞依德的心理分析・弗萊叟的「金
　　樹枝」〉。《哲學與文化》三卷四期（1976年4月）：3-9。

程季華。《中國電影發展史》。北京：中國電影，1963。

詠　琴。〈佛洛依德的精神分析學與性問題〉。《東方雜誌》三三卷七號
　　（1936年4月）：251-59。

黃家謨。〈硬性影片與軟性影片〉。《中國電影理論文選：20-80年代》

上冊。李晉生、徐虹、羅藝軍編選。北京：文化藝術，1992。頁 265-68。

黃智慧。〈台灣腔的日本語──殖民後的詩歌寄情活動〉。「重返東亞：全球、區域、國家、公民」研討會宣讀論文。文化研究學會、東海大學社會學系主辦。台中：東海大學，2002年12月14－15日。

黃德志。〈廚川白村與中國新文學〉。《文藝理論研究》一○九期（2000年3月）：44-51。

黃寶萍。〈未見悲情，遑論昇華？──看北美館「二二八美展」〉。《藝術家》四四卷四期（1997年4月）：309-11。

楊　逵。〈台灣文學問答〉。《楊逵全集》卷一○‧詩文卷（下）。彭小妍主編。台北：國立文化資產保存研究中心籌備處，2001。頁246-50。

──。〈台灣新文學停頓的檢討〉。《楊逵全集》卷一○‧詩文卷（下）。彭小妍主編。台北：國立文化資產保存研究中心籌備處，2001。頁222-25。

──。〈思想與生活〉。《楊逵全集》卷一○‧詩文卷（下）。彭小妍主編。台北：國立文化資產保存研究中心籌備處，2001。頁156-59。

──。〈勞動禮讚〉。《楊逵全集》卷一○‧詩文卷（下）。彭小妍主編。台北：國立文化資產保存研究中心籌備處，2001。頁163-65。

──。〈寫於大東亞文學者會議之際〉。《楊逵全集》卷一○‧詩文卷（下）。彭小妍主編。台北：國立文化資產保存研究中心籌備處，2001。頁53-56。

──。〈擁護糞便現實主義〉。《楊逵全集》卷一○‧詩文卷（下）。彭小妍主編。台北：國立文化資產保存研究中心籌備處，2001。頁119-26。

楊　義、中井政喜、張中良。《二十世紀中國文學圖志》（上、下冊）。台北：業強，1995。

楊　澤。〈鄭在東畫記〉。《鄭在東作品集》。台北：大未來藝術有限公司，1998。頁2-9。

楊庸一。〈譯序〉。《佛洛伊德傳》。台北：新潮，1911。頁1-8。

楊寧一。《日本法西斯奪取政權之路：對日本法西斯主義的研究與批判》。北京：北京師範大學，2000。

葉玉靜主編。《台灣美術中的台灣意識：前九〇年代「台灣美術」論戰選集》。台北：雄獅美術，1994。

葉石濤。《台灣文學史綱》（1985）。台北：文學界雜誌，1993再版。

葉頌姿。〈心理分析與文學藝術專輯引介〉。《現代文學》四七期（1972年6月）：5。

葉榮鐘（慕）。〈南國之音〉。《南音》創刊號（1932年1月）：18。

葉靈鳳。〈記《洪水》和出版部的誕生〉。《葉靈鳳文集：天才與悲劇》卷四隨筆。廣東：花城，1999。頁3-11。

———。〈比亞茲萊的畫〉。《葉靈鳳文集：天才與悲劇》卷四隨筆。廣東：花城，1999。頁495-98。

虞心遠。〈精神分析學之批判的研究〉。《研究與批判》二卷一期（1931年4月）：51-58。

廖運範。〈譯者序〉。《佛洛伊德傳》。台北：志文，1975。頁3-5。

趙雅博。〈文藝作品的心理分析〉。《現代學苑》一〇卷四期（1973年4月）：23-26。

———。〈文藝作品與無意識〉。《中華文化復興月刊》八卷四期（1973年4月）：36-40。

———。〈無意識與文藝創作〉。《文壇》一七六期（1975年2月）：12-17。

———。〈心理分析運用於文學批評〉。《文藝月刊》八一期（1976年3月）：4-13。

———。〈論性與文藝之關係的批判〉。《文藝》八四期（1976年6月）：15-23。

———。〈禍害世界的近代思想家——佛洛伊德〉（上、下）。《大陸雜誌》七二卷一－二期（1986年1－2月）：9-25；72-91。

趙鑫珊。《希特勒與藝術》。天津：百花文藝，1996。

劉光宇。〈論郭沫若早期對弗洛伊德文藝美學的信奉和超越〉。《齊魯學
　　刊》一一二期（1993年1月）：51-57。

劉紀蕙。〈變異之惡的必要──楊熾昌的「異常為」書寫〉。《孤兒‧女
　　神‧負面書寫：文化符號的徵狀式閱讀》。台北：立緒文化，2000。
　　頁190-223。

───。〈陳界仁訪談錄〉。2000年7月28日。未出版。

劉綬松。《中國新文學史初稿》。北京：作家，1956。

蔣中正。《新生活運動史料》。蕭繼宗主編。台北：中國國民黨黨史委員
　　會，1975。

蔣光赤。〈十月革命與俄羅斯文學〉。《創造月刊》一卷七期（1926
　　年）：76-85。

蔡　震。〈論創造社的「方向轉換」〉。原載《延安大學學報：社科版》
　　1997年4月；後收錄《中國現代、當代文學研究》（1998年4月）：
　　33-38。

鄭沛繆。〈我們需要怎樣的心理學〉。《獨立評論》一一一號（1934
　　年）：15-17。

鄭雅文。〈你甜美的屍體猶如盛開的花朵──陳界仁的魂魄暴亂〉。《北
　　美館報導》，1998年12月4日。Retrieved at July 12, 2001.
　　http://news.etat.com/etatnews/text/981204-1.htm。

鄧元忠。《三民主義力行社史》。黃埔建國文集編撰委員會主編。台北：
　　實踐，1984。

魯　迅。〈華蓋集續編，小引〉。《狂人日記》。《魯迅全集》卷三。北
　　京：人民文學，1987。頁183-84。

───。〈中國文壇上的鬼魅〉。《魯迅全集》卷六。北京：人民文學，
　　1987。頁152-59。

───。〈《出了象牙之塔》後記〉。《魯迅全集》卷一〇。北京：人民文
　　學，1987。頁243。

───。〈《苦悶的象徵》引言〉。《魯迅全集》卷一〇。北京：人民文
　　學，1987。頁231-33。

———。〈〈從靈向肉和從肉向靈〉譯者附記〉。《魯迅全集》卷一〇。北京：人民文學，1987。頁251。

———。〈《關照享樂的生活》譯者附記〉。《魯迅全集》卷一〇。北京：人民文學，1987。頁250。

魯　思。〈駁斥江兼霞的《關於影評人》〉。《中國電影理論文選：20-80年代》上冊。李晉生、徐虹、羅藝軍編選。北京：文化藝術，1992。頁281-84。

蕭瓊瑞。〈後二二八世代與二二八——從建碑到美展的思考〉。《凝視與形塑：後二二八世代的歷史觀察》。台北：台北市立美術館，1998。頁8-21。

蕭繼宗主編。《新生活運動史料》。台北：中國國民黨黨史委員會，1975。

龍瑛宗。〈植有木瓜樹的小鎮〉。《龍瑛宗集》。台北：前衛，1990。頁13-72。

謝里法。〈論二二八事件在台灣美術史上的地位〉。《回顧與省思：二二八紀念美展專輯》。台北：台北市立美術館，1996。頁38-43。

謝循初。〈佛洛德傳略及其思想之進展〉。《心理》三卷四號（1925年7月）：1-10。

鍾大豐、舒曉鳴。《中國電影史》。南京：中國廣播電視，1995。

譚楚良、羅田、王國棟。《中國現代主義文學》。桂林：廣西師範大學，1992。

霧社事件網站。Retrieved at July 12, 2001. http://www.puli.com.tw/wushi/Wusir_1.htm。

嚴家炎。《中國現代主義小說流派》。北京：人民文學，1995。

蘇世昌。〈追尋與回憶：張我軍及其作品研究〉。台中：國立中興大學中國文學研究所碩士論文，1998。

酈蘇元、胡菊彬。《中國無聲電影史》。北京：中國電影，1996。

2.

巴特（Barthes, Roland）。《神話學》（*Mythologies*）。許薔薔、許綺玲譯。台北：桂冠，1997。

加達默爾（Gadamer, Hans-Georg）。《詮釋學 I：真理與方法：哲學詮釋學的基本特徵》（*Wahrheit und mcthode: Grundzuge einer Philosophis hen hermeneut*）。洪漢鼎譯。台北：時報，1993。

卡佳·絲爾薇曼（Silverman, Kaja）。〈銀河〉（"Milky Way"）。劉紀蕙譯。《中外文學》三〇卷一二期（2002年5月）：25-53。

布爾柳克（Burliuk, David）等。〈給社會趣味一記耳光〉（1912）。《未來主義·超現實主義》。張捷譯。張秉真、黃晉凱主編。北京：中國人民大學，1994；1998。頁57-58。

布爾格（Bürger, Peter）。《前衛藝術理論》（*Theorie der Avantgarde*）。蔡佩君、徐明松譯。台北：時報文化，1998。

弗洛伊德（Freud, Sigmund）。〈症狀的意義〉。《精神分析引論／精神分析新論》（*Vorlesungen zur Einführüng in die Psychoanalyse; Neue folge der Vorlesungen zur Einführüng in die Psychoanalyse*）（1917/1923）。葉頌壽譯。台北：志文，1985。頁248-61。

———。〈創傷的固著：潛意識〉。《精神分析引論／精神分析新論》（*Vorlesungen zur Einführüng in die Psychoanalyse; Neue folge der Vorlesungen zur Einführüng in die Psychoanalyse*）（1917/1923）。葉頌壽譯。台北：志文，1985。頁262-73。

弗理契（Friche V. M.）。〈弗洛伊特主義與藝術〉。周起應（周揚）譯。《文學月報》一期（1932年7月10日）：101-18。

牟斯（Mauss, Marcel）。《禮物：舊社會中交換的形式與功能》（*The Gift: Forms and Functions of Exchange in Archaic Societies*）。汪珍宜、何翠萍譯。台北：遠流，1989。

克莉斯蒂娃（Kristeva, Julia）。《恐怖的力量》（*Pouvoirs de l'horreur*）。彭仁郁譯。台北：桂冠，2003。

李歐梵（Lee, Leo Ou-fan）。《上海摩登：一種新都市文化在中國 1930-1945》（*Shanghai Modern: The Flowering of A New Urban Culture in China,*

1930-1945)。毛尖譯。香港：牛津大學，2000。

亞里士多德（Aristotle）。《形而上學》（*Metaphysics*）。李真譯。台北：正中，1999。

拉普朗虛、彭大歷斯（Laplanche, J. & J.-B. Pontalis）。《精神分析辭彙》（*Vocabulaire de la Psychanalyse*）。沈志中、王文基譯。台北：行人，2001。

易勞逸（Eastman, Lloyd E.）。《1927-1937年國民黨統治下的中國流產的革命》（*The Abortive Revolution: China Under Nationalist Rule, 1927-1937*）。陳謙平、陳紅民等譯。北京：中國青年，1992。

阿多諾（Adorno, Theoder）。〈弗洛伊德理論和法西斯主義宣傳的程式〉（1951）。《法蘭克福學派論著選輯》（上卷）。張明、張偉譯。上海社會科學院哲學研究所與外國哲學研究室編。北京：北京商務，1998。頁183-207。

———。〈主體與客體〉（1960）。《法蘭克福學派論著選輯》（上卷）。張明譯。上海社會科學院哲學研究所與外國哲學研究室編。北京：北京商務，1998。頁208-23。

海德格〔海德格爾〕（Heidegger, Martin）。〈同一律〉。《海德格爾選集》。孫周興選編。上海：三聯，1996。頁647-60。

———。〈尼采的話「上帝死了」〉。《海德格爾選集》。孫周興選編。上海：三聯，1996。頁763-819。

———。〈什麼召喚思？〉。《海德格爾選集》。孫周興選編。上海：三聯，1996。頁1205-229。

———。〈技術的追問〉。《海德格爾選集》。孫周興選編。上海：三聯，1996。頁924-54。

———。〈語言的本質〉。《海德格爾選集》。孫周興選編。上海：三聯，1996。頁1061-120。

———。〈藝術作品的本源〉。《海德格爾選集》。孫周興選編。上海：三聯，1996。頁237-308。

班雅明（Benjamin, Walter）。〈機械複製時代的藝術作品〉（"The Work of

Art in the Age of Mechanical Reproduction"）。張旭東譯。《啟迪：本雅明文選》（*Illuminations*）。香港：牛津大學，1998。頁215-48。

索羅金（Sorokin, Pitirim Aleksandrovich）。《現代文明的危機》（*The Crisis of Our Age: The Social and Cultural Outlook*）。台北：環宇，1973。

馬里內蒂（Marinetti, Filippo Tommosa）。〈未來主義的創立和宣言〉。張捷譯。《未來主義・超現實主義》。張秉真、黃晉凱主編。北京：中國人民大學，1994；1998。頁3-9。

———。〈什麼是未來主義〉。張捷譯。《未來主義・超現實主義》。張秉真、黃晉凱主編。北京：中國人民大學，1994；1998。頁10-13。

馬庫色（Marcuse, Herbert）。《愛欲與文明》（*Eros and Civilization*）。羅麗英譯。台北：南方叢書，1988。

馬雅可夫斯基（Mayakovsky, Vladimir）。〈關於未來主義的一封信〉(1922)。張捷譯。《未來主義・超現實主義》。張秉真、黃晉凱主編。北京：中國人民大學，1994；1998。頁74-76。

張　灝（Chang, Hao）。〈轉型時代中國烏托邦主義的興起〉。譯自 *Chinese Intellectuals in Crisis: Search for Order and Meaning*, 1987。陳正國譯。《新史學》一四卷二期（2003年6月）：1-4。

黑格爾（Hegel, G. W. F.）。《歷史哲學》（*Philosophie der weltgeschichte*）。謝詒徵譯。台北：大林書局，1972。

奧托（Otto, Rudolf）。《論神聖：對神聖觀念中的非理性因素及其理性之關係的研究》（*The Idea of the Holy: An Inquiry into the Non-Rational Factor in the Idea of the Divine and its Relation to the Rational*）。成窮、周邦憲譯。成都：四川人民，2003。

詹京斯（Jenkins, Keith）。《後現代歷史學：從卡耳和艾爾頓到羅逖與懷特》（*On "What is History?": From Carr and Elton to Rorty and White*）。江政寬譯。台北：麥田，1999。

儂曦（Nancy, Jean-Luc）。《解構共同體》（*La Communauté Désoeuvrée*）。蘇哲安譯。台北：桂冠，2003。

德勒茲（Deleuze, Gilles）。《康德與柏格森解讀：柏格森主義，康德的批

判哲學》（*Le Bergsonisme; La Philosophie Critique de Kant: Doctrine des Facultés*）。張宇凌、關群德譯。北京：社會科學文獻，2002。

賴希（Reich, Wilhelm）。《法西斯主義群眾心理學》（*The Mass Psychology of Fascism*）。張峰譯。重慶：重慶，1990。

懷特（White, Hayden）。《史元：十九世紀的歐洲歷史意象》（*Metahistory: The Historical Imagination in Nineteenth-Century Europe*）。劉世安譯。台北：麥田，1999。

3.

丸山真男（Maruyama, Masao）。《日本政治思想史研究》。徐白、包滄瀾譯。台北：台灣商務，1980。

———。〈「政治的產物」及其極限〉。《現代政治的思想與行動：兼論日本帝國主義》。林明德譯。台北：聯經，1984。頁331-450。

———。〈超國家主義的邏輯與心理〉。《現代政治的思想與行動：兼論日本軍國主義》。林明德譯。台北：聯經，1984。頁1-16。

———。〈從肉體文學談肉體政治〉。《現代政治的思想與行動：兼論日本軍國主義》。林明德譯。台北：聯經，1984。頁358-74。

丸川哲史。〈與殖民地記憶／亡魂之搏鬥——台灣的後殖民心理地圖〉。朱惠足譯。《中外文學》。《中外文學》三一卷一〇期（2003年3月）：29-42。

———、宗田昌人、森宣雄、富山一郎。〈台灣——全球資本主義與帝國的記憶〉。楊智富譯。《中外文學》。《中外文學》三一卷一〇期（2003年3月）：81-109。

子安宣邦（Koyasu, Nobukuni）。〈黑格爾的「東洋」概念咒語〉。於2002-3年連載於日本刊物《環》；後收錄《東洋儒學：批判與方法》。台北：喜瑪拉雅基金會，2003。頁119-43。

小林善紀（Kobayashi, Yoshinori）。《台灣論》。賴青松、蕭志強譯。台北：前衛，2001。

川路柳虹。〈不規則的詩派〉。馥泉譯。《小說月報》一三卷九號（1922年9月10日）：10-15。

永田廣志。《日本哲學思想史》。陳應年、姜晚成、尚永清等譯。北京：
　　北京商務，1992。

松村武雄。《文藝與性愛》。謝六逸譯。上海：開明，1929。

近代日本思想史研究會。《近代日本思想史》卷一。馬采譯。北京：北京
　　商務，1992。

金美齡、周英明。《日本啊！台灣啊！》。張良澤譯。台北：前衛，2001。

垂水千惠。《台灣的日本語文學》。涂翠花譯。台北：前衛，1998。

酒井直樹（Sakai, Naoki）。〈主體與／或「主体」（shutai）及文化差異之
　　銘刻〉。廖咸浩譯。《中外文學》三〇卷一二期（2002年5月）：150-
　　95。

楊威理。《雙鄉記》（《某台灣知識人之悲劇》）。陳映真譯。台北：人間，
　　1995。

溝口雄三（Yuzo, Mizoguchi）、孫歌。〈關於「知識共同體」〉。《開放時
　　代》（2001年11月）：5-22。

———。《作為「方法」的中國》。林右崇譯。台北：國立編譯館，1989。

———。〈「知識共同」的可能性〉。《讀書》1998年2月：115-23。

———。〈戰爭與革命之於日本人〉。《讀書》2000年3月：8-11。

———。〈俯瞰近代中國〉。《讀書》2001年9月：91-98。

———。〈感情記憶與事實記錄的差異〉。網址：http://xueshu.newyouth.
　　beida-online.com/data/data.php3?db=xueshu&id=chuangzaori。

廚川白村（Kuriyagawa, Hakuson）。《近代文學十講》（1912）。《西洋近
　　代文藝思潮》。陳曉南譯。台北：志文，1975。

———。《苦悶的象徵》。林文瑞譯。台北：志文，1979。

———。〈生命力〉。《走出象牙之塔》。《苦悶的象徵》。台南：文國書
　　局，1987。頁122-24。

———。〈思想生活〉。《走出象牙之塔》。《苦悶的象徵》。台南：文國
　　書局，1987。頁125-27。

———。〈改造與國民性〉。《走出象牙之塔》。《苦悶的象徵》。台南：
　　文國書局，1987。頁128-31。

索引

人名